CROSSBILL GUIDES

Island

Crossbill Guides: Island
Ausgabe 2023
Erstmals erschienen in englischer Sprache: 2014

Initiative, Text und Recherche: Dirk Hilbers
Zusätzliche Recherche, Texte und Informationen: Kim Lotterman
Redaktion: John Cantelo, Brian Clews, Petra Eimermacher, Cees Hilbers, Riet Hilbers, Kim Lotterman, Gino Smeulders
Übersetzung: Sibylle Eimermacher
Illustrationen: Alex Tabak
Karten: Dirk Hilbers
Layout: Oscar Lourens
Druck: ORO grafic projectmanagment / PNB Letland

ISBN 978-94-91648-28-1

FSC
www.fsc.org
MIX
Paper | Supporting responsible forestry
FSC® C084698

Dieses Buch wurde auf FSC- und PEFC-zertifiziertem Papier gedruckt. Unser Druckprozess ist CO2-neutral. Um die CO2-Emissionen de Druckprozesses zu kompensieren, haben wir in das Projekt "Nachhaltig Landwirtschaft für die Zukunft" investiert. Mehr Informationen find Sie unter www.southpole.com unter dem aufgeführten Projekt. D Zertifikat für den CO2-Ausgleich finden Sie auf unserer Website unter Downloads auf der Seite des Island-Führers.

www.crossbillguides.org
www.saxifraga.nl

SAXIFRAGA
foundation

CROSSBILL
GUIDES
FOUNDATION

Der vorliegende Reiseführer ist ein Produkt der gemeinnützigen Stiftung Crossbill Guides. Mit der Veröffentlichung unserer Bücher möchten wir dem Leser die Schönheit des europäischen Naturerbes näherbringen und zum Verständnis der ökologischen Werte, die Naturschutzbemühungen zugrunde liegen, beitragen. Ein Großteil des Naturerbes steht aus ökologischen Gründen unter Schutz und wir möchten der breiten Öffentlichkeit einen Einblick in diese Hintergründe gewähren, um mehr Menschen zu einer aktiven Unterstützung des Naturschutzes zu bewegen.
Weitere Informationen über uns und unsere Reiseführer finden Sie auf unserer Website:

WWW.CROSSBILLGUIDES.ORG

Höhepunkte Islands

1 Bestaunen Sie Islands zerklüftete Landschaften und faszinierende Geologie mit Vulkanen, skurrilen Lavafeldern, heißen Quellen, dampfenden Hängen und gewaltigen Wasserfällen. Island ist ein Land wie kein anderes auf der Welt. (z. B. die Routen 3, 4, 5, 7, 14, 16, 17, 23).

2 Machen Sie sich auf zu einem der vielen Vogelfelsen, um Tausende von Papageitauchern, Tordalken, Lummen, Eissturmvögeln und Dreizehenmöwen zu beobachten. Die beeindruckendsten Klippen befinden sich auf den Routen 4, 7, 18, 19, Ziel A auf Seite 172.

3 Besuchen Sie den Mývatn – einen großen, flachen Binnensee, an dem zahlreiche seltene Vögel brüten, wie Gerfalke, Kragen- und Spatelente. (Route 14).

4 Buchen Sie einen Platz auf einem Walbeobachtungsboot. (Ziel G auf Seite 143, C auf Seite 160 und G auf Seite 204).

5 Unternehmen Sie Wanderungen in Þorsmörk, Landmannalaugar und Skaftafell, um Island zu Fuß zu erleben. (Ziele R und S auf Seite 148 und Route 21 und 22).

6 Statten Sie der märchenhaften Lagune Jökulsárlón einen Besuch ab, wo Hunderte von Eisbergen, durchzogen von schwarzen Lavabändern, einen unvergesslichen Anblick bieten. (Route 23).

7 Machen Sie sich auf den Weg in die abgelegenen und wenig besuchten Westfjorde, wo kleine Fischerdörfer, tiefe Fjorde und blumenreiche Täler ein wunderschönes Ziel darstellen (Routen und Ziele ab Seite 161).

8 Vergessen Sie auch Islands traditionelle Seite nicht: Besuchen Sie Þingvellir (Route 1), die bezaubernden alten Holzkirchen und Torfhäuser, und lassen Sie sich in die isländische Sagenwelt mitnehmen.

Über diesen Reiseführer

Bootsfahrt oder Fährüberfahrt

Autoroute

4x4-Route

Wanderroute

Reizvolle Landschaften

Interessante Geschichte

Interessante Geologie

Dieses Buch richtet sich an alle, die sich gerne in der Natur aufhalten und mehr über die Zusammenhänge und Interaktionen zwischen Tieren, Pflanzen und deren Lebensraum lernen möchten, unabhängig davon, ob Ihr Interesse an der Natur gerade erst geweckt wurde oder ob Sie ein erfahrener Naturliebhaber sind.

Die Crossbill Guides sind etwas anders aufgebaut als die meisten Reiseführer. Anstelle reiner Ortsbeschreibungen, legen wir den Schwerpunkt auf die Erläuterung der naturgeschichtlichen und ökologischen Merkmale eines Gebietes. Wir haben uns für diesen Ansatz entschieden, da die Natur mit viel mehr Interesse, Freude und Wertschätzung wahrgenommen wird, wenn sie im Kontext ihrer komplexen ökologischen Beziehungen betrachtet wird. Das Zusammenspiel der verschiedenen Arten untereinander sowie mit ihrer Umwelt ist faszinierend. Die immer wieder überraschenden Lösungen, mit denen die Tiere und Pflanzen die Herausforderungen des Lebens meistern, sind ebenso fesselnd wie unzählig.

Nehmen wir zum Beispiel unseren Namensvetter, den Fichtenkreuzschnabel (Crossbill): Auf den ersten Blick ist er lediglich ein großer Fink mit einem unförmigen Schnabel. Doch hinter dieser Fassade verbirgt sich mehr, als man auf den ersten Blick wahrnimmt. Der Schnabel ist hervorragend an das Leben in Nadelwäldern angepasst. Er wird wie eine Schere benutzt, um Kiefernzapfen aufzuschneiden und an die Samen zu gelangen, die für andere Vögel unerreichbar sind. In den skandinavischen Ländern, wo Kiefern und Fichten den größten Teil der Wälder ausmachen, haben mehrere Kreuzschnabelarten jeweils ihre eigene Antwort auf zwei der drängendsten Fragen des Lebens gefunden: Wie komme ich an Nahrung und wie vermeide ich direkte Konkurrenz? Durch die Entwicklung gekreuzter Schnäbel, die sich von Art zu Art auf subtile Weise unterscheiden, haben sich die Vögel ihr Monopol auf die Samen gesichert, die von Zapfen unterschiedlicher Größe produziert werden. Diese Beziehung ist so komplex, dass Wissenschaftler immer noch darüber streiten, wie viele verschiedene Arten von Kreuzschnäbeln es tatsächlich gibt. Das sollte die Wertschätzung für einen auf den ersten Blick plumpen Vogel mit einem Schnabel, der sich nicht richtig schließen lässt, erhöhen. Sobald man die Zusammenhänge erkennt, wird die Natur lebendig, egal wo man sich befindet.

Das Fernsehen hat uns virtuell mit der Wildnis des Amazonas, der Weite der Serengeti und der Erhabenheit des Yellowstone vertraut gemacht, und neben diesen Naturwundern mag die europäische Natur wie ein armseliges Surrogat erscheinen, das nur für einen gelegentlichen Spaziergang gut ist. Kurz gesagt, wenn man keinem Jaguar, Löwen oder Grizzlybären begegnet, kann man nicht von Wildnis sprechen? Das ist natürlich Unsinn.

Aber wohin soll ein Ausflug führen? Und warum? Und wie? Was gibt es dort

zu sehen? Genau hier kommt dieser Reiseführer ins Spiel. Wir beschreiben die schönsten und interessantesten Gegenden Europas und beantworten alle Fragen vom „Wie“, über das „Warum“ bis zum „Wann“.
In verständlicher Sprache erklären wir die Naturbesonderheiten der Region und bieten detaillierte Routen an, auf denen sich die dort lebenden Tiere und Pflanzen und deren Lebensräume am besten erforschen lassen. Wir versuchen, Island für Sie lebendig werden zu lassen. Wir hoffen, dass uns das gelingt.

Zur Benutzung des Reiseführers

Dieser Reiseführer enthält einen theoretischen und einen praktischen Teil. Er beginnt mit dem theoretischen Teil, der Ihnen einen Überblick über das Land bzw. die Region bietet und einen Einblick in die wichtigsten, markantesten und interessantesten Naturphänomene vermittelt. Der theoretische Teil besteht aus einem Abschnitt, der die Landschaft beschreibt (rot gekennzeichnet) und unter anderem Informationen über Geologie und Lebensräume beinhaltet, und einem Abschnitt über die Flora und Fauna der Region (grün gekennzeichnet).
Der zweite Teil des Führers bietet praktische Informationen (violett gekennzeichnet). Hier haben wir eine Reihe von Routen (Wanderungen und Autotouren) und anderen interessanten Exkursionszielen ausgewählt, die Ihnen einen guten Eindruck der Lebensräume, Flora und Fauna vermitteln, die Island zu bieten hat. Am Anfang jeder Routenbeschreibung geben eine Reihe von Symbolen einen schnellen Überblick über die Merkmale der jeweiligen Route. Diese Symbole werden am Rande dieser Seite erläutert. Der letzte Teil des Buches (mit blauen Rechtecken gekennzeichnet) enthält grundlegende Reiseinformationen und einige Tipps zum Auffinden und Beobachten von Pflanzen, Vögeln und anderen Tieren.
Es ist nicht nötig, das Buch von vorne bis hinten zu lesen. Jedes Kapitel kann für sich allein gelesen werden und verweist auf die Routen, die sich am besten zur Entdeckung des beschriebenen Themas eignen. Umgekehrt verweisen die Routenbeschreibungen auf die Kapitel, in denen die typischsten Merkmale, die entlang des Weges zu sehen sind, näher erläutert werden.
Einige Artennamen sind mit einem Sternchen (*) versehen. Dies bedeutet, dass es keinen offiziellen deutschen Namen für diese Arten gibt. Zugunsten der Lesbarkeit verwenden wir einen inoffiziellen deutschen Namen mit dem wissenschaftlichen Namen dahinter.
Eine Übersicht über das in diesem Buch beschriebenen Gebiet finden Sie auf der Karte auf Seite 12. Zu Ihrer Erleichterung haben wir auch die Innenseite der hinteren Umschlagklappe in eine Karte des Gebietes verwandelt, auf der alle beschriebenen Routen eingezeichnet sind.

Interessante Flora

Interessante Säugetiere

Interessante Vogelwelt

Interessante Wale und Delfinen

Veranschaulichung des in diesem Buch beschriebenen ökologischen Zusammenhangs

Inhaltsverzeichnis

DIE LANDSCHAFT

Island – wer träumt nicht davon, diese mythische Insel einmal zu besuchen? Den Ort, an dem die Natur am ungezähmtesten ist. Das Land der Vulkane, Lavafelder, riesigen Wasserfälle und massiven Gletscher. Ein Land, in dem die Erde lebendig zu sein scheint und Dampf ausstößt in Schloten, Geysiren und übel riechenden Tümpeln mit kochendem Schlamm. Unter den dunklen Wolken der vielen atlantischen Tiefdruckgebiete erscheinen die vielfarbigen Felsen in surrealer Schönheit: schwärzliche Lava, rötlicher Rhyolith, glänzendes vulkanisches Glas, bläuliche Magnesiumflecken und hellgrüne Moose. Das trostlose Hochland im Landesinneren steht in starkem Kontrast zur grünen Küste, die von Tausenden von Vögeln und Wildblumen besiedelt wird. Island hat in der Tat viele Gesichter und ist doch einzigartig: zerklüftet, wild, explosiv und ergreifend schön.

So archaisch und urzeitlich Island auch erscheinen mag, geologisch gesehen steckt es in den Kinderschuhen. Das Land ist jung und aus zahllosen Vulkanausbrüchen hervorgegangen. Island ist einer der besten Orte der Welt, um sowohl die schöpferische Kraft des Vulkanismus als auch die Macht der Küstenerosion zu erleben. Es ist auch das Land, in dem die Auswirkungen von glazialen und postglazialen Prozessen sichtbar sind – dieselben, die so viele Regionen des gemäßigten Europas am Ende der letzten Eiszeiten geformt haben.

Die Landschaft und Geologie Islands sind äußerst fotogen. Wer eine Leidenschaft für Fotografie hat, dem wird Island eine unvergessliche Zeit bescheren. Nicht nur die Landschaften und die Geologie flirten mit der Kamera, sondern auch die Vögel. Aufgrund seiner isolierten Lage hat Island zwar eine relativ geringe Vogelvielfalt, doch die Vögel, die hier anzutreffen sind, gibt es oft in großer Zahl. Singschwäne kommen zu Tausenden, Küstenseeschwalben und Tordalken zu Hunderttausenden und Papageitaucher zu Millionen vor.

Obwohl Island ein sehr wilder Ort ist, ist das Reisen verhältnismäßig einfach und bequem (mit Ausnahme des Hochlands, siehe Seite 59 und 231). Heutzutage kann jeder die wilde Pracht und Tierwelt dieses Landes erleben. Dieses Buch wird Ihnen helfen, Ihren Besuch optimal zu gestalten.

Das isländische Alphabet

In diesem Buch wird die isländische Schreibweise von Ortsnamen verwendet. Einige Zeichen kommen in anderen Sprachen nicht vor. Sowohl das Þ (wie in Þingvellir) als auch das ð (wie in Buðir) werden wie das englische *th* in *thing* ausgesprochen. Das *LL* (ebenfalls wie in Þingvellir) wird wie das englische *thl* in *heathland* ausgesprochen. Das æ (wie in Snæfellsnes) wird wie das deutsche *ei* ausgesprochen.

Auf Island sind atemberaubende Landschaften und wilde Tiere unweigerlich miteinander verbunden. Die Eisberge in der malerischen Gletscherlagune Jökulsarlón sind ein beliebter Ruheplatz für Seehunde (Route 23).

Geografischer Überblick

Island ist mit einer Fläche von etwa 103.000 km² etwa halb so groß wie Großbritannien, seine Landmasse entspricht ungefähr 29 % der Größe Deutschlands. Es liegt knapp unterhalb des Polarkreises und etwa 200 km vor der Ostküste Grönlands.

Island ist ein äußerst zerklüftetes Land. Seine Küsten sind von langen, tiefen Fjorden zerfurcht, die insgesamt eine Küstenlinie von etwa 5000 km ergeben. An vielen Stellen erhebt sich das Land steil aus der Tiefe des Ozeans. Das Landesinnere wird von einem großen, wilden Hochland beherrscht, das völlig unbewohnt ist – ein Land der polaren Wüsten, kargen Berge und Gletscher. Die drei größten Gletscher, der Vatnajökull, Langjökull und Hofsjökull, befinden sich alle im zentralen Hochland und bedecken etwa 10% der Landoberfläche.

Die meisten der 315.000 Einwohner Islands (Volkszählung 2011) leben in der Küstenregion, zwei von drei Einwohnern im Großraum Reykjavik (der Hauptstadt und Satellitenstädte). Die Ebene von Selfoss und die Städte Akureyri im Norden und Egilsstaðir im Osten beherbergen ebenfalls eine beträchtliche Anzahl von Menschen. Diese Gebiete sind auch die fruchtbarsten und flachsten Tieflandgebiete des Landes und liegen weit auseinander. Die Ringstraße 1, die Verkehrsader des Landes, umrundet das Land und verbindet diese Gebiete miteinander. Es ist die Straße, die Sie bei Ihrem Islandbesuch unweigerlich nehmen werden.

Die meisten Touristen kommen auf dem internationalen Flughafen Keflavik im Südwesten, nicht weit von Reykjavík entfernt, an. Im äußersten Südwesten

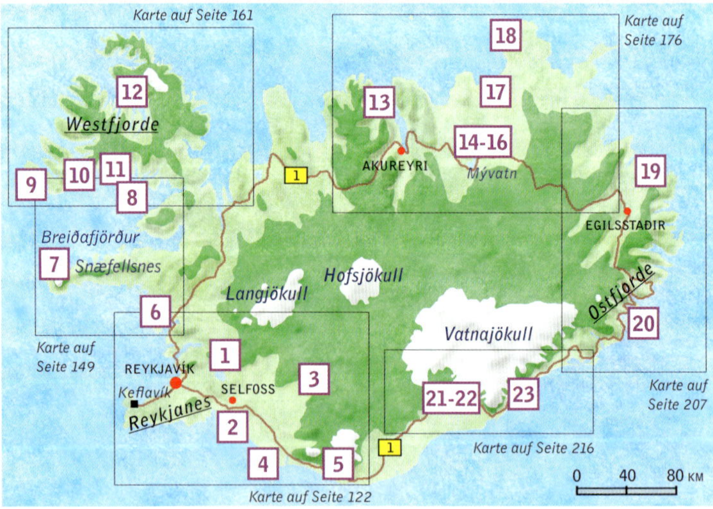

Übersichtskarte Island. Die Nummern beziehen sich auf die Routen ab Seite 124.

des Landes befinden sich einige der berühmtesten Sehenswürdigkeiten und geothermischen Phänomene Islands, wie die Wasserfälle Skogafoss und Gulfoss, die Blaue Lagune, der Geysir Strokkur und die historische Stätte Þingvellir. Die Routen und Sehenswürdigkeiten dieses Gebietes werden ab Seite 122 beschrieben.

Nördlich von Reykjavik liegt die Halbinsel Snæfellsnes und oberhalb davon, auf der anderen Seite des inselübersäten Breidafjörður (breiter Fjord), die tief eingeschnittene Küste der Westfjorde. Snæfellsnes (einer der drei Nationalparks, neben Þingvellir und Vatnajökull) wird manchmal auch als Klein-Island bezeichnet, da die Halbinsel alle Landschaftstypen Islands auf kleinem Raum vereint. Sie ist relativ leicht zugänglich und bietet eine großartige Landschaft und Vogelwelt. Die Routen und Sehenswürdigkeiten in diesem Gebiet werden ab Seite 161 beschrieben.

Die Westfjorde, Islands wilde, einsame und wenig besuchte Region im Nordwesten, sind schwieriger zu erreichen. Die vielen tiefen Fjorde und felsigen Halbinseln machen die Reise hierher zeitaufwändig, aber die atemberaubende Natur, die reiche Tierwelt (einschließlich vieler Seevogelkolonien) und die authentischen Fischerdörfer machen den Besuch sehr lohnend. Die Routen und Sehenswürdigkeiten in diesem Gebiet werden ab Seite 176 beschrieben.

Die nördlichen Fjorde, insbesondere die weite Bucht Eyjafjörður bei Akureyri, beherbergen die zweitgrößte Bevölkerungskonzentration Islands. Akureyri ist eine hübsche Kleinstadt und das Tor zu den spektakulären Landschaften des nördlichen Inlandes, mit beeindruckenden Vulkanlandschaften, dramatischen Wasserfällen, einer reichen Flora, Resten subarktischer Wälder und dem berühmten See Mývatn, einem Höhepunkt jeder Islandreise. Die Routen und Sehenswürdigkeiten in diesem Gebiet werden ab Seite 207 beschrieben.

Die Küstenlinie von Ostisland ist wiederum von Fjorden geprägt. Diese Ostfjorde (Austfirðir) sind der Ort, an dem Sie Fuß an Land setzen, wenn Sie mit der Fähre anreisen. Die internationale Fähre kommt in der Ortschaft Seyðisfjörður an, in der Nähe des Tals von Egilstaðir, dem wichtigsten Siedlungsgebiet dieses Landesteils.

Weiter südlich wird die Landschaft dramatischer. Das Land wird vom Vatnajökull beherrscht, dem größten Plateaugletscher Islands, der auch den höchsten Gipfel des Landes, den 2119m hohen Hvannadalshnúkur, miteinschließt. Der Südosten ist ein Gebiet der Extreme, selbst für isländische Verhältnisse. Hier gibt es Gletscher, aber auch weite, karge Ebenen aus Vulkanasche (*sandurs* oder Sander – siehe Seite 38). In Skaftafell, einem wunderbaren Wandergebiet, gibt es noch bedeutende Reste des natürlichen Birkenwaldes. Im Südosten befinden sich auch die Eisberg-Lagunen – eine imposante Attraktion für Fotografen und Naturforscher. Die Routen und Sehenswürdigkeiten in diesem Gebiet werden ab Seite 216 beschrieben.

Geologie

Island ist berühmt für seine überwältigende Geologie. Die chaotischen Formen der Lavafelder und die rhythmischen Basaltformationen, der stinkende, kochende Schlamm und die enormen Ausmaße der Gletscher – all das wirft die offensichtliche geologische Frage auf: Wie sind diese Landschaften bloß entstanden?

Island ist das Ergebnis des – oft gewaltsamen – Aufeinandertreffens von drei gigantischen Kräften. Da ist zum einen das heiße Magma, das unter der Oberfläche brodelt und allmählich einen Druck aufbaut, der schließlich zu gewaltigen Eruptionen führt. Zweitens ist da die ständige Bewegung des Meeres und Flüsse, die unaufhörlich das Grundgestein abtragen und es an anderer Stelle als feinkörnigen Sand wieder ablagern. Und schließlich sind da noch das immense Gewicht und die Erosionskraft des Eises. Wenn diese drei sehr unterschiedlichen Kräfte zusammentreffen, kommt es zu einem – oft buchstäblichen – geologischen Feuerwerk, das die wunderschöne und bizarre Landschaft des heutigen Islands geschaffen hat.

Verbrennungsgefahr! Islands Geologie ist spektakulär, aber nicht ungefährlich.

Die Ausgangslage

Die Böden Islands sind fast ausschließlich vulkanisch. Das ist an sich nichts Besonderes – denn es gibt viele vulkanische Orte auf der Welt. Doch auf Island ist der Vulkanismus einzigartig in seiner Erscheinungsform.

Island liegt direkt auf dem Kamm des Mittelatlantischen Rückens, einem Grabenbruch, der durch das Auseinanderweichen des Meeresbodens entstanden ist. Wenn die Krustenplatten auseinanderdriften, quillt Magma aus den Rissen. Wie eine wunde Stelle, die immer wieder aufgerissen wird, bricht die Erdkruste auf und das Magma strömt heraus. Durch den Kontakt mit dem kalten Wasser entstehen zwei Bergrücken mit einer Vertiefung in der Mitte, in der das Gestein relativ warm und kompakt ist. Der Mittelatlantische Rücken zieht sich über Tausende von Kilometern entlang des atlantischen Meeresbodens und wird von unzähligen Vulkanen und Eruptionszonen gesäumt.

Vulkanismus findet nicht ausnahmslos an den Kontaktzonen der tektonischen Platten statt. Manchmal brechen Vulkane aus, weil sie über einem Mantel-Plume liegen – einer dünnen Stelle im Erdmantel, die einen pilzförmig aufsteigenden Strom von heißem Magma aus dem Mantel in die Kruste verursacht. Da die Kruste dort viel dünner ist, kommt es leichter zu Ausbrüchen.

Es gibt nur wenige Orte auf der Erde, an denen sich ein Mantel-Plume zufällig direkt unter einem Grabenbruch befindet. Island ist einer dieser seltenen Orte. Hier wird nicht nur die Kruste durch tektonische Bewegungen bis zum Zerreißen gedehnt, sondern es herrscht auch ein ständiger Druck von Magma nahe der Oberfläche, das einen Weg zum Entweichen sucht. Die Eruptionen waren an dieser Stelle so häufig, dass die Lava schließlich aus dem Meer aufstieg und ein ganz neues Land bildete: Island.

Lange und tiefe Spalten kennzeichnen die Verwerfungslinien auf Island. Die Erde reißt buchstäblich auf, wenn sich die tektonischen Platten auseinanderbewegen.

Der isländische Vulkanismus ist nicht nur sehr aktiv, er bringt auch einige der vielfältigsten Vulkanlandschaften und die größte Bandbreite an vulkanischen Phänomenen der Welt hervor. Das liegt daran, dass auf Island Eruptionen nicht nur an Land und unter dem Meer, sondern auch unter Gletschern stattfinden – drei völlig unterschiedliche Bedingungen, die jeweils sehr unterschiedliche Landschaften hervorbringen.

Verwerfungslinien und aktive vulkanische Zonen auf Island. Die Verwerfungslinien sind am besten bei Þingvellir (Route 1) und am Mývatn (Routen 14-16) zu erkennen.

Die Schaffung von neuem Land durch Vulkanismus macht nur die Hälfte der geologischen Geschichte aus. Vulkanisches Gestein ist spröde und erodiert leicht. Das isländische Klima ist ein schroffer Bildhauer, der vier grobe Werkzeuge benutzt, um das Land zu formen: Die erodierenden Winde heben Sand auf und peitschen das Land; die kabbelige See frisst unaufhörlich an der Küste; wilde Flüsse graben sich in das Land, und schließlich schaufelten die Gletscher während der Eiszeiten die Erde hinunter in die Täler und in das Meer.

Während an einer Stelle das Gestein abgetragen wird, lagert es sich an anderer Stelle wieder ab. Im Küstentiefland haben dicke Sedimentschichten eine Landschaft mit Lagunen, Deltas und Sandern geschaffen – die letzte Zutat der isländischen Geologie.

All diese Prozesse haben Island zu einem einzigartig wilden Land mit einer extremen Vielfalt an Landschaften geformt. Dennoch ist der geologische Aufbau recht einfach. Das Land breitet sich ausgehend von einem zentralen Grabenbruch aus (eigentlich sind es zwei, die sich in der Mitte des Landes treffen – siehe Karte). Das Grundgestein ist im Zentrum des Grabens natürlich am jüngsten. Entlang dieser Linie befinden sich die meisten aktiven Vulkane und geothermischen Phänomene.
In Richtung Osten und Westen wird das Land älter. In diesen Gebieten treten die durch Erosion entstandenen Klippen- und Fjordlandschaften stärker hervor.

Vulkane

Den größten Teil Islands machen lavabedecktes Land und Vulkane aus. Etwa 10 % der Oberfläche bestehen aus Lava, die in den letzten 10.000 Jahren an die Oberfläche gekommen ist. Diese junge Lava wurde von den glättenden Kräften der Erosion noch kaum berührt und ist einer der Gründe, warum Island so wild und zerklüftet aussieht.
Es gibt verschiedene Arten von Vulkanen, die sehr unterschiedliches Material abgelagert haben.
Die Häufigkeit der Ausbrüche bestimmt die Höhe der Vulkane: Regelmäßige Ausbrüche am selben Ort führen zu hohen Bergen mit abwechselnd Asche- und Lavaschichten und einem tiefen, zentralen Schlot. Dies sind die klassischen Stratovulkane, wie man sie aus Kinderbüchern kennt. Auf Island ist die Hekla ein gutes Beispiel dafür.
Im Gegensatz dazu hinterlassen einzelne Ausbrüche, die auf Island nicht selten sind, niedrige Krater, oft entlang von Spalten. Ein berühmtes Beispiel sind die Láki-Krater, die 1783 entstanden, als sich eine 25 km lange Spalte öffnete und auf ihrer gesamten Länge Eruptionen stattfanden. Diese Kraterreihe ist eines der Highlights Islands (siehe Ziel H auf Seite 228).
Das Volumen des bei Eruptionen auf Island geförderten Materials ist von Fall zu Fall sehr unterschiedlich. Die Láki-Ausbrüche waren, gemessen am Lavavolumen, die größte Eruption in geologisch jüngerer Zeit. Ungefähr 12 km^3 Lava, eine unglaubliche Menge, wurde

Die Láki-Krater liegen in einer Reihe entlang der Spalte und sind ein gutes Beispiel einer Spalteneruption (Ziel H auf Seite 228).

produziert (siehe auch Seite 68). Zum Vergleich: Bei der rezenten explosiven Eruption des Eyjafjallajökull, die 2010 für so viele Probleme sorgte, wurde nur ein Fünftel eines Kubikkilometers an Material ausgeworfen – weniger als 2 % der Láki-Eruptionen!

Das meiste neue Land wird jedoch nicht durch explosive Eruptionen geschaffen. Aufsteigendes Magma durchbricht in der Regel nicht die Kruste, um die Oberfläche zu erreichen, sondern breitet sich seitlich aus und bildet Intrusionen, sogenannte Deiche, in das umgebende Grundgestein. Manchmal gelangt die Lava jedoch ungehindert an die Oberfläche und sickert über das umliegende Land aus. Vor allem, wenn die Lava dünnflüssig ist und es nur einen einzigen Ausbruchspunkt gibt, kann die „Eruption" lange andauern und einen schönen, niedrigen, breiten Hügel bilden, der als Schildvulkan bezeichnet wird.

Nicht alle Eruptionen führen also zu den klassischen Vulkanen, und um die Sache noch komplizierter zu machen, ist nicht jeder Berg mit einem ausgeprägten Krater tatsächlich ein Vulkan. Wenn heiße Lava über ein Sumpfgebiet oder einen flachen See fließt, bringt sie das Wasser zum Kochen, verschließt es aber gleichzeitig, einschließlich des entstehenden Dampfes. Der heiße Dampf muss irgendwie entweichen und explodiert gewaltsam an den schwächsten Stellen der Lavaschicht. Dabei entstehen Pseudokrater – Krater ohne Lavaschlot im Inneren. Hervorragende Beispiele sind am Mývatn zu sehen.

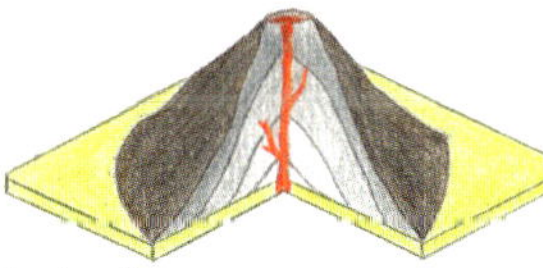

Stratovulkan

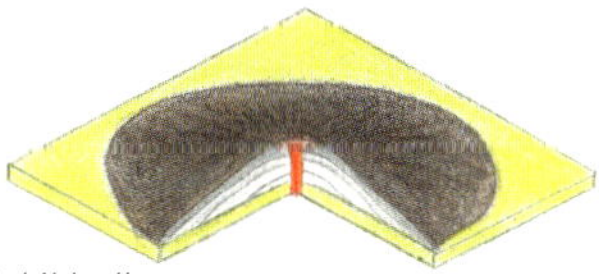

Schildvulkan

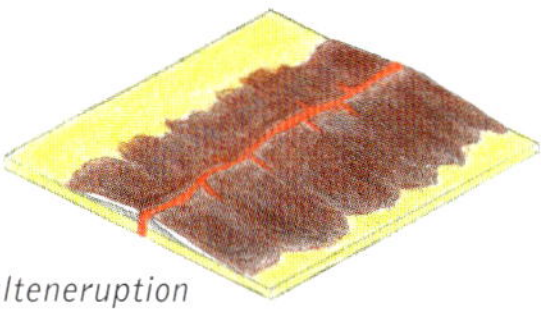

Spalteneruption

Geologie in Kürze - Vulkane

Stratovulkan Klassischer, hoher, pyramidenförmiger Vulkan mit einem großen Krater; das Ergebnis häufiger und oft heftiger Eruptionen an Land. Beispiele auf den Routen 3, 7 und 15.

Schildvulkan Niedriger, schildförmiger Vulkan, der durch einen langanhaltenden Ausbruch mit niedrigviskoser Lava entsteht. Beispiele auf Route 1 und entlang der 550 nördlich von Þingvellir.

Spalteneruption Eine Reihe von teils langsamen, teils heftigen Eruptionen entlang eines Risses in der Erde, der durch das Auseinanderdriften tektonischer Platten entstanden ist. Beispiel: Route 15 und Láki-Kraterreihe; Ziel H auf Seite 228.

Pseudokrater Kleiner Krater, der durch Dampfexplosionen entsteht, wenn heiße Lava Sumpfland bedeckt. Beispiel: Mývatn (Route 14).

Basalte, Rhyolithe und Tephra

Vulkane spucken eine Vielfalt an unterschiedlichem Material aus, von alkalischen Basalten bis hin zu sauren Rhyolithen und Vulkanasche – Tephra.

Die dunkelgrauen Basalte sind Islands häufigstes Gestein. Sie treten in verschiedenen Formen auf, die die Viskosität (Zähflüssigkeit) und den Abkühlungsprozess der ursprünglichen Lava widerspiegeln.

Basaltgestein ist dafür bekannt, dass es sechseckige Säulen bildet, bekannt als Säulenlava. Diese besondere Erscheinungsform von Basalt ist ein Merkmal sehr zähflüssiger Lava, die langsam abgekühlt ist. Dabei schrumpft die Lava und zerspringt überwiegend in saubere sechseckige Säulen (obwohl auch drei bis ein Dutzend Seiten vorkommen). Spektakuläre Beispiele dieser Art von Basalt gibt es auf Island an zahlreichen Orten, zum Beispiel bei Vík, Arnarstapi, Ásbyrgi und in Skaftafell.

Die etwas flüssigere Lava fließt langsam ab, wie eine dicke Suppe. Die Oberfläche kühlt schneller ab als das Innere. Während der äußere Teil allmählich erstarrt, fließt das flüssige Innere weiter und drückt die halberhärtete Kruste vorwärts, die sich unter dem Druck wellt. Das Ergebnis ist eine typische Struktur, die Stricklava genannt wird.

Die sehr flüssige Lava ist für die kargen Lavafelder oder *hrauns* verantwortlich. Sie wird als Blocklava bezeichnet, da sie ausgeprägte Blöcke und Brocken bildet. Auf Island, insbesondere entlang des mittelatlantischen Rückens im Südwesten, gibt es große Gebiete, die mit dieser Lava bedeckt sind. Es sind stimmungsvolle Orte: Das dunkle, messerscharfe Gestein bildet einen wunderschönen Kontrast zu den weichen, graugrünen Polstern des Zackenmützenmooses.

Manchmal produzieren Eruptionen keine Basalte, sondern saure magmatische Gesteine. Das häufigste ist Rhyolith. Rhyolithgebirge sind viel heller,

Die bizarren Berge von Landmannalaugar bestehen aus rhyolithischer Lava.

Geologie in Kürze – Lavatypen

Hraun oder Blocklavafeld Feld aus junger basaltischer Lava, schwärzlich gefärbt, mit spröden, scharfen Felsbrocken. Die Lava ist schnell erstarrt und hat im Inneren Gase eingeschlossen. Blocklava ist daher sehr porös. Beispiele: Route 4, 7, 14, 15, 16 und Ziele B, C und D auf den Seiten 141-142, B und D auf Seite 159-160 und A auf Seite 226.

Stricklava Sehr zähflüssige Lava, die langsam abgekühlt ist und eine typische seilartige Struktur hinterlassen hat. Beispiele: Route 1, 14 und 16.

Basaltsäulen Lange sechseckige Säulen, die durch langsames Abkühlen und Schrumpfen basaltischer Lava entstanden sind. Die schönsten Beispiele: Vík (Route 5), Arnarstapi (Route 7), Ásbyrgi (Route 17) und der Svartifoss in Skaftafell (Route 21).

Rhyolith Helle, saure Lava, die als sehr auffällige helle Hügel und Berge vorkommt. Beispiele: Route 19, Lón (Ziel I auf Seite 229) und Landmannalaugar (Ziel R auf Seite 148)

Tephra Vulkanische Asche. Kann große Flächen bedecken und eine typisch „sandige" Landschaft vulkanischen Ursprungs schaffen. Beispiele: viele Orte im Landesinneren, z. B. Route 3 und 16, auch auf den Sanderflächen (Route 18 und 23, Ziel B auf Seite 201 und E auf Seite 220).

Tuff Komprimierte Tephra. Wegen des hohen Gasgehalts ist Tuffstein sehr leicht. Beispiele: Route 7.

Blocklavafeld Eldhraun (Ziel A auf Seite 226)

Stricklavafeld bei Þingvellir (Route 1)

Basaltklippen bei Arnarstapi (Route 7)

mit sandigen und ziegelroten Farbtönen. Stellenweise treten Mineralien zutage, die der Landschaft weißliche, bläuliche und grünliche Farbtöne verleihen. Rhyolithische Lava ist sehr zähflüssig und kann in einem stetigen, langanhaltenden Strom ausfließen, der hohe Hügel entstehen lässt, die sich von der dunklen Basaltlandschaft abheben. Rhyolithberge sind atemberaubend und für Wanderer sehr attraktiv. Das berühmteste Wandergebiet Islands, Landmannalaugar, liegt in einer solchen Landschaft.

Basaltische und rhyolithische Laven sind nicht die einzigen Produkte, die bei Eruptionen ausgestoßen werden. Die Menge an Tephra – Schlacke und Asche –, die bei einer Eruption entsteht, ist oft viel größer als das Volumen der austretenden Lava. In der Nähe der Ausbruchsstellen finden sich dicke Schichten aus grober Tephra, während der Wind die kleineren, leichteren Partikel weitläufiger verteilt. Im Laufe der Zeit verfestigen sich die Tephraschichten und bilden ein markantes Gestein aus komprimierter Asche, das als Tuff bezeichnet wird. Tuff ist ein Hauptbestandteil des isländischen Grundgesteins.

Unterseeische und subglaziale Eruptionen

Die obigen Ausführungen beschreiben die verschiedenen Merkmale, die durch Eruptionen auf offenem Land entstanden sind. Ein großer Teil Islands wurde jedoch durch unterseeische und subglaziale Eruptionen geformt.
Man kann sagen, dass submarine Eruptionen Island entstehen ließen. Als sich die Platten auseinander bewegten, türmten sich durch vulkanische Aktivitäten am Meeresboden große Mengen an Material auf, die schließlich an die Oberfläche kamen und die neue Insel bildeten. In historischer Zeit gab es mehrere Fälle, in denen durch anhaltende Eruptionen am Meeresboden neue Inseln entstanden, die bekannteste ist Surtsey.
Eine Eruption wird als subglazial bezeichnet, wenn sie unterhalb eines Gletschers stattfindet. Die Wechselwirkung zwischen großen, kalten Eismassen und ebenso großen Mengen von glühendem Magma führt zu einigen der explosivsten Ereignissen, die man sich vorstellen kann. Das bei diesen Eruptionen geförderte Material besteht fast ausschließlich aus Tephra (wie es bei heftigen Eruptionen häufig der Fall ist), wird aber nicht über ein großes Gebiet ausgeweht, sondern von den versiegelnden Gletschern zurückgehalten. Wenn sich das Eis zurückzieht, bleibt das eruptierte Material als isolierter Tafelberg zurück. Das beste Beispiel dafür ist der Berg Herðubreið, tief im Inneren von Zentralisland (Route 16).

Tafelberge wie der Herðubreið sind das Ergebnis subglazialer Eruptionen, bei denen das Auswurfmaterial unter dem Eis eingeschlossen blieb.

Surtsey — geboren aus unterseeischen Eruptionen

Im Jahr 1963 kam es zu einer großen Unterwassereruption, aus der schließlich eine neue Insel vor der Küste Südislands entstand. Die Isländer nannten sie Surtsey, nach dem höllischen Feuerriesen Surt aus der nordischen Mythologie. Die Eruption kam völlig unerwartet. Die Besatzungsmitglieder eines sich in der Nähe aufhaltenden Fischerboots entdeckten sie zufällig. Zunächst dachten sie, es handele sich um einen brennenden Trawler und eilten zu Hilfe. Als sie jedoch näherkamen, sahen sie heftige Eruptionen und riesige schwarze Aschesäulen aus dem Meer aufsteigen.

Surtsey ist nicht aus einer einzigen Eruption entstanden. Über einen Zeitraum von 3,5 Jahren kam es zu zahlreichen Ausbrüchen aus mehreren Schloten. Bei einigen davon handelte es sich um unterseeische Eruptionen neben Surtsey, die neue Inseln schufen, welche später wieder verschwanden.

Wie die berühmte indonesische Insel Krakatau spielt auch Surtsey eine prominente Rolle bei Studien zur Evolution und Ökologie. Es ist einer der wenigen Orte auf der Welt, an dem Biologen die Kolonisation einer neuen Insel, die bei ihrer Entstehung ohne jegliches Leben war, beobachten können. Um die menschliche Einmischung in den natürlichen Kolonisationsprozess zu vermeiden, ist Surtsey für Menschen, mit Ausnahme von Forschern, gesperrt.

Geothermische Gebiete

Island ist bekannt für sein großes Vorkommen an geothermischer Aktivität. Die Hitze der Erdkruste erwärmt Oberflächenwasser oder Grundwasser, bevor es an die Oberfläche tritt. Am bekanntesten sind die isländischen Geysire, bei denen in regelmäßigen Abständen kochendes Wasser hoch in die Luft geschleudert wird.

Geothermische Gebiete werden in „Niedrig-“ und „Hochtemperaturgebiete“ unterteilt. Als Niedrigtemperaturgebiete bezeichnet man Gebiete mit einer Temperatur von etwa 100 °C in 1000 m Tiefe unter der Erdoberfläche, während sie in Hochtemperaturgebieten 150 °C übersteigt. Niedrigtemperaturgebiete sind auf ganz Island zu finden (im Osten allerdings selten), während sich die geothermischen Hochtemperaturgebiete hauptsächlich entlang des mittelatlantischen Rückens befinden.

Geothermische Energie wird in großem Umfang zur Beheizung von Hot Pools und Schwimmbädern im ganzen Land genutzt. Mancherorts wird das heiße Wasser künstlich in Becken geleitet, anderswo bilden heiße Quellen natürliche warme Pools. In einigen kann man baden, wie in Landmannalaugar und Hveragerði. In den meisten natürlichen heißen Quellen ist die Wassertemperatur jedoch viel zu hoch.

Die größte heiße Quelle ist Deildartunguhver in der Nähe von Borgarfjörður. Sie entlädt bis zu 150 Liter kochendes Wasser pro Sekunde. Ein weiteres Beispiel ist der Fluss nördlich von Hveragerði, der von mehreren heißen Quellen gespeist wird.

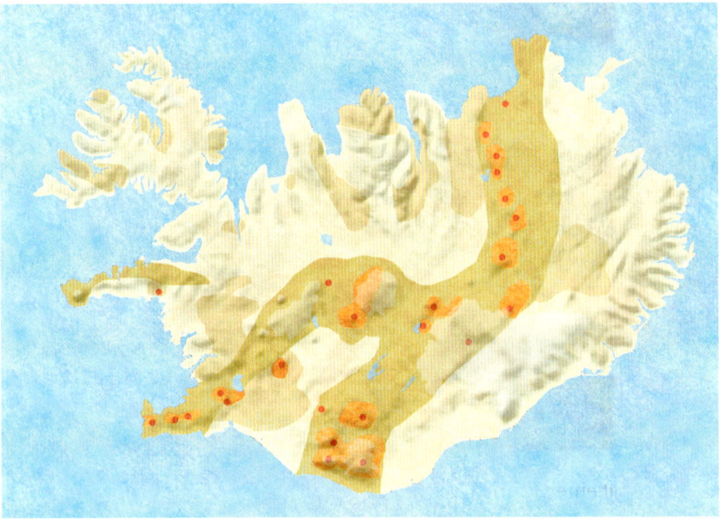

Vulkanismus und geothermische Zonen auf Island. Die roten Punkte sind aktive Vulkane. Die dunklen Zonen zeigen Hochtemperaturgebiete an, die hellen Niedrigtemperaturgebiete.

Viel dramatischer sind die geothermischen Phänomene der Hochtemperaturzone im aktiven Vulkangebiet. An manchen Stellen scheint es, als habe man Gottes (oder des Teufels) Chemielabor mit kochenden Schlammtümpeln und leuchtend bunten Erdhügeln betreten. Überall gibt es Dampfquellen, die den fauligen Geruch von Schwefelwasserstoff aus der Erde ausstoßen. In der Nähe dieser heißen Quellen ist an manchen Stellen auch reiner (leuchtend gelber) Schwefel zu finden.

Die beiden typischen Phänomene von Hochtemperaturzonen sind Fumarolen und Solfataren. Fumarolen sind die Dampfschlote, die man schon von weitem als Rauchfahnen von den Hängen aufsteigen sieht. In Solfataren befindet sich bläulich-grauer, kochender Schlamm, der wie eine höllische Suppe blubbert und aufplatzt. Beide Phänomene sind spektakulär, aber auch gefährlich, da sie buchstäblich kochen. Vielleicht noch gefährlicher sind die Stellen, an denen sich solche heißen Quellen etwas unterhalb der Oberfläche befinden. Diese sind manchmal durch die dünne Moosschicht an der Oberfläche erkennbar, aber tückisch gut getarnt. Stellt man sich darauf, reißt die dünne Bodenkruste auf und man versinkt im kochenden Boden. Weichen Sie daher in diesen heißen Zonen mit Fumarolen und Solfataren niemals vom Weg ab.

Der bekannteste Geysir ist 'Geysir' in Haukadalur im Südwesten Islands. Er gab allen Geysiren weltweit, von denen es nicht mehr als eine Handvoll gibt, ihren Namen. Geysire sind selten, weil sie das Zusammenspiel bestimmter Merkmale an einem Ort voraussetzen. Die Grundlage ist eine große unterirdische Kammer, die mit Wasser gefüllt ist, das geothermisch erhitzt wird. Diese Kammer muss über einen Kanal mit Grundwasser gespeist werden

und benötigt einen schmalen Schlot zur Erdoberfläche. Kaltes Grundwasser füllt die Kammer und wird bis zum Siedepunkt erhitzt. Wird der Druck zu stark, bricht der Geysir aus und die Kammer entleert sich. Anschließend füllt sich die leere Kammer wieder mit frischem Grundwasser und der Prozess beginnt von neuem.
Dieser Prozess kann nur ablaufen, wenn die Abmessungen der Kammer, die Ein- und Auslassöffnungen, die Temperatur und die Chemie des Wassers genau aufeinander abgestimmt sind. Dies geschah erstmals nach einem großen Erdbeben im Süden Islands im Jahr 1294. Plötzlich begann Geysir Fontänen zu schießen. Heute haben sich die Bedingungen geändert und ist

Geologie in Kürze – Geothermische Zonen

Fumarole Dampfschlot, der durch die schnelle Erhitzung von Grundwasser entsteht, das als Dampf durch einen Riss im Boden entweicht. Beispiele auf Route 16 und Ziel J auf Seite 144.

Solfatare Kochender Schlammpool, der durch die extreme Erhitzung von wassergesättigtem Boden entsteht. Beispiel: Route 16, Ziel E auf Seite 142, und J auf Seite 144.

Geysir Periodisch auftretende Fontäne kochenden Wassers, die aus einer unterirdischen, mit Wasser gefüllten Kammer im geothermisch erhitzten Gestein entspringt. Die einzigen Beispiele für Geysire auf Island befinden sich in Geysir (Ziel H auf Seite 143).

Fumarolen (oben) und Solfataren (unten) bei der Krafla (Route 16).

er fast untätig. Glücklicherweise ist sein Nachbar, Strokkur, aktiv geworden. Dies ist der Geysir, den Sie alle paar Minuten ausbrechen sehen.

Erdbeben

Erdbeben sind auf Island keine Seltenheit. Wenn die tektonischen Platten auseinanderdriften, werden die Spannungen, die sich im Laufe der Zeit aufbauen, zu groß und das Grundgestein bricht. Einige dieser Brüche (Verwerfungen) sind mehrere Kilometer lang.
Im Durchschnitt werden auf Island etwa 30 Erdbeben pro Tag registriert! Glücklicherweise richten sie nur selten großen Schaden an – im Gegensatz zu jenen, die in Gebieten auftreten, in denen sich eine tektonische Platte unter eine andere schiebt, wie z. B. in Kalifornien und Japan. Die meisten Erdbeben auf Island lassen sich nur mit Seismografen feststellen.

Vergletscherung

In den letzten zweieinhalb Millionen Jahren – dem Quartär – hat die Erde viele Eiszeiten (Glaziale) erlebt: Perioden, in denen Island teilweise oder ganz von Gletschern bedeckt war. Zwischen diesen Kälteperioden gab es wärmere interglaziale Perioden, in denen sich das Eis zurückzog. Heute leben wir in einer solchen Zwischeneiszeit (Interglazial).
Die letzte Eiszeit endete vor etwa zehn- bis zwölftausend Jahren. Innerhalb kurzer Zeit verschwanden (fast) die gesamten Gletscher Islands. Im Mittelalter gab es eine kurze Abkühlung des Klimas – die Kleine Eiszeit. Jetzt erwärmt sich das Klima wieder und die Gletscher ziehen sich zurück und geben neuen, kahlen Boden frei.
Plateaugletscher bilden charakteristische Kuppeln über dem umliegenden Land. Im Laufe der Zeit werden die unteren Schneeschichten durch den enormen Druck der darüber liegenden Schneelast in Eis verwandelt. Durch den Druck wird das Eis leicht zähflüssig, wie dickflüssiger Sirup, und die

Gletscher fließen unmerklich langsam bergab. Die am schnellsten fließenden Auslassgletscher befinden sich an den niedrigsten und steilsten Hängen an der Südostküste. Hier ist die Strömung so stark, dass die Belastung des Eises zu groß wird. Die Gletscherzunge zerbricht in zackige Eisbrocken, die in die Küstenlagunen stürzen. Diese wunderschönen „Berge" aus bläulichem Gletschereis vermischt mit Wirbeln schwarzen Vulkanstaubs, ruhig in einer Lagune in der öden isländischen Landschaft treibend, gehören zu den landschaftlichen Höhepunkten des Landes (Route 23).

Der Druck, der auf die Eiszunge ausgeübt wird, wenn sie bergab fließt, ist immens. Das vom Eis mitgenommene Geröll macht es zu einem gewaltigen „Schmirgelpapier" mit enormer Erosionskraft. Nach dem Rückzug des Eises bleibt eine wilde und karge Landschaft zurück, in der die Rückkehr von Leben erst noch beginnen muss (Routen 12 und 22). Die von den Gletschern ausgehöhlten Täler haben einen charakteristischen U-förmigen Querschnitt, der durch den Druck und die Geschwindigkeit des Eisstroms entsteht, der in der Mitte am größten ist und zu den Rändern hin allmählich abnimmt. Im Gegensatz dazu bilden Flüsse V-förmige Täler, bei denen sich die gesamte Erosionskraft auf das Flussbett konzentriert.

U-förmige Gletschertäler gibt es vor allem an der Ost- und Westküste. Dies sind die Fjorde, die vom Hochland ins Meer hinunterführen und heute ein ganz besonderer Lebensraum für Pflanzen und Tiere sind (siehe Seite 40).

Wie man es für ein Land erwarten kann, das vor etwa 10.000 Jahren vollständig von Eis bedeckt war, gibt es viele gute Beispiele für glaziale Geologie: massenweise U-förmige Fjordtäler, aber auch Moränen (vom Eis vorwärts geschobene, unsortierte Sedimente), Kessellöcher (Seen, die durch isolierte Eisbrocken entstanden sind, die viel langsamer schmolzen als die Umgebung und runde Löcher bildeten), Gletscherschrammen im Gestein (vom darüber gleitenden Eis geschliffene Felsen) und andere Relikte der Eiszeit.

Der Eyjafjörður wurde von einem riesigen Gletscher ausgehöhlt. Auf der Insel Hrísey (Route 13) befindet man sich mitten im Gebiet dieser ehemaligen Eiszunge.

Geologie in Kürze – Vergletscherung

(Plateau-)gletscher Gebiete, die dauerhaft mit Eis bedeckt sind, weil die Schnee- und Eisakkumulation die Schmelzrate übersteigt. Plateaugletscher sind mehr oder weniger stabile Eiskuppeln. Zum Rand hin fließt das Eis als Gletscher langsam zu Tal. Gletscherbegehungen sollten nur mit einem professionellen Führer unternommen werden, siehe Seite 247.

Auslassgletscher Gletscherarme, die aus einem Plateaugletscher herausfließen. Beispiele auf Route 12 und 22, Ziel N auf Seite 146 und C auf Seite 227.

Eisbergseen Seen am Fuße von Gletschern, wo Stücke des Gletschereises abbrechen und langsam schmelzen. Beispiele auf Route 22, 23 und Ziel C auf Seite 227.

Fjorde und U-förmige Täler Täler, die während der Eiszeiten von Gletschern in einer typischen U-Form ausgehöhlt wurden. Die Gletscher sind verschwunden und haben das Tal zurückgelassen. Viele von ihnen liegen an der Küste, wo das Meer das Tal überflutet und einen Fjord bildet. Beispiel: Routen 7, 9, 11, 12 und 13.

Kessellöcher bei Kaldalón (Route 12).

Moränen Langgestreckte Hügel aus unsortiertem steinigem und sandigem Material, das von Gletschern vorwärts oder zur Seite geschoben wurde. Beispiele auf den Routen 12, 22, 23.

Kessellöcher Phänomen der eiszeitlichen Landschaft. Dort entstanden, wo riesige Eisblöcke, die halb unter Geröll begraben waren, langsam geschmolzen sind und Mulden (wie Bombenkrater) hinterlassen haben, die oft überflutet sind. Beispiel auf Route 12.

Verwitterung

Seit seiner Entstehung ist das isländische Vulkangestein Verwitterungs- und Erosionsprozessen unterworfen. Dies kann ein sehr schneller Prozess sein, wie Geologen auf Surtsey beobachten konnten (siehe Kasten auf Seite 21). Dieser jüngste Teil Islands – eine Insel vor der Südküste – ist das Ergebnis einer Reihe von Eruptionen, die 1963 begannen. Jetzt, mehr als 60 Jahre später, sind bereits mehr als 50 % durch die Erosion des Meeres weggespült worden.

Zwei verschiedene Prozesse greifen das isländische Grundgestein an: Chemische Verwitterung ist das Ergebnis chemischer Reaktionen, die das Gestein angreifen. Regenwasser und geothermisches Wasser sind die Hauptquellen dieses Prozesses. Chemische Verwitterung ist sehr wichtig für die Entstehung fruchtbarer Böden, die wiederum die Entwicklung von Vegetation fördern.

Der physikalische Prozess mechanischer Verwitterung ist in der Regel eine Folge von Temperaturschwankungen, insbesondere wenn Wasser, das sich im gefrorenen Zustand ausdehnt, in Risse und Spalten im Gestein eindringt. Durch wiederholte Frost-Tau-Zyklen werden diese Spalten während der Eisbildung unter Druck gesetzt. Wiederholen sich diese Zyklen oft genug, zerbricht das Gestein. Gesteinsbrüche sind vor allem in feuchten Gebieten mit großen Temperaturschwankungen zu beobachten, wie etwa im Hochland und in Gletschernähe. Die Geröll- und Schotterhänge der Berge sind das Ergebnis solcher Frostsprengungen.

þúfa oder Frosthügel.

Frost-Tau-Zyklen sprengen nicht nur das Gestein. Sie sortieren auch die größeren Gesteinspartikel von den kleineren, was zu einem seltsam gemusterten Boden führt. Die Physik hinter diesen Strukturböden hat mit der Wasseraufnahme zu tun. Stellen mit feinkörnigem Material enthalten in den Poren größere Mengen an Wasser und dehnen sich stärker aus als Stellen mit großen Steinen. Da sich das Wasservolumen beim Gefrieren vergrößert, heben sich die Stellen mit gesättigten feinen Böden beim Gefrieren an (vor allem, wenn der Untergrund noch gefroren ist). Hebt sich solch ein Hügel, schiebt er die größeren Steine zur Seite. Beim Auftauen senkt der Hügel sich wieder ab und kleine Partikel sinken wieder ein. Jahr für Jahr werden die Steine zur Seite geschoben und der Sand wird in die Mitte gezogen, wodurch die fremdartigen polygonalen Landschaften entstehen. An feuchteren, grasbewachsenen Stellen entstehen durch einen ähnlichen Prozess Hügel oder *þúfa*. Sie sind ein Schrecken für die Landwirte, da es unmöglich ist, auf einem derart holprigen Boden Heu zu ernten.

Erosion ist ein weiterer wichtiger Faktor bei der Formung der isländischen Landschaft. Flüsse, Gletscher und das Meer üben alle spezielle erodierende Wirkungen auf die Landschaft aus. Schnell fließendes Wasser ist eine sehr starke erodierende Kraft, vor allem wenn es kleine Partikel enthält. Die Flüsse, die oft als „flüssiges Schmirgelpapier" bezeichnet werden, scheuern und graben das umgebende Grundgestein aus.

Frostsprengung. Wenn Wasser ins Gestein eindringt und wiederholt gefriert, entsteht ein Riss, in den das Wasser tiefer eindringt. Endlose Frost-Tau-Zyklen sprengen schließlich jedes Gestein.

Frostsprengungen sind in der Nähe von Gletschern sehr häufig.

Geologie in Kürze – Verwitterung

Frostsprengung Prozess, bei dem Frost-Tau-Zyklen Steine und Felsen durch das wiederholte Eindringen von Schmelzwasser in kleine Risse, die sich beim Gefrieren des Wassers ausdehnen, zerteilen. Beispiel: Route 12, 22 und 23.
Frostpolygone Gemusterte Böden aus Kreisen feinkörniger Sedimente von Steinen umrandet. Ergebnis von Frost-Tau-Zyklen (siehe Haupttext).
Frosthügel (þúfa) Felder mit hügeliger Vegetation, die durch einen ähnlichen Prozess wie die Frostpolygone entstehen (siehe Text). Beispiel: viele Orte auf Island, z. B. Route 18

Stromabwärts in den Ebenen, wo sich die Strömung verlangsamt, lagert der Fluss dieses Material ab und bildet große Überschwemmungsgebiete. Die extremsten Überschwemmungen treten nach dem plötzlichen Abschmelzen großer Eismassen infolge eines Vulkanausbruchs auf. Diese sogenannten Gletscherläufe bringen immense Mengen an Tephra mit sich und lagern sie in ausgedehnten flachen Sandwüsten, den Sandern, ab. Die meisten Sander entstehen daher an der Küste in der Nähe aktiver, unter Gletschern gelegener Vulkane: an der zentralen Südküste.

Meereserosion und Sedimentation

Das Meer spielt eine wichtige Rolle bei der kontinuierlichen Formung Islands. Die spektakuläre Küstenlandschaft mit Klippen, Felsbögen und -nadeln (durch das Meer abgetrennte Felssäulen) ist in hohem Maße ein Ergebnis von Meereserosion. Am stärksten ist die Erosion auf Höhe des Meeresspiegels, wo die Kraft der brechenden Wellen am gewaltigsten ist. Das Meerwasser dringt in Gesteinsrisse ein, die durch die Wassererosion immer größer werden. Schwachstellen im Gestein werden zu Höhlen, die unter Umständen einstürzen. Manchmal schneidet das Meer ein Kap ab und lässt Inseln oder Felsnadeln entstehen. In einigen Fällen werden Felsen durchbrochen und Felsbögen gebildet.
Mit der Klimaerwärmung nach der letzten Eiszeit stieg der Meeresspiegel an und begann die See, das weiche vulkanische Grundgestein zu erodieren. Doch auch das Land hob sich, da das Gewicht des Eises, das auf die Kruste drückte, mit dem Abschmelzen allmählich verschwand. Der Anstieg von Land und Meer verlief nicht synchron, sodass der Meeresspiegel (im Verhältnis zum Land) stark schwankte. Mancherorts wurden Strände

und erodierte Felsplattformen an der Küste weit über den Meeresspiegel angehoben.

In Tieflandgebieten mit ruhigerer See überwiegt Sedimentation gegenüber Erosion. Anstatt weggespült zu werden, wird vulkanischer Sand abgelagert. Dies geschah häufig an der Südküste, wo (Sturz-)Fluten enorme Sedimentmengen hinunter an die Küste beförderten. Mancherorts entstanden sogar Tiefebenen, wodurch Inseln wieder mit dem Land verbunden wurden (z. B. bei Vík, Route 5).

Die Felseninsel Hjörleifshöfði ist eine Besonderheit: ein großer Lavabrocken, der vom Meer erodiert und später vom Mýrdalssandur verschluckt wurde. Hier sind Erosion und Sedimentation in einem zu sehen.

Küstenebenen aus Sedimenten wurden auch geschaffen, wo die Flüsse in die Fjorde münden. Hier ist das Meer ruhig und sinken Meeres- und Flusssedimente auf den Meeresboden.

Interessante Küstenlinien entstanden an Flussmündungen, wo abfließendes Flusswasser und intrudierendes Meerwasser aufeinandertreffen. Bei Flut gewinnt die See an Terrain, bei starkem Tau ist die Flussströmung stärker. Infolgedessen werden Sedimente in einer Barriere abgelagert, hinter der sich eine Küstenlagune bildet. Das Wechselspiel zwischen Fluss und Meer schafft ein komplexes, bewegliches Muster von Lagunen, Barrieren und Flussläufen. Solche Orte sind wild und schön und ziehen eine prächtige Flora und Fauna an.

Geologie in Kürze – Erosion und Sedimentation

Küstenklippen Steile Klippen, die durch die erodierende Kraft von Wellen entstehen, welche die unteren Hänge „wegfressen" und das Ufer zum Einsturz bringen, sodass senkrechte Felswände zurückbleiben. Beispiel: vielerorts, z. B. in Reykjanesviti (Ziel C auf Seite 141), Látrabjarg (Route 9) und Hornstrandir (Ziel A auf Seite 172).

Felsnadeln oder -inseln Isolierte vorgelagerte Felssäulen. Überreste von Küstenklippen, bei denen das Meer das Land rund um die Felsinsel abgetragen hat. Einige spektakuläre Beispiele finden sich in Dhyrólaey (Route 5), Arnarstapi (Route 7), Hvítserkur (Ziel G auf Seite 175) und Rauðinúpur (Route 18).

Vulkanische Strände Schwarze Strände aus Steinen und Sand vulkanischen Ursprungs. Beispiele: Route 4, 20.

Flussmündungen Auf Island oft mit vielen, ständig sich verändernden und verzweigten Flussarmen. Die Gezeiten und stark schwankende Abflüsse zwingen den Fluss, neue Arme zu bilden. Sowohl der Fluss als auch das Meer lagern Material ab und verschließen frühere Flussarme.

Klima und Wetter

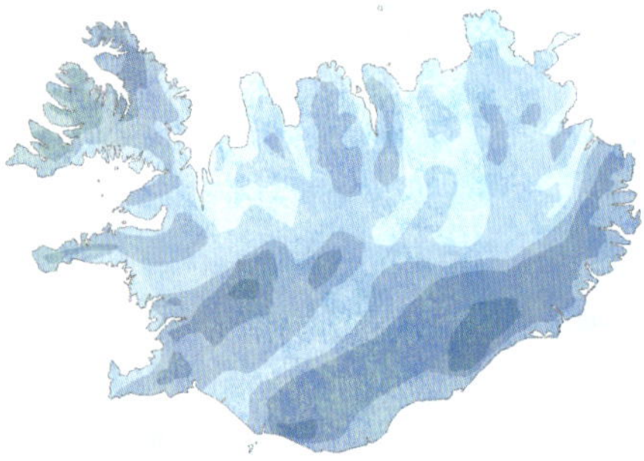

Niederschlagskarte

400 - 800 mm
800 - 2000 mm
2000 - 3000 mm
3000 - 4000 mm
> 4000 mm

Das Klima Islands ist eigenartig, lokal unterschiedlich, aber immer zur Dramatik der Landschaft passend. Einerseits ist es deutlich von der Arktis beeinflusst. Die Sommer sind kühl und kurz, und die gesamte Landschaft atmet die Atmosphäre des hohen Nordens. Die ausgedehnten Plateaugletscher, die windgepeitschten Heideflächen der Tundra, das Fehlen von Bäumen, die tief am Horizont stehende Mittsommersonne – das alles sind Merkmale des hohen Nordens.

Andererseits ist Island überhaupt nicht arktisch. Tundraklima zeichnet sich durch kurze, kühle Sommer und lange, sehr kalte Winter aus. Das erste trifft auf Island zu, das zweite jedoch sicher nicht. Verfolgt man die täglichen Wintertemperaturen in Reykjavík über das Internet, so stellt man fest, dass es nicht viel anders ist als in London oder Amsterdam: meist trüb, regnerisch und knapp über oder unter null Grad – ein Wetter, bei dem man am liebsten zuhause bleibt. Besucht man Reykjavík im Sommer, wird man vielleicht feststellen, dass sich die Bedingungen im Vergleich zum Winter nicht allzu sehr verändert haben.

Island, insbesondere das Tiefland im Süden und Westen, hat im Durchschnitt ein sehr gleichmäßiges Klima. Durch seine nördliche Lage liegt Island zwar im (sub)arktischen Bereich, doch die ozeanische Lage

Lokales Wetter - Wolkenbildung in den Bergen

mildert die Winterkälte und kombiniert so die Strenge des hohen Nordens mit dem mäßigenden Einfluss des Atlantiks.

Kalte und warme Luftmassen treffen in der Nähe von Island aufeinander und bilden große Tiefdruckgebiete. Die vorherrschenden Winde kommen aus Osten und Südosten und lenken die Regenfronten zur Südostküste, wo sich die höchsten Berge befinden. Im Tiefland bringen die Wolken die meiste Zeit des Jahres Regen, in etwas größeren Höhenlagen sorgen die Temperaturen für Schneefall. Da sich die höchsten Berge im Südosten des Landes befinden, liegt es nahe, dass sich dort auch der größte Plateaugletscher Islands befindet. Die höchsten Niederschlagsmengen sind auf dem Vatnajökull und dem Myrdalsjökull im Süden zu verzeichnen. Die feuchteste bewohnte Region ist das Gebiet zwischen Vík und den Westmännerinseln (Routen 4 und 5) im Süden Islands mit 1588 mm bzw. 2275 mm Niederschlag pro Jahr!

Der zentrale Norden, jenseits des Hochgebirges, ist viel trockener und sonniger. Hier ist das Klima eher kontinental-arktisch, mit weitaus kälteren Wintern und sonnigeren, etwas wärmeren und viel trockeneren Sommern. Ásbyrgi (Route 17) ist mit nur 400 mm Niederschlag pro Jahr einer der trockensten Orte Islands. Diese arktischen Bedingungen machen sich auch in der Flora und Fauna bemerkbar – hier kommen typisch nördliche Arten vor.

Die Niederschläge nehmen dort zu, wo die Berge den feuchten Luftströmen zugewandt sind. Auf der anderen Seite jedoch, im „Regenschatten“, fällt weniger Regen. Berge kanalisieren auch den Wind, was zu vielen lokalen Unterschieden bezüglich Niederschlägen und Luftströmungen führt.

Island ist außerdem sehr windig. Das Land liegt direkt unter der nordatlantischen Sturmbahn – der Bahn, entlang der viele Stürme ziehen. Schwere Stürme mit hohen Niederschlagsmengen treten regelmäßig auf, vor allem im Hochland und meist in der Zeit zwischen Herbst und Frühjahr. Im Allgemeinen gibt es stürmische Tage (mit Windgeschwindigkeiten von mehr als 18 m/s) im Tiefland 10–20 Mal pro Jahr, im Hochland können es jedoch mehr als 50 sein.

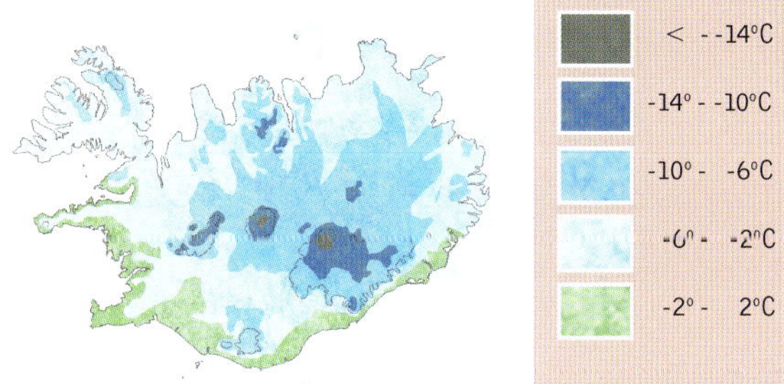

Temperaturkarte Januar

Temperaturkarte Juli

Wetter

Klima ist nicht dasselbe wie Wetter, wie Sie auf Island wahrscheinlich eher früher als später feststellen werden. Das isländische Klima ist das ganze Jahr über sehr beständig und vorhersehbar, das Wetter ist jedoch genau das Gegenteil. „Wenn Ihnen das Wetter nicht gefällt, warten Sie 10 Minuten", lautet ein lokaler Witz. Was die Isländer in der Regel nicht erwähnen, ist, dass sich das Wetter genauso schnell verschlechtern kann. Und auf Island kann es immer noch ein bisschen schlechter werden!

Das Wetter auf Island ist extrem unberechenbar. Zwar überwiegen die Südostwinde, doch jede andere Richtung ist auch nicht ausgeschlossen. Winde aus dem Norden bringen im Norden des Landes Regen und Schnee, im Süden jedoch Sonnenschein – das Gegenteil des vorherrschenden Musters. Es ist auch durchaus möglich, dass es im Januar regnet, aber im Juni am gleichen Ort schneit!

Das alles sollte Sie nicht davon abhalten, ins Gelände zu gehen. Dieses Wetter passt genau zu der isländischen Landschaft, die unter düsteren Wolken ebenso faszinierend ist wie bei strahlendem Sonnenschein.

Stellen Sie sich jedoch auf alle Wetterlagen ein. Ausgezeichnetes Wetter am Morgen kann sich später in geradezu riskante Bedingungen verwandeln, insbesondere im abgelegenen Hochland. Beschließt man, dass das Wetter zu schlecht ist, um draußen unterwegs zu sein, so kann man immer noch abwarten. Da es (im Sommer) fast 24 Stunden lang hell ist, kann man eine Wanderung genauso gut am Abend wie am Morgen planen. In der unten stehenden Tabelle sehen Sie die Zeiten des Sonnenuntergangs und -aufgangs im Hochsommer.

Selbst wenn die Sonne untergegangen ist, sinkt sie nicht weit unter den Horizont, sodass es nicht wirklich dunkel wird. Stattdessen gibt es eine lange Zeit, in der das Land in das schöne warme Licht der (Fast-) Mitternachtssonne getaucht ist. Dies ist eine der Freuden des Nordens,

Einige Wetterstatistiken	*Wert*	*Ort*	*Datum*	*Amsterdam*
Niedrigste aufgezeichnete Temperatur	-38° C	NO-Island	1918	-14.1 °C
Höchste aufgezeichnete Temperatur	30,5° C	SO-Island	1939	35,1 °C
Durchschnittliche Höchsttemperatur	13.3° C	Reykjavík		23.6 °C
Durchschnittliche Tiefsttemperatur	-3,0° C	Reykjavík		-0,8 °C
Höchste Niederschlagsmenge (Jahr)	4630,4 mm	SO-Island	2002	838 mm (Durchschn
Höchste gemessene Windgeschwindigkeit	74,2 m/s	O-Island	1995	11 m/s (Durchschnit
Sonnenaufgang zur Wintermitte	11:30-15:30	Reykjavík		
Sonnenaufgang zur Sommermitte	03:30-00:00	Reykjavík		
Sonnenaufgang zur Wintermitte	11:40-14:50	Akureyri		
Sonnenaufgang zur Sommermitte	01:45-00:40	Akureyri		

die man am besten im zentral-nördlichen Teil Islands genießen kann, wo das Wetter am sonnigsten und stabilsten ist.

Das Nordlicht

Eine kalte, klare Winternacht in der einsamen, verschneiten isländischen Landschaft. Kein Geräusch, kein Geruch – das einzig Spürbare ist die Kälte im Gesicht. Das sind die Umstände, unter denen man eines der atemberaubendsten Naturphänomene der Welt beobachtet: die Aurora Borealis. Die enormen, surreal anmutenden Wogen des Nordlichts am isländischen Winterhimmel sind von magischer Schönheit.

Der Kirkjufell (Route 7) ins Nordlicht getaucht.

Bei den Nordlichtern handelt es sich um Lichterscheinungen, die in großer Höhe in der Atmosphäre entstehen, wo magnetisch geladene Teilchen – Elektronen und Protonen – mit atmosphärischen Gasen wie Sauerstoff und Stickstoff kollidieren. Diese Teilchen stammen von der Sonne und bewegen sich im sogenannten „Sonnenwind" – einem gewaltigen Teilchenstrom mit einer unvorstellbaren Geschwindigkeit von etwa 400 km pro Sekunde (an ruhigen Tagen!) – auf die Erde zu. Der Strom wird von der Magnetosphäre der Erde aufgehalten und in Richtung der magnetischen Pole umgeleitet, wo die Teilchen in die äußerste Schicht der Erdatmosphäre eindringen und mit gasförmigen Molekülen wie Sauerstoff und Stickstoff zusammenstoßen. Die bei den Kollisionen freigesetzte Energie erzeugt Licht – grünlich, wenn Sauerstoffmoleküle beteiligt sind, und rötlich-violett, wenn die Teilchen auf Stickstoff treffen. Kollidieren Tausende von Teilchen gleichzeitig, wird dies vom Boden aus als Himmelsleuchten – Aurora Borealis – sichtbar.

Da der Strom in Richtung der Pole abgelenkt wird und auf der Nordhalbkugel in der Nähe des Polarkreises in die Atmosphäre eintritt, ist die Aurora Borealis normalerweise dort sichtbar. Nur in Zeiten starker Sonnenaktivität ist das Nordlicht auch weiter nördlich und südlich zu sehen.

Die Aktivität variiert von Jahr zu Jahr und von Jahreszeit zu Jahreszeit. Die atmosphärischen Kollisionen, die das Nordlicht verursachen, finden das ganze Jahr über statt, erzeugen aber nur bei ausreichender Dunkelheit sichtbares Licht. Daher kann man Nordlichter ausschließlich in Winternächten und außerhalb der Lichtverschmutzung von Städten sehen. Tipps zum Beobachten der Aurora Borealis finden Sie auf Seite 249.

Lebensräume

Auch wenn Island durch seine Einöde überwältigt, ist es doch eine Insel mit einer Vielzahl unterschiedlicher Lebensräume, die im Gelände allmählich ineinander übergehen.

Paradoxerweise lässt sich die isländische Landschaft in einem Land, in dem es so gut wie keine Bäume gibt, am einfachsten verstehen, wenn man sie als einen einzigen großen Versuch betrachtet, einen Wald zu schaffen. Auf dem isländischen Breitengrad herrschen klimatische Bedingungen, die das Entstehen von Wald als natürliche Vegetation oder Klimaxvegetation unterhalb einer Höhe von etwa 400-600m über dem Meeresspiegel begünstigen. Besucht man beispielsweise Teile Schwedens oder Finnlands auf demselben Breitengrad, ist man von endlosen Wäldern umgeben.

Die atlantischen Bedingungen auf Island führen zu sehr kühlen Sommern, die die Vegetationsperiode erheblich verkürzen, sodass sie gerade ausreichen, um ein spärliches Wachstum von Bäumen zu ermöglichen. Bäume wachsen langsam, und es dauert lange, bis sich Wälder etablieren. Schon eine geringfügige Verschlechterung der Umweltbedingungen kann das Gleichgewicht kippen lassen und zu baumlosen Lebensräumen führen.

Zum Leidwesen der Bäume geht es auf Island nicht um Feinheiten. Massive Schneefälle, Sturzfluten, Lavaströme, kochendes Wasser, das aus dem Boden strömt, massive Ascheregen – all das macht jede Hoffnung auf die Entstehung von Wald zunichte. Die Lebensräume, die stattdessen entstehen, reichen von relativ üppigem Heideland bis hin zu Grasland und kargen Wüsten und Lavafeldern, je nachdem, welche Umweltfaktoren das Wachstum von Bäumen verhindert haben. Alle besitzen

ihre eigene Schönheit, manchmal wild und unheimlich, manchmal üppig und grün, mit einer attraktiven Flora und Fauna. Einige dieser Lebensräume sind sehr typisch für Island: Lavafelder, Tephrawüsten, Sanderflächen und geothermische Zonen, in denen der Boden ständig heiß und instabil ist. Andere, wie arktische Wüsten, Heidelandschaften der Tundra, Moore, Seen, Gletscherflüsse, Berghänge und Schneeböden, sind auch anderswo in der Arktis oder in alpinen Gebieten zu finden, aber die Abgeschiedenheit und die einzigartige Entstehungsgeschichte verleihen diesen Lebensräumen eine besondere isländische Note.

In Anbetracht dieser temperamentvollen Natur Islands herrschen nur auf etwa 20 % des Territoriums für die Waldbildung günstige klimatische Bedingungen. Wiederum nachteilig für den Baumbewuchs ist, dass dies auch die besten Flächen für die Landwirtschaft sind. Viele der Weiden und Wiesen liegen in ehemaligen Waldgebieten – dies sind heute vom Menschen beeinflusste Lebensräume mit einer ausgeprägten und oft reichen Flora und Fauna.

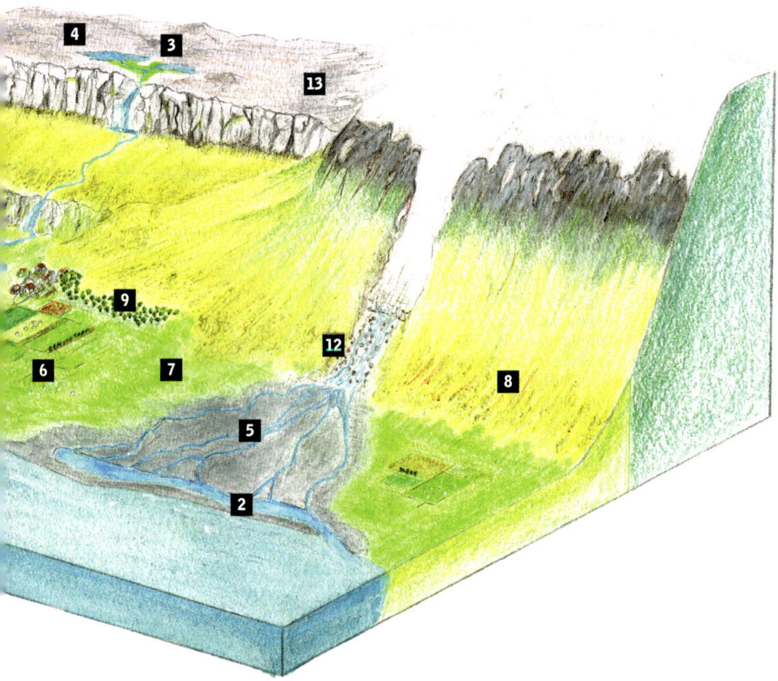

Die wichtigsten Lebensräume Islands

1 - Klippen und Scharen
2 - Sander
3 - Quellen und Flüsse
4 - Seen
5 - Flussmündungen
6 - Heuwiesen
7 - Trockenrasen
8 - Heidelandschaft
9 - Birkenwald
10 - Geothermisches Gebiet
11 - Junges Lavafeld
12 - Zurückgezogener Gletscher
13 - Hochland

Die Küste

Die schönsten Klippen und Landzungen, meist mit Seevögeln, findet man auf den Routen 4, 5, 7, 9, 18, 19 und an den Zielen B, C auf Seite 141, A auf Seite 172 und I auf Seite 206. Schlickwatt und niedrige Felseninseln sind wichtige Merkmale der Routen 2, 6, 8 und 20. Sander und sandige Flussmündungen können auf den Routen 2, 5, 9 (die nahegelegenen „roten Sande"), 19 und 23 sowie an den Zielen B auf Seite 213 und B, E und G auf den Seiten 226-228 bewundert werden. Wunderschöne Fjordlandschaften gibt es auf den Routen 7, 11, 12 sowie in den Ostfjorden.

Vögel, wohin man schaut, zu Zehntausenden. Man muss sich einen Stock über den Kopf halten, um nicht von den Seeschwalben oder Skuas angegriffen zu werden. Es gibt große Eiderentenkolonien und riesige Vogelfelsen, auf denen Millionen und Abermillionen von Vögeln brüten. Mit 3 Millionen Paaren beherbergt Island die größte Papageitaucherpopulation der Welt. Allein auf dem größten Vogelfelsen, Latrabjárg (Route 9), brüten mehrere Millionen Vogelpaare, darunter schätzungsweise 2 Millionen Trottel- und Dickschnabellummen.

Die Küste ist der Ort, an dem sich ein Großteil der biologischen Aktivitäten Islands abspielt – zum Glück für Sie als Besucher ist dies auch der am leichtesten zu erforschende Lebensraum. Dennoch ist es schwierig, die isländische Küste als eine einheitliche Landschaft oder einen einheitlichen Lebensraum zu bezeichnen. Die „Küste" besteht aus steilen Klippen und tiefen Fjorden, aber es gibt auch Strände und Sanderebenen, Sand- und Kiesbänke, Küstenlagunen, Schlickwatt, Flussmündungen, Landzungen, Schären und Felsinseln.

Was diese Lebensräume miteinander verbindet, ist neben der Tatsache, dass sie alle an der Küste liegen, die enorme Nahrungsverfügbarkeit und die relativ milden Temperaturen. Das ist das gute Leben nach isländischer Art – das Meer ist reich an Fischen und der Küstenboden, der durch die von den Flüssen herabgetragenen Nährstoffe und eine beeindruckende Menge an Vogelkot angereichert wird, ist ein

Trottellummen und Tordalke. Die Klippen Islands beherbergen einige der größten Seevogelkolonien Europas.

reichhaltiges Substrat, auf dem Pflanzen wachsen können.

Bei Dyrhólaey (Route 5) liegen breite, schwarze Lavastrände und massive Meeresklippen dicht beieinander.

Die große Vielfalt der Küstenlebensräume ist das Ergebnis von zwei Prozessen: Erosion und Sedimentation. Die Erosionsküsten sind abrupt, ihr Hauptmerkmal sind steile Klippen und Hänge (siehe Seite 28). Sedimentationsküsten sind das Gegenteil davon. Feinkörniges Material wie Sand und Tephra (Asche), das von Flüssen mitgetragen wird, wird von den Strömungen an der Küste abgelagert. Solche Küsten sind flach und häufig sumpfig.

Klippen, Landzungen und Schären – die Erosionsküste

Islands felsige Küste besteht aus dramatischen Klippen, Felseninseln und Felsnadeln, die alle durch Erosion entstanden sind. Die schroffen Felswände sind voller Spalten und Felsvorsprünge, in und auf denen Seevögel brüten – insbesondere verschiedene Lummenarten, Tordalke, Eissturmvögel und Dreizehenmöwen, in geringerer Zahl auch Basstölpel und Krähenscharben (siehe auch Seite 107).

Es ist eine Kakophonie von Lärm und Leben, die auf den fischreichen Ozean zurückzuführen ist. Die Klippen sind wie Stühle um einen gigantischen Tisch, vollgepackt mit Köstlichkeiten, nach denen man nur die Hand auszustrecken braucht.

An der Westküste Islands treffen der warme Nordatlantikstrom und der kalte Grönlandstrom aufeinander. Wo sich diese Gewässer vermischen, kommt es zu einer erhöhten Konzentration von Nährstoffen und Fischen, von denen die Seevögel profitieren.

All diese Nahrung, die in den Därmen der Vögel verarbeitet wird, findet ihren Weg zu den Klippen und auf die hügeligen Felder oberhalb der Klippen. Dieser mit Vogelkot gedüngte Boden ist leicht an dem Vorkommen verschiedener Pflanzen zu erkennen, insbesondere Echtem Löffelkraut und, auf den Felsen, den leuchtend orangefarbenen Gelbflechten.

Der Reichtum an Vögeln lockt Raubtiere an. (Raub-)Möwen und mancherorts auch

Der kalte Grönlandstrom und der warme Nordatlantikstrom treffen bei Island aufeinander. Deshalb ist die isländische See voller Leben.

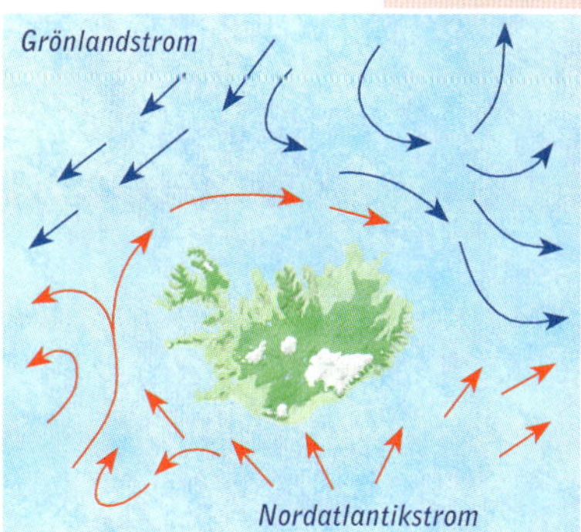

Polarfüchse werden von der leichten Beute der Küken und Eier angezogen. Sie konzentrieren sich auf die leichter zugänglichen Nistplätze am Rande der Felswände, weshalb sich die größten Konzentrationen von Seevögeln an den steilsten und am schwersten zu erreichenden Klippen befinden.

Sandküsten, Sander und Wattflächen – die Sedimentationsküste

Dort, wo breite Flüsse vom Hochland zur Küste hinunterfließen, sammeln sich Sedimente an und werden entlang der Küste abgelagert, wodurch Küstentiefland entsteht. Auf Island fallen viele Niederschläge und der Abfluss konzentriert sich größtenteils auf die wenigen Monate, in denen die Temperaturen über dem Nullpunkt liegen. Die Kraft, mit der der Abfluss erfolgt, ist daher enorm (davon zeugen die beeindruckenden Wasserfälle). Denkt man außerdem an die Sprödigkeit des Basaltgesteins und die großen Mengen an Tephra in den Bergen, ist es nicht verwunderlich, dass die Flüsse mit Schwebstoffen beladen sind. All dies suspendierte Material sinkt nach unten, sobald der Wasserfluss beim Erreichen des Meeres langsamer wird. Das Meer wiederum spült Sand und Kieselsteine auf die Strandkämme an der Küste. Das ist der Grund, warum ein junges Land wie Island so viel Schlickwatt hat.

Der ständig wechselnde Lauf der Flüsse hinterlässt unzählige Lagunen, Sumpfflächen und Küstengrasland, von denen ein Teil in Wiesen umgewandelt wurde. Auch hier ist es die Vogelwelt, die sofort die Aufmerksamkeit auf sich zieht. An der Küste brüten große Kolonien von Küstenseeschwalben, Eiderenten und (Raub-)Möwen.

Der endlose Skeiðarársandur (Ziel B auf Seite 226) ist Islands größte Sanderebene. Sie ist das Ergebnis verschiedener Gletscherläufe des Vatnajökull in Kombination mit Meeres- und Flusssedimenten.

Die größten Skuakolonien Islands befinden sich auf den Sandern im Südosten.

In einigen Gebieten an der West- und Südostküste gibt es ausgedehnte Schlickflächen, die bei Ebbe trockenfallen. An der Küste von Mýrar (Route 6), rund um die Insel Flatey (Route 8) und in der Nähe von Djúpivogur (Route 20) ist das Meer zwischen den Felseninseln verlandet, wodurch diese bei Ebbe miteinander verbunden und bei steigendem Wasserstand wieder getrennt werden.

Das Labyrinth aus kleinen Inseln, felsigen Küstentümpeln und Schlickflächen, alle nährstoffreich, ist für Vögel von größter Bedeutung. Sowohl Brut- als Zugvögel finden hier Nahrung. Viele Arten profitieren von den Gezeitensümpfen. Der seltenste und begehrteste Vogel Islands, das Thorshühnchen, ist sogar ausschließlich an solchen Orten anzutreffen. Es bevorzugt ruhige, felsige Gezeitentümpel.

Die Sand- und Kiesbänke und das trockene Küstengrasland sind wichtige Lebensräume für Wildblumen. Auf den Sandbänken an der Küste sind Austernpflanze, Sandmiere und Europäischer Meersenf beheimatet, während auf den Wiesen zahlreiche Blumen wachsen, darunter einige attraktive Enziane wie Gold-Enzian* (*Gentianella aurea*) und Nordischer Fransenenzian* (*Gentianopsis detonsa*).

Eine ganz besondere Küstenart findet sich im Süden, insbesondere am Vatnajökull. Hier haben Gletscherläufe riesige Flächen vulkanischer Asche abgelagert: Sander. In einigen Flussmündungen im Norden (z. B. nördlich von Ásbyrgi und Egilsstaðir) gibt es ebenfalls Sanderebenen.

Sander sind weitgehend vegetationslos und von kleinen Flüssen durchzogen. Die Tephra ist weich und die Flüsse graben immer wieder neue Rinnen hinein. Daher ist es unmöglich, in diesen Lebensraum vorzudringen. Die Ringstraße führt über einen Abschnitt in der Nähe von Skaftafell. Es war der letzte Teil der Straße, der – erst in den 1970er Jahren – asphaltiert wurde. Es ist auch der Teil, der am häufigsten weggespült wird.

Die Ruhe und das ebene Gelände machen die Sanderflächen zu einem wichtigen Bruthabitat für Vögel. Der charakteristische Vogel der Sander schlechthin ist die Skua – Islands einzige Kolonien befinden sich auf diesen Ebenen, und umgekehrt stimmt die Verbreitungskarte dieses Vogels ziemlich mit der Lage der Sander überein.

Ebbe im Kaldalón-Fjord (Route 12). Bei Ebbe sind die Fjorde für Watvögel attraktiv, bei Flut dagegen für Enten, Schwäne und Taucher.

Die Fjordküste – sowohl Erosion als Sedimentation

Fjorde sind durch Erosion entstanden, als Gletscher auf ihrem Weg zum Meer U-förmige Täler aushöhlten. Später fanden die Flüsse in diesen „vorgefertigten" Tälern einen natürlichen Weg von den Bergen hinunter zum Meer und legten an ihrem Ende ein kleines Mündungsgebiet an, nicht selten mit einer oder mehreren Küstenlagunen.

Ein Fjord ist daher eine Kombination aus allen Lebensraumtypen der Küste: den Klippen, Flussmündungen, Küstenlagunen und Schlickflächen. Das milde Küstenklima und der Schutz vor dem Wind ermöglichen in Fjorden einen üppigeren Pflanzenwuchs als anderswo. Daher finden sich in den Fjordtälern oft noch Reste von Kjarr-Birkenwäldern (insbesondere auf den Routen 10 und 11).

In einem Fjordtal gibt es in rascher Folge Küstenschotter und Grasland, Birkenwälder oder Wiesen, Heideland und spärlich bewachsenes Land mit einer Hochlandflora. So ist es nicht verwunderlich, dass einige der reichsten Vogel- und Wildblumengebiete in Fjorden zu finden sind. Die kleineren und abgelegenen Fjorde, die für die Landwirtschaft uninteressant sind, sind besonders bezaubernde Gebiete. Sie sind in den West- und Ostfjorden zu finden.

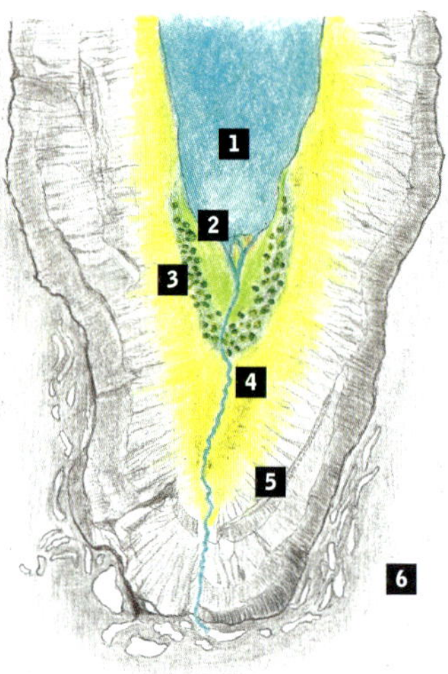

Fjorde sind Miniaturausgaben von Island. Alle Lebensräume, vom Schlickwatt an der Küste bis zum Hochland, kommen in rascher Folge vor.

1 - Wattflächen
2 - Küstengrasland
3 - Birkenwald
4 - Heidelandschaft
5 - spärliche Vegetation
6 - Hochland

Gletscher, Flüsse, Seen und Flussmündungen

Auf den Routen 3, 7, 12 und 21 kann die Vegetation von Quellen und Bächen erkundet werden. Flüsse sind ein großer Bestandteil der Routen 3, 12, 14, 17, 18 und 19. Vogelreiche Tieflandseen sind ein Merkmal der Routen 1, 2, 6, 14, 19 und 20. Auf den Routen 2, 12 und 18 sowie an den Zielen H auf Seite 205 und B und F auf Seite 213 und 215 sind die isländischen Flussmündungen zu bewundern.

Von den Gletschern im Hochland des Landesinneren bis zu den Flussmündungen an der Küste schafft das Süßwasser viele verschiedene Lebensräume. Diese „Feuchtgebiete", wie sie kollektiv genannt werden, bilden ihr eigenes hydrologisches System. Man stelle sich einen Wassertropfen oder eine Schneeflocke vor, die in einem Gletscher eingeschlossen werden. Nach der Freisetzung gelangen sie in der Regel in eine Schmelzwasserrinne, einen Hochlandsee, einen Gebirgsfluss (auf Island meist mit einem oder zwei dramatischen Wasserfällen), bevor sie die Mündungsmarschen an der Küste speisen. Manchmal ist der Weg lang. Das Wasser der Schneeflocke zum Beispiel, die am Nordhang des Gletschers Vatnajökull fällt, fließt irgendwann in den großen Fluss Jökulsá á Fjöllum, den Wasserfall Dettifoss hinunter und durch den Sander Öxafjörður, um schließlich in der Bucht Öxafjörður zu enden. Manchmal ist die Strecke dagegen viel kürzer. Die Schneeflocke, die am Südhang des Vatnajökull fällt, wird auf Island selbst vielleicht nie die flüssige Form annehmen: Als Teil eines Eisklumpens gelangt sie in den Eisbergsee Jökulsarlón, zwängt sich durch den 50m langen Abflusskanal und schmilzt schließlich vor der südisländischen Küste.

Die große Schmelze

An einem klaren Sommertag sehen die Tundren im hohen Norden aus der Luft wie ein Spiegel aus. Das Wasser in den Sümpfen reflektiert das Licht und verrät, dass die Tundren in Wirklichkeit mehr aus Wasser als aus Land bestehen. Das liegt nicht an den hohen Niederschlagsmengen im hohen Norden. Tatsächlich sind die meisten polaren Klimazonen eher trocken. Der Grund ist vielmehr, dass die Minustemperaturen alle Niederschläge zwischen Spätherbst und Spätfrühling gefrieren lassen. Im Sommer taut es dann plötzlich, doch da der Untergrund immer noch gefroren ist (unter Permafrostbedingungen das ganze Jahr über), bleibt die Feuchtigkeit als Sumpf an der Oberfläche.

Auf Island gibt es zwar recht viele, trotzdem aber wesentlich weniger Sümpfe und Seen als in anderen Tundren. Das liegt daran, dass Stellen mit Permafrost nur vereinzelt vorkommen und der Boden an vielen Stellen sehr durchlässig ist. Dennoch reichen die hohen Niederschläge und die

Die meisten der zahlreichen Gebirgsbäche gefrieren im Winter zu Eis.

plötzlichen Abflüsse, wenn das Eis schmilzt, aus, um die Hunderte von Seen im Land zu speisen.

Wenn zu Beginn des Sommers die große Schmelze einsetzt, fließt das Wasser von den Hängen in die Flüsse und bringt große Mengen an kleinen Partikeln und Nährstoffen mit sich. Ökologisch gesehen durchziehen die isländischen Flüsse wie Bänder voller Nahrung und Wasser die hungernde Wüste. Die Seen, die sie miteinander verbinden, sind oasenartige Knotenpunkte in diesem Netz. Sie ziehen Wildtiere und Wildblumen an, die sich um die Flüsse und Feuchtgebiete konzentrieren.

Quellen

Schmelzwasser sättigt den Boden an auftauenden Hängen. Solche Quellen und feuchten Hänge sind dauerhaft kühl und nass und weisen eine hohe Konzentration an Mineralien auf. Diese kleinen Sümpfe haben keinen dichten Grasbewuchs, sind aber botanische Schatzkammern.

Im Hochgebirge beherbergen sie kleine Kostbarkeiten wie Zarten Enzian, Moor-Steinbrech, Zwerg- und Gletscher-Hahnenfuß, Aufrechtes Läusekraut und Arktische Saumnarbe* (*Lomatogonium rotatum*). In Küstennähe kommen solche offenen, sumpfigen Flächen ebenfalls recht häufig vor, typischerweise mit Behaarter Fetthenne, Sumpf-Herzblatt und verschiedenen Orchideen.

Schnell fließende Flüsse

An den Abflussstellen dieser kleinen Sümpfe entstehen kleine Bäche. Diese Bäche haben ein extremes Wasserregime: im Winter gefroren, im Frühjahr zu breiten, wilden Strömen anschwellend und im Herbst mit sinkendem Wasserstand. Das Wasser ist sauber und sauerstoffreich.

Wenn die Wasserstände zu stark schwanken, sind sie für die meisten Lebewesen eine zu herausfordernde Umgebung. Etwas weiter flussabwärts jedoch, wo sich genügend Wasser sammelt, um einen stabilen Strom zu bilden, können wirbellose Tiere und kleine Fische überleben und sogar gedeihen. Dies lockt in der Brutzeit eine Reihe von Flussspezialisten an. Hier ist der Lebensraum von Kragenente und Gänsesäger, die nach Wirbellosen bzw. Fischen jagen. Eine typische Wildblume, die an den Ufern von Gebirgsflüssen wächst, ist das Arktische Weidenröschen.

Besonders artenreich sind Flüsse, die nicht (ausschließlich) durch Gletscherschmelzwasser, sondern zudem durch Quellen gespeist werden. Quellgespeiste Flüsse (und Seen) haben einen stabileren Wasserhaushalt und werden in Zeiten starken Tauwetters nicht durch Schwebstoffe überlastet. Ihr Wasser ist kristallklar und reich an Mineralien, die das Quellwasser auf seiner unterirdischen Reise durch die Lavaschichten aufgenommen hat. Aufgrund des porösen Gesteins und der hohen Niederschlagsmengen verfügt Island über eine ausgeklügelte unterirdische Hydrologie. Gute Beispiele für quellgespeiste Flüsse und Seen sind der Fluss Sóg und der Þingvallavatn im Süden (Route 1 und Ziel K auf Seite 145) sowie der Mývatn und der Fluss Láxa (Route 14) im Norden. Es ist kein Zufall, dass es an diesen Orten Fische und Insekten im Überfluss gibt und die Vogelwelt sehr reich ist.

Ufer von Gebirgsbächen sind ein hervorragender Lebensraum für Wildblumen. Hier gibt es eine große Population von Geflecktem Knabenkraut.

Seen

Flüsse ergießen sich in Seen, in denen das Wasser stagniert und Bodenpartikel und Nährstoffe auf den Grund sinken. Dies führt zu einer verhältnismäßig üppigen Vegetation an den flachen Ufern. Die torfigen Böden sind mit einer Vielzahl von Pflanzen bedeckt, von denen in der Regel Wollgras und die große Seggenart *Carex lyngbei* dominieren. Letztere ist eine interessante Art, denn sie ist eine von nur neun aus Amerika stammenden Arten – Island ist der einzige Standort in Europa, an dem sie wächst. Im weichen Seeboden im Flachwasser wurzeln Laichkrautarten, Tannenwedel und Krähenfuß-Wegerich.

Die Wasservegetation bildet die Grundlage eines Nahrungsnetzes, das Wasserpflanzen und einzellige Organismen mit kleinen wirbellosen Tieren, Fischen und schließlich Vögeln verbindet. Dieses Nahrungsnetz kommt nur in der sehr kurzen Sommerperiode voll zur Geltung, wenn Massen von kleinen Gnitzen aus den Seen auftauchen. Einzigartig in dieser Hinsicht ist der See Mývatn („Fliegensee“), wo die Insekten wie Rauchschwaden über der Ufervegetation erscheinen. Diese wirbelnden Insektenwolken sind eine nicht-stechende Variante und stellen keine Unannehmlichkeit dar, außer dass man sie ständig aus dem Gesicht verscheuchen muss. Bringen Sie eventuell einen Hut mit Moskitonetz mit. Später in der Saison (Juli) gibt es beißende Kriebelmücken, in den meisten Jahren jedoch nur in geringen Mengen.

Der See Mývatn im Licht der Mitternachtssonne.

Der prachtvolle Eistaucher brütet an den Seeufern. In Frühsommernächten kann er sehr lautstark sein. Es lohnt sich, in einer ruhigen Nacht hinauszugehen und dem unheimlichen Konzert des Eistauchers zu lauschen.

Auch Fische gibt es reichlich, wenn auch nur wenige Arten. Sie ernähren sich von den Larven der Gnitzen und anderen wirbellosen Wasserorganismen. Vor allem der Dreistachlige Stichling ist in den isländischen Gewässern weit verbreitet. Obwohl klein und scheinbar unbedeutend, bilden Stichlinge und Gnitzen als Nahrung für Tausende von Vögeln das solide Fundament des Ökosystems der Seen. Dennoch gibt es große Unterschiede zwischen den isländischen Seen, was das Vorkommen von Vögeln angeht. Ausschlaggebend ist die Tiefe des Sees. In den sehr flachen Seen sind keine Fische zu finden – sie frieren im Winter zu. Die sehr tiefen Seen frieren nie zu, sind aber dunkel und ohne Pflanzenleben in der Tiefe. Daher bieten sie Wirbellosen und Fischen wenig Nahrung. Solche Seen beherbergen wenige Wasservögel. Nur der Eistaucher (eine weitere nordamerikanische Art) scheint eine Vorliebe für die großen und tiefen Seen zu haben.

Die artenreichsten Seen sind die flachener, von Quellwasser gespeisten. Sie sind flach genug, um das für Pflanzen notwendige Licht durchzulassen, und tief genug, um im Winter nicht zuzufrieren. Interessanterweise hängt es nicht nur von der Außentemperatur ab, ob ein See unter der Eisdecke offen bleibt. Das Besondere an Wasser ist, dass seine feste Form (Eis) eine geringere Dichte hat als seine flüssige. Wird die Kälteperiode intensiver oder dauert sie an, wird die Eisdecke dicker. Mit jedem zusätzlichen Millimeter nimmt jedoch die isolierende Wirkung zu und es dauert länger, bis ein weiterer

Millimeter hinzukommt. So entsteht ein Gleichgewicht, in dem das Eis kaum noch dicker wird und die Fische darunter geschützt sind.

Es gibt einen See, dessen Größe, Tiefe, Wasserhaushalt und Nährstoffbelastung optimal sind: den Mývatn. Der unvergessliche Anblick von Tausenden von Enten, die sich dort in der Mitternachtssonne sonnen – vielleicht das typisch isländische Bild schlechthin – wird durch die Massen an wirbellosen Tieren und Stichlingen ermöglicht.

Flussmündungen

In Küstennähe haben die Flüsse ein Labyrinth von Flussarmen geschaffen. Die am weitesten verzweigten Flussmündungen befinden sich an der Küste von Selfoss (Route 2), bei Akureyri (Ziel A auf Seite 201), Ásbyrgi (Route 18 und Ziel H auf Seite 205) und nördlich von Egilsstaðir (Route 19 und Ziel B auf Seite 213).

Wenn sich der Fluss auffächert, verlangsamt sich die Strömung und Schwebstoffe sinken auf den Grund. So verstopft der Fluss seine eigene Rinne und muss sich einen anderen Weg zum Meer suchen, wobei eine flache Lagune oder ein Sumpf zurückbleibt. Diese Labyrinthe aus Lagunen und Flussarmen, durch Sanddämme und Sumpfgebiete voneinander getrennt, bieten dank der großen Nährstoffmengen eine reiche Pflanzen- und Vogelwelt.

Ein Großteil der Küstenmarschen wurde trockengelegt, da sich die Böden auch gut als Heuwiesen eignen. Dennoch gibt es noch viele Lagunen und kleine Sumpfgebiete, für Vogelbeobachter großartige Orte mit vielen Watvögeln, Enten, Ohrentauchern, Singschwänen und Sterntauchern. In der Nähe von Eyrarbakki hat das isländische BirdLife ehemals trockengelegte Sümpfe wiederhergestellt – das Naturschutzgebiet Flói (Route 2).

Charakteristisch für Gletscherflüsse sind großen Schwankungen des Wasserstands. Dies führt zu massiver Sedimentation und breiten Flussbetten, durch die sich die Flussarme ihren Weg zum Meer suchen. Dies ist ein Blick über den Mýrdalssandur mit dem Hjörleifshöfði im Hintergrund.

Heide- und Grasland – die „pastorale Tundra“

Wiesengebiete sind im gesamten isländischen Tiefland zu finden. Die größten und attraktivsten Wiesenflächen befinden sich auf den Routen 2, 3, 5, 6 und 19. Artenreiche Trockenrasen liegen meist in Küstennähe und bilden einen wichtigen Lebensraum auf den Routen 2, 3, 5, 7, 14, 18 und 23. Artenreiche Heidelandschaften sind überall im Land zu finden, einige besonders attraktive auf den Routen 1, 12, 13, 14, 17 und 21.

Die baumlosen Gras- und Heidelandschaften liegen in einem großen Gürtel um das zentrale Hochland herum. Sie bedecken die Hügel, klettern an den steilen Klippen empor und säumen die Flüsse und Wasserfälle. Sie sind der Stoff, der die baumlosen Landschaften Islands bekleidet. Auch landschaftlich sehr reizvoll, erwecken sie immer wieder ein Staunen über Islands wilde Schönheit und unberührte Natur. Daher ist es schwer zu akzeptieren, dass es sich nicht um eine natürliche Landschaft handelt.
Die Heide- und Graslandschaften sind die isländische Version der Tundra und beherbergen zumindest teilweise eine Flora und Fauna, die der Tundra ähnelt. Sie sind jedoch nicht das Ergebnis rauen Klimas und extremer Winterkälte (wie in der echten Tundra), sondern der Schafhaltung. Es handelt sich um Weideland, ähnlich wie die Heide und das Grasland Irlands.
Streng genommen ist fast ganz Island Weideland. Mit Ausnahme einiger weniger Gebiete weiden Schafe überall. Sie wagen sich bis an die seltsamsten Orte in der Wildnis vor – sogar in der Hochlandwüste kann man sie sehen, weit weg von allem, was auch nur im Entferntesten nach Nahrung für sie aussieht. Als Weidetiere haben sie auf Island, einer Insel, auf der

Wiesen bei Mýrar.

Die isländische „Tundra"-Vegetation verstehen

Die isländischen Gras- und Heidelandschaften ähneln der natürlichen Tundravegetation, sind aber nicht ganz dasselbe. Vor der Ankunft der ersten Siedler und ihrer Schafe gab es auf Island eine natürliche Tundra. Verwirrenderweise war sie wahrscheinlich der heutigen Vegetationen teilweise nicht unähnlich.

Tundren sind Landschaften, in denen ein arktisches Klima mit langen kalten Wintern und kurzen kühlen Sommern den Baumwuchs unmöglich macht. Permafrost – eine permanente Eisschicht im Boden – ist ein weiteres Element der Tundravegetation. Eine solche Schicht verhindert das Versickern des Schmelzwassers, daher sind Tundren oft mit Seen und ausgedehnten offenen Sümpfen übersät.

Ursprünglich, vor der Besiedlung Islands und der Einführung von Schafen, bedeckte die natürliche Tundra große Teile des Hochlands und der Küstenlandschaften. Im Hochland ist ein Großteil der Vegetation durch Beweidung und anschließende Erosion verschwunden und hat eine polare Wüste hinterlassen (siehe Seite 59). Im Tiefland dagegen hat sich das baumlose Land auf Kosten der natürlichen Wälder Islands stark ausgedehnt. Infolge der Beweidung hat sich die baumlose Vegetation vom Hochland ins Tiefland verlagert, wo sie von Natur aus eher selten war.

Diese Verkahlung Islands, bei der die höhere, üppige Vegetation des Tieflands weitgehend durch Heideland ersetzt und die natürlichen Bergheidelandschaften in Wüste verwandelt wurden, ist eines der größten Umweltprobleme des Landes.

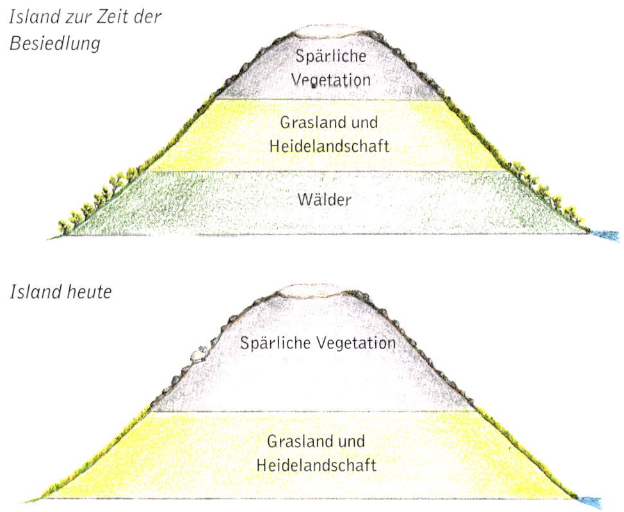

Die Kahlheit Islands. Zur Zeit der Besiedlung war das isländische Tiefland größtenteils von Wäldern und das Hochland größtenteils von arktischer Heide bedeckt. Heute sind die Wälder so gut wie verschwunden und ein Großteil des Hochlands ist entweder spärlich bewachsen oder völlig kahl.

Die Wiesen, das Grasland und die Heidelandschaft sind reich an brütenden Watvögeln. Rotschenkel (links), Bekassine (mitte) und Uferschnepfe (rechts) sind auf den Wiesen häufig.

es von Natur aus keine großen Weidetiere gibt, enorme Spuren hinterlassen.

Die wichtigsten Weideflächen Islands lassen sich grob in drei Kategorien einteilen: Heuwiesen, Trockenrasen und Heideland. Es gibt jedoch auch viele Zwischenformen, vor allem zwischen den beiden letztgenannten.

Heuwiesen

Die reichhaltigsten Böden des Landes sind heutzutage für die Heugewinnung reserviert. Wo man heute Wiesen mit Hahnenfuß und Echtem Mädesüß antrifft, müssen einst dichte Wälder gestanden haben.

Heuwiesen gibt es reichlich im Süden Islands, in den Ebenen von Selfoss und an der Westküste, mit kleineren Flächen in der Region Akureyri, Egilsstaðir und Höfn. In einigen Fjordtälern gibt es ebenfalls Wiesen. Typischerweise findet man reiche Heuwiesen dort, wo im Winter entweder eine dicke Schneedecke liegt oder die Temperaturen mild sind. In beiden Fällen ist die Vegetation vor den verheerenden Auswirkungen des Frosts geschützt.

Was die Vegetation betrifft, so ähneln die isländischen Wiesen denen in England, den Niederlanden und dem übrigen gemäßigten Europa. Sie sind überwiegend von Gras geprägt, mit dem bekannten Löwenzahn, Hahnenfuß, Wiesen-Schaumkraut, Echtem Mädesüß, Wiesen-Kerbel und Wilder Engelwurz. Die meisten dieser Pflanzen wurden von den Siedlern und deren Schafen entweder absichtlich oder unabsichtlich eingeführt.

Heuwiesen waren für die Isländer schon immer von großer Bedeutung, da sie den Schafen während des langen Winters Nahrung bieten. Schafe

Unter den Watvögeln der Heidelandschaft dominieren Regenbrachvogel (links), Goldregenpfeifer (mitte) und Alpenstrandläufer (rechts).

wiederum sind die Grundlage für die isländische Landwirtschaft.

Als Lebensraum für Wildtiere sind die Wiesen für verschiedene Vogelarten, insbesondere Watvögel, von großer Bedeutung. Das Heu wird in der Mitte des Sommers gemäht. So haben Vögel genügend Zeit, ihre Küken aufzuziehen. Die fruchtbaren Böden bieten viel Nahrung, weshalb die Brutdichte sehr hoch ist. Typische Wiesenvögel sind Uferschnepfe (die schöne isländische Unterart, bei der das Männchen eine dunkle ziegelrote Brust hat), Rotschenkel, Regenbrachvogel, Bekassine und Wiesenpieper. Wo die Waldmaus vorkommt, ist auch die Sumpfohreule häufig anzutreffen.

Eine Exkursion zu den isländischen Wiesen (z. B. auf den Routen 2, 3 und 6) zwischen Ende Mai und Mitte Juli ist ein wahrer Genuss. Die lärmenden Uferschnepfen und Rotschenkel sind überall und schimpfen aggressiv mit jedem, der es wagt, sich ihren Küken zu nähern, die irgendwo unsichtbar im hohen Gras herumlaufen. Abends sorgt das leise „Wummern“ der Bekassine für wunderbare Konzerte.

Trockenrasen und Heidelandschaften

Dort, wo der Boden trockener und weniger nährstoffreich ist, dominieren Gräser, die besser mit Trockenheit und Kälte zurechtkommen. Dennoch sind die meisten Pflanzenarten Besuchern aus dem gemäßigten Europa bekannt, wie z. B. Brutknospen-Schwingel, Gewöhnliches Ruchgras und Rasen-Schmiele. Wildblumen sind hier viel präsenter als auf den Wiesen, sowohl was die Anzahl als auch die Arten betrifft. Im Juli verwandeln sich

Bei der isländischen Heidelandschaft handelt es sich um niedrige Vegetation aus Kräutern und Zwergsträuchern, die nicht unbedingt zu den Heidearten gehören. Hier besteht sie größtenteils aus Zwerg-Birke und Woll-Weide.

die Trockenrasen in süßduftende „Blumensträuße", in denen Fadenstängel- und Alpenfrauenmantel, Sumpf-Herzblatt, Mondraute, Graues Felsenblümchen sowie Echtes und Nordisches Labkraut eine Schlüsselrolle spielen.

Gräser können aggressive Konkurrenten sein, die die weniger robusten Wildblumen verdrängen, es sei denn, es gibt einen begrenzenden Faktor, der sie daran hindert. Wenn sich die Wachstumsbedingungen verschlechtern, z. B. in Schneemulden, an steilen oder felsigen Hängen, auf exponierten Hügeln oder in Hochlagen mit arktischeren Bedingungen, geben die mattenbildenden Gräser auf. Die Lücken werden von anderen Pflanzen aufgefüllt, sodass eine fleckenhafte Vegetation aus vielen verschiedenen Wildblumen entsteht: die isländische Heidelandschaft.

Schafe sind die bildnerischen Gestalter der Heide- und Graslandschaften. Sie weiden sogar auf den mit Torf gedeckten Bauernhäusern.

Wie die Tundra ist auch der Begriff „Heideland" verwirrend (siehe Kasten auf Seite 47). Auf Island bezieht er sich auf alle Arten von lückenhafter, oft büschelartiger Vegetation. Heidearten wie Heidekraut, Rauschbeere, Krähenbeere, Echte Bärentraube und Alpenazalee können eine wichtige Rolle in der Vegetation spielen. Andernorts, meist auf basenreichen jungen Laven, sind die „Heide"-Sträucher eigentlich Weiden: Kraut-Weide, Arktische Weide und Woll-Weide, die in Gesellschaft von Gewöhnlichem Wacholder, Knöllchen-Knöterich, Arktischem Thymian und Silberwurz wachsen. Dies ist auch die Vegetation, in der recht häufig Orchideen vorkommen. Weißzüngel, Hohlzunge und vor allem Nördliche Waldhyazinthe wachsen hier, manchmal zu Tausenden!

Auf den sehr jungen Lavaböden wird die „Heide" eher von Moosen und Flechten als von Gefäßpflanzen dominiert. In Südisland ist dies das Reich der Zackenmützenmoose (*Rhacomitrium*), während im Norden verschiedene Flechtenarten weit verbreitet sind. Die Isländer bezeichnen diese Lavafelder als Moosheiden. Diese haben jedoch – was die Sache nicht einfacher macht – nichts mit der Moosigen Schuppenheide zu tun, jener hübschen arktischen Art mit den schönen weißen Glocken (Seite 90). Diese Art kommt in Schneemulden in Heidelandschaften im Norden Islands vor, zusammen mit einer Reihe anderer Wildblumen, die auf diesen geschützten Lebensraum mit seiner sehr kurzen Vegetationsperiode spezialisiert sind.

Die Fauna des trockenen Graslandes und der Heidelandschaften

Den Vögeln sind all diese besonderen Mikrolebensräume nicht so wichtig. Sie sind für die Pflanzen von Bedeutung, die an einen bestimmten Boden mit einem bestimmten Mikroklima gebunden sind. Für Vögel ist das Gesamtbild entscheidend. Typische Heidevögel sind Alpenschneehuhn und Kolkrabe, die hier ganzjährig anzutreffen sind. Im Sommer kommen noch Wiesenpieper, Schneeammer, Steinschmätzer, Regenbrachvogel und Schmarotzerraubmöwe hinzu. Die Heidelandschaft ist ein beliebtes Jagdgebiet für Gerfalken, die Schneehühner jagen, und für Merline, die es auf die Pieper und Steinschmätzer abgesehen haben. Im trockenen Grasland sind Rotschenkel, Uferschnepfe, Bekassine und Alpenstrandläufer häufig anzutreffen.

Küstenseeschwalben brüten in großen Kolonien im Küstengrasland. Hier dient eine Wilde Engelwurz als bequemer Sitzplatz.

Wälder

Reste des natürlichen isländischen Birkenwaldes sind auf den Routen 1, 10, 11, 15, 17 und 21 sowie an den Zielen E (Seite 203) und D (Seite 214) zu finden. Nadelholzplantagen gibt es auf Route 3 und an den Zielen E (Seite 203) und D (Seite 214).

Eine Wanderung durch die isländischen Wälder ist ein erfrischendes Erlebnis. Die Natur erscheint dem europäischen Besucher wieder in vertrauterer Weise – ohne dramatische Krater, Polarwüsten oder massive Klippen. Nur das frische Grün der Birken, die entsprechenden Blumen und der muntere Gesang von Zaunkönig, Birkenzeisig und Rotdrossel tief im Dickicht. Gehen Sie entweder langsam oder nehmen Sie die Eindrücke schnell auf, denn ein typisch isländischer Wald ist schneller durchquert, als dass man „Hey, ist das nicht ein Isländischer Zaunkönig?" sagen kann.
Auf Island gibt es zwei Arten von Wäldern: natürliche Birkenwälder und Nadelholzplantagen.

Birkenwald zur Zeit der Besiedlung (dunkelgrün)

Birkenwald heute (dunkelgrün)

Die geschätzte Ausdehnung des Birkenwaldes in Dunkelgrün zur Zeit der Ankunft der ersten Siedler (oben). Heute ist er nur noch fragmentarisch zu finden (unten).

Kjarr – der isländische Birkenwald

Die Moor-Birke ist der vorherrschende Baum im isländischen Wald, der im Volksmund *Kjarr* genannt wird. Hier und da mischen sich auch Eberesche und Teeblättrige Weide darunter. Der Wald ist hier ziemlich anders als das, was andere Europäer unter einem Wald verstehen. Die Bäume des Kjarr sind knorrig und gedrungen. Die höchsten Exemplare erreichen eine Höhe von etwas mehr als 10 m, doch die sind selten. Die meisten Bäume kommen nicht über die Statur eines hohen Busches hinaus. Etwa 80 % der „Bäume" im Wald erreichen nicht einmal 2m Höhe. Die kurze Vegetationsperiode und das raue Klima erschwe-

ren das Wachstum erheblich. Diese harten Bedingungen beeinträchtigen auch die Aktivität der Bodenmikroben und -pilze, die für die Schaffung fruchtbarer Böden verantwortlich sind. Der großflächige Mangel an Nitrat und Phosphat schränkt das Wachstum der Bäume ein. Daher ist der isländische Wald offen – die größeren Bäume stehen weit auseinander und hohe Sträucher, Beeren und Wildblumen füllen die Lücken.

Der isländische Wald ist mit der Birkenwaldzone Nordskandinaviens vergleichbar. Dort markiert die Vegetation den Übergang zwischen der Taiga mit ihren Nadelwäldern und der baumlosen Tundra.

Auf Island findet man Birkenwälder dort, wo die Umweltbedingungen etwas milder sind, z. B. in geschützten Tälern mit dickeren, nährstoffreicheren Böden. Im Winter sind die Temperaturen entweder nicht sehr niedrig, oder eine dicke Schneeschicht isoliert die zarten Knospen. Diese Bedingungen eignen sich auch ausgezeichnet für die Heugewinnung, weshalb nach der Abholzung der Wälder für die Gewinnung von Brennstoffen und Eisenverhüttung die verbleibenden Flächen in Wiesen umgewandelt wurden.

Die verbliebenen Waldreste finden sich überall im isländischen Tiefland, interessanterweise viele an isolierten Orten im Norden, wo die Landwirte

Der Kjarr oder knorrige Birkenwald (oben) ist niedrig und offen, mit wunderschönem Unterwuchs. Der hübsche Wald-Storchschnabel (unten) ist besonders weit verbreitet.

und ihre Schafe die Landschaft nicht allzu stark beeinträchtigt haben. Der isländische Kjarr ist eine beglückende Besonderheit, die man nicht oft zu Gesicht bekommt und der am stärksten bedrohte Lebensraum Islands. Als die ersten Siedler auf die Insel kamen, waren schätzungsweise 20 % bewaldet. Im Buch der Isländer, einem Bericht aus dem 12. Jahrhundert über die frühe Besiedlung Islands, heißt es, Island sei „vom Meer bis zum Hochland" bewaldet gewesen. Augenscheinlich ist das ein großer Unterschied zu der heutigen Landschaft. Vor allem im südlichen Tiefland – den Ebenen von Selfoss – ist so gut wie der gesamte Wald verschwunden und hat Weiden und Wiesen Platz gemacht. Die Bäume gingen in die hungrigen Öfen, die die Winterkälte vertrieben, während alle Büsche und Schösslinge von den Schafen gefressen wurden. Aus diesem Grund sind die verbliebenen Waldstücke wichtige Naturräume Islands.

Derzeit wird versucht, einige der isländischen Wälder zu erhalten und sogar wiederherzustellen. Zu diesem Zweck müssen die Schafe abgezäunt werden. Aber selbst dann ist die Regeneration aufgrund des fehlenden Bodens auf

Typische Birkenwaldvögel: Isländischer Zaunkönig (oben) und Rotdrossel (mitte). In manchen Wäldern, wie hier bei Skaftafell (Route 21), ziert der zarte Eichenfarn den Waldboden (unten).

Sämtliche Nadelwälder auf Island sind angepflanzt. Sie ähneln oft Stempeln in der Landschaft. Die künstlich wirkenden, geraden Ränder zeigen, dass die umliegenden Heide- und Grasflächen nicht die natürliche Vegetation sind – Bäume können hier durchaus wachsen.

dem vulkanischen Grund ein langwieriger Prozess. Nur ganz im Westen und Osten des Landes, wo das Land älter ist und besseren Boden hat, ist die Wiederherstellung der Wälder etwas einfacher.
Kjarr ist ein wichtiger Lebensraum für Wildblumen und Vögel. Viele der borealen (nicht-arktischen) Pflanzenarten Islands sind in Wäldern (und Heidelandschaften) zu finden, z. B. Wintergrün, verschiedene Farne und Orchideen. Die häufigste Waldpflanze ist der Wald-Storchschnabel, der den Waldboden mit seinem hübschen Lila erblühen lässt. Die Wälder sind auch der wichtigste Stützpunkt der wenigen Singvögel Islands. Rotdrossel, Birkenzeisig und Isländischer Zaunkönig sind vor allem in den Moor-Birkenwäldern anzutreffen.

Nadelholzplantagen

Natürliche Nadelwälder gibt es auf Island gar nicht. Dies ist bemerkenswert, da das Land auf demselben Breitengrad liegt wie die skandinavische Taiga – die ausgedehnte Zone der borealen Nadelwälder. Das Fehlen solcher Wälder ist auf Island nicht auf das Klima zurückzuführen, sondern auf die isolierte Lage des Landes. Abgesehen vom Wacholder haben Nadelbäume nie den Weg nach Island gefunden, zumindest nicht aus eigener Kraft, denn an mehreren Stellen im Süden und Osten wurden von den Isländern Nadelbaumbestände gepflanzt, um das Land mit Holz zu versorgen. Der größte Bestand (mit einer großen Vielfalt an Bäumen) ist Hallormsstaður in der Nähe von Egilsstaðir im Osten. Obwohl noch klein, ist er ein beliebtes Wandergebiet mit fast alpiner Atmosphäre.
Die Artenvielfalt in den Nadelholzplantagen ist gering, was logisch ist, da es sich um einen für Island fremden Lebensraum handelt. Dennoch gibt es eine Reihe von Vögeln, die Gefallen daran gefunden haben: Birkenzeisig, Rotdrossel, Zaunkönig, aber auch das Wintergoldhähnchen, das sich vor noch nicht allzu langer Zeit auf Island angesiedelt hat.

Neuland – zurückweichende Gletscher, junge Lavafelder und heiße Quellen

Heiße Quellen sind auf der Route 16 und an den Zielen C, D, E, H und J auf Seite 141-145 und C und D auf Seite 173 prominent zu finden. Junge Lavafelder gibt es auf den Routen 4, 7, 14, 15 und 16 sowie an den Zielen B, C, D, E und O auf Seite 141-147, B und D auf Seite 159-160 und A und H auf Seite 226 und 228. Auf Tephrawüsten trifft man auf den Routen 3 und 16 sowie an den Zielen Q und R auf Seite 147-148 und A auf Seite 213 Zurückgegangene Gletscher und die damit verbundenen Ökosysteme können auf den Routen 12, 22 und 23 sowie am Ziel N auf Seite 146 bewundert werden.

Die kochenden, übel riechenden Solfataren sind nicht gerade als schön zu bezeichnen. Auch die schwarzen Krater mit ihren düsteren, schieferfarbenen Hängen und höllischen Dampfschwaden sind nicht unbedingt malerisch. Zweifellos bilden sie jedoch eine einzigartige und fast unwirkliche isländische Landschaft. Die geothermischen Gebiete – Orte mit einer natürlich heißen Oberfläche durch den darunterliegenden aktiven Vulkanismus – gehören zu den großen landschaftlichen Attraktionen des Landes.
Auch als Ökosysteme sind die geothermischen Gebiete etwas Besonderes. Zusammen mit der jungen Lava und den kargen Geröllfeldern, die von den zurückweichenden Gletschern zurückgelassen wurden, sind sie Neuland, das nur auf die Ansiedlung wagemutiger Pioniere wartet. Was alle Neulandgebiete eint, ist das Fehlen von Boden. Auch wenn der Ursprung dieses Neulands – zurückgewichene Gletscher oder neue Lava – grundverschieden ist, macht das Fehlen von Boden sie beide zu rauen Umgebungen. Dennoch gibt es einige, wenn auch nicht viele Arten, die diese unberührten Lebensräume bevorzugen.

Aus heißen Quellen steigt Dampf auf.

Heiße Quellen

Auf Island gibt es entlang des mittelatlantischen Rückens heiße Quellen, wo warmes oder kochendes Wasser, Schlamm und Gase aus dem Boden treten. So spektakulär sie auch aussehen, Leben gibt es in ihnen kaum, bis auf einige Bakterien, die in heißen Quellen überleben und sogar gedeihen können. Aus biologischer Sicht handelt es sich dabei um faszinierende Lebensformen, die sich auf irgendeine Weise an Bedingungen angepasst haben, unter denen ein Überleben unmöglich erscheint. Ihre Fähigkeit, unter solch lebensfeindlichen Bedingungen zu leben und zu gedeihen, ist im Hinblick auf eine mögliche industrielle Nutzung von großem kommerziellen Interesse.

Bewegt man sich von den heißen zu den gemäßigteren warmen Böden, findet man erste Pflanzen, die sich dort ansiedeln. Es gibt eine einzigartige isländische Vegetation der heißen Quellen aus Moosen, Arktischem Thymian und einigen anderen Pflanzen. Jede heiße Quelle hat ihre eigene Selektion an Pflanzenarten. Einige sind äußerst selten und besonders, wie die Azoren-Natterzunge, ein winziger Farn. Andere, für heiße Quellen sehr typische Arten, sind überraschenderweise und vielleicht auch enttäuschend, eher alltäglich. Das Sumpf-Ruhrkraut beispielsweise ist im isländischen Kontext eine Pflanze heißer Quellen, aber auch eine weit verbreitete Pionierpflanze im gemäßigten Europa. Bei näherer Betrachtung ist das Vorkommen dieser häufigen Arten gar nicht so ungewöhnlich. Die heißen Quellen haben milde, warme Böden, und das Sumpf-Ruhrkraut und andere Pionierpflanzen breiten sich schnell und weiträumig aus – eine Eigenschaft, die zum Überleben in instabilen Pionierumgebungen nötig ist.

Neues Land vulkanischen Ursprungs

Vulkane in ganz Island spucken Lava und Tephra aus und schaffen so junges Land, das nach dem Abkühlen allmählich von Leben besiedelt wird.

Tephrawüsten sind Gebiete, die mit vulkanischer Asche (Tephra) bedeckt sind. Als Material ist Tephra sandähnlich: feinkörnig, locker, leicht vom Wind verweht, sehr porös und daher nicht in der Lage, Feuchtigkeit oder Erde festzuhalten. Wie Sand bildet es unfruchtbare Böden, die von Pflanzen nur schwer besiedelt werden, insbesondere an einem Ort wie Island, wo das Klima die Wachstumsbedingungen noch verschlechtert. Tephrafelder bleiben lange Zeit karg und ohne Leben, bevor sich sehr langsam tiefwurzelnde Pionierpflanzen ansiedeln, wie Strandroggen, Gewöhnliche Grasnelke und Strand-Platterbse, bekannte Pflanzen der offenen Dünen im gemäßigten Europa.

Junge Blocklavafelder, auf Isländisch *hrauns* genannt, sind häufig mit weichen Zackenmützenmoosen (*Racomitrium*) bewachsen.

Die Sukzession in Lavafeldern ist dagegen völlig anders. Am Anfang ist genauso wenig Boden vorhanden wie auf den Tephrafeldern, doch Lava ist zumindest ein festes Substrat. Hier sind Moose und Flechten die Erstbesiedler. In Südisland siedeln sich zuerst Zackenmützenmoose der Gattung *Rhaconitrium* an, gefolgt von Flechten, Tannen-Teufelsklaue, Klippen-Leimkraut,

Stängellosem Leimkraut, Arktischem Thymian und Krähenbeere. Risse und Spalten in der Lava bilden geschützte Mikrohabitate, die Feuchtigkeit speichern und in die der Wind kleine Mengen Sand und Erde einweht. Dies sind wichtige Lebensräume für Wildblumen (siehe Seite 89). Für Vögel haben junge Vulkanlandschaften außer Ruhe wenig zu bieten. Man kann hier stundenlang wandern (sofern das Gelände es zulässt), ohne einem Vogel zu begegnen. Dennoch sind Alpenschneehuhn, Steinschmätzer und Schneeammer in den jungen Lavafeldern nicht ungewöhnlich.

Zurückgegangene Gletscher

Rezent zurückgegangene Gletscher bieten einen faszinierenden Einblick in die Besiedlung von Neuland. Die Ausgangslage für die Besiedlung ist hier wesentlich besser als in jungen Vulkanlandschaften.

Im Vergleich zu dramatischen Vulkanausbrüchen ist der Rückzug der Gletscher ein sehr langsamer Prozess. In der Nähe gibt es immer Land, auf dem bereits Pflanzen wachsen. Bewegt man sich in gerader Linie von der Gletscherzunge hinunter ins Tal (wie auf den Routen 12 und 22 und am Ziel N auf Seite 146), kommt man durch eine Abfolge von sehr rezentem eisfreiem Land (vielleicht seit ein paar Jahren) hin zu seit fünf, zehn, zwanzig oder hundert Jahren eisfreien Gebieten.

Flächen, auf denen sich Gletscher erst vor kurzem zurückgezogen haben, sind während eines Großteils des Jahres mit Schnee bedeckt und sonst nass vom Schmelzwasser. Dies ist ein besonderer Lebensraum, in dem der Boden instabil ist: Der gesättigte Boden gleitet leicht über den noch gefrorenen Untergrund ab. Durch diesen als Solifluktion bezeichneten Prozess entstehen Stellen mit tieferem Boden, auf dem kleine, seltene Wildblumen gedeihen, wie Moosige Schuppenheide, Kraut-Weide, Zarter Enzian, Einjährige Fetthenne und eine Vielzahl kleiner Steinbreche.

Am Fuße des Auslassgletschers Solheimajökull. In solchen rezent eisfreien Gebieten gibt es oft eine interessante Vegetation von Pionierpflanzen. Hier bringt die kleine Einjährige Fetthenne (Detail) etwas Farbe in die düstere Landschaft.

Hochland – die polare Wüste

Das Hochland lässt sich nur mit Allradantrieb auf Islands F-Straßen wie denen von Kjölur und Sprengisandur oder Landmannalaugar (Ziele P, Q und R auf Seite 147-148) ausgiebig erkunden. Aber auch einige Bergpässe und andere Straßen, die mit einem normalen Auto erreichbar sind, vermitteln einen guten Eindruck von diesem Ökosystem. Versuchen Sie die Routen 3, 9, 11, 12 und 19 sowie Ziele A, E und H auf den Seiten 213-215.

Ein großer Teil des zentralen und nördlichen Teils Islands wird von ausgedehnten öden Geröll- und Aschelandschaften beherrscht: der Polarwüste. Dies ist das ausgedehnteste Ökosystem Islands, aber auch das am schwersten zu erkundende. Niemand lebt hier (wie könnte man auch und warum sollte man?), und Straßen gibt es nicht. Die extremen Umweltbedingungen mit ihren Frost-Tau-Zyklen zerstören den Asphalt, während extreme Überschwemmungen im Frühsommer die Wege wegspülen. Auch die Vegetation im Hochland leidet stark unter den rauen Bedingungen – einer Kombination aus Trockenheit (die Böden sind sehr porös), Wind (der die wenige Erde, die es hier oben gibt, wegbläst), Kälte (und der daraus folgenden sehr kurzen Vegetationsperiode) und, natürlich, den regelmäßigen Vulkanausbrüchen (mit ihren Aschewolken und heißen Lavaströmen).

Doch all diese Widrigkeiten zusammen reichen nicht aus, um das Hochland in eine polare Wüste zu verwandeln. Der Tropfen, der das Fass zum Überlaufen bringt, ist viel banaler: Es sind die Schafe. Durch sie lichtet sich die Vegetation, die ohnehin schon am Rande des Existenzminimums lebt, und die polare Heidelandschaft fällt in sich zusammen wie ein Kartenhaus. Die Wurzeln sind nicht in der Lage, die Feuchtigkeit zu halten,

Ein Feuchtgebiet im Hochland mit dem Plateaugletscher Langjökull im Hintergrund.

Das Hochland ist fast vegetationslos, mit Ausnahme von Mulden, in denen der Schnee schmilzt und kleine Bäche entstehen. Dort gedeiht oft eine prächtige Flora.

und weitere Pflanzen verschwinden durch die Trockenheit. Der Wind verweht den Boden, in dem sich die Vegetation normalerweise verankert und hinterlässt eine Wüste mit nur wenigen verstreuten Pflanzen. Hier und da findet man eine Arktische Weide, die sich an den Boden schmiegt, eine dürre Dreiblatt-Binse, Klippen-Leimkraut oder eine einsame Gewöhnliche Grasnelke, sich mit aller Macht dem Wind widersetzend. Wenn man sich vergegenwärtigt, dass vieles davon einst eine mehr oder weniger geschlossene Vegetation war, versteht man, dass Bodenerosion das größte Umweltproblem des Landes ist (siehe Seite 71).

Überall sieht man Anzeichen für die Zyklen von Frost und Tauwetter. Die Zyklen des Sickerwassers, das die Risse in den Felsen füllt und sich ausdehnt, wenn es zu Eis erstarrt, haben die Felsen von innen heraus zertrümmert. Lose Schlacken sind in kleineren oder größeren Partikeln in einer typischen Polygonstruktur sortiert (siehe Seite 27). Felsen mit reihenhaft angeordneten vertikalen Rissen wurden vom Eis, das in diese Risse eingedrungen ist, „aufgeschnitten". Die Isländer nennen sie Trollbrot.

Das Hochland ist ein ehrfurchtgebietender, unwirtlicher und manchmal auch unheimlicher Ort – die Art von Landschaft, die die mythischen Geschichten der isländischen Sagas speist.

Das Ökosystem des Hochlands

Nicht das gesamte Hochland ist polare Wüste oder von Gletschern bedeckt. Es gibt viele Seen und Flüsse und zahlreiche Senken, in denen der Schnee liegen bleibt. Diese Orte bleiben im Sommer feucht und halten den Boden besser fest. Diese feuchten Hänge weisen eine üppigere Vegetation auf, in der oft sehr attraktive Wildblumen wie Aufrechtes

Läusekraut und verschiedene Steinbrecharten zu finden sind, die im Tiefland selten oder gar nicht vorkommen.

Als Ökosystem ähnelt das isländische Hochland ein wenig den Tundren und arktischen Wüsten anderer Polargebiete. Es gibt jedoch eine wichtige Ausnahme: Hier gibt es keine Nagetiere. Nirgendwo auf Island findet man Lemminge oder Wühlmäuse. Dies ist zweifellos auf den vulkanischen Ursprung Islands zurückzuführen – die Tatsache, dass es nie eine Landbrücke zu einem Land oder Kontinent gab, auf dem diese Tiere heimisch sind. In anderen tundraähnlichen Umgebungen spielen diese Nagetiere eine wichtige Rolle als Grundnahrungsmittel für Raubtiere. Auf Island wird diese Rolle, zumindest bis zu einem gewissen Grad, vom Alpenschneehuhn übernommen. Dieser Vogel kommt in ganz Island vor, auch im Hochland, und bevorzugt weitläufige, ruhige Orte mit etwas Vegetation, wo er sich von Zweigen, Knospen und Beeren ernährt.

Wie bei den Lemmingen gibt es auch beim Alpenschneehuhn Schwankungen bezüglich der Anzahlen: In manchen Jahren ist die Population viel größer als in anderen und schwankt zwischen geschätzten 60.000 und 800.000 Vögeln. Der wichtigste Räuber des Schneehuhns, der Gerfalke, der ebenfalls im Hochland vorkommt, folgt denselben Zyklen – in guten Schneehuhnjahren ist er viel häufiger als in anderen Jahren.

Ein sehr typischer Hochlandvogel ist die Kurzschnabelgans. Die gesamte Weltpopulation ist auf Grönland, Spitzbergen und Island beschränkt (15.000 – 25.000 Paare), wo sie ausschließlich in der Nähe abgelegener Hochlandseen oder felsiger Schluchten brütet – vermutlich zum Schutz vor Raubtieren. Während der Brutzeit ist dieser Vogel schwer zu finden – sein Hauptbrutgebiet wurde erst 1951 entdeckt! – und es gibt nur wenige Orte, an denen man ihn während der Brutzeit sehen kann, es sei denn, man plant einen Besuch im wilden Landesinneren Islands.

Fast alle Kurzschnabelgänse brüten im inneren Hochland.

Geschichte

Das Jahr 874 wird oft als der Beginn der isländischen Geschichte genannt. Damals kam der erste Siedler, der Wikinger Ingólfur Arnarson, mit seinem Boot aus Norwegen auf Island an. Ingólfur war in der Tat der erste dauerhafte Siedler auf Island – der erste Vorfahre der Isländer, die das Land noch heute bewohnen. Er war jedoch nicht der erste, der seinen Fuß auf das Basaltufer setzte.
Möglicherweise wurde Island bereits von Pytheas von Marseille erwähnt, der im 4. Jahrhundert v. Chr. zu den „Rändern der Welt" reiste, wie es damals hieß. Er beschreibt Thule, das später als Ultima Thule bekannt wurde, als „eine Insel sechs Tagesreisen nördlich von Britannien", am nördlichsten Ende der Welt. Wissenschaftler streiten sich noch immer darüber, wo diese Insel lag, aber einige behaupten, es sei Island gewesen. Archäologische Münzfunde deuten darauf hin, dass die Insel in römischer Zeit besucht wurde, doch es gibt keine Hinweise auf eine Siedlung. Die Ersten, die sich auf Island aufhielten, waren Mönche aus Irland und Schottland, die sich im 7. Jahrhundert von den Färöern kommend auf Island niederließen, in der Hoffnung, dort in Frieden zu leben. Sie hinterließen nur wenige Spuren, aber einige Namen weisen auf ihre Anwesenheit hin, insbesondere Papey (Mönchsinsel; Route 20) und Patreksfjörður (Patricks Fjord; auf dem Weg nach Látrabjarg, Route 9). Ihre Hoffnungen waren jedoch vergebens. Als die ersten Wikingersiedler auf Island eintrafen, löschten sie diese keltischen Gemeinschaften aus und ersetzten sie durch ihre eigenen.

Island, das grüne Land und Grönland, das eisige Land

Island ist ein seltsamer Name für ein Land mit einem recht milden Klima, das grüne Wiesen, Birkenwälder und Heidelandschaften begünstigt. Noch merkwürdiger ist der Name Grönland für ein Land, das mit Eis bedeckt ist.
Ísland (Land aus Eis) erhielt seinen Namen von einem der ersten Wikingerbesucher, Flóki Vilgerðarson. Er kam sogar noch vor Ingólfur, um 860. Doch Flóki blieb nicht. Der harte Winter ließ in der Bucht, in der er sich niederließ, sein gesamtes Vieh verenden. In jenem Sommer füllten sich die Buchten mit Eis. Aus Frustration nannte er das Land Island, beschloss, dass es sich nicht lohnte zu bleiben, und zog zurück nach Norwegen. Es wird angenommen, dass Flókulandur, der Startpunkt von Route 10, der Ort ist, an dem Flóki überwinterte.
Viel später, als Island bereits besiedelt war, segelte Ereikúr Þorvaldsson (Erik der Rote) von Island aus nach Westen und entdeckte ein eisbedecktes Land. Um seine Landsleute dazu zu bewegen, sich hier niederzulassen, nannte er es Grönland. Ein frühes Beispiel des Schönmalens, um die Menschen in der Heimat für die Besiedlung dieses neuen Landes zu gewinnen.

Dies war jedoch nicht das Ende des keltischen Einflusses. Neuere Erkenntnisse zeigen, dass die heutige isländische Bevölkerung nicht nur nordischer Abstammung ist – viele ihrer Vorfahren waren keltischen Ursprungs. Die Wikingersiedler brachten viele keltische Sklaven aus ihren Siedlungen an den britischen und irischen Küsten mit. Die moderne isländische Bevölkerung hat sowohl einen nordischen als auch keltischen Hintergrund.

Die Besiedlung Islands

Nach der zufälligen Entdeckung durch die Wikinger und mehreren gescheiterten Versuchen, das Land zu kolonisieren (z. B. durch Flóki, siehe Kasten linke Seite), erreichte Ingólfur Arnarson im Jahr 874 Island. Der Legende nach ließ er den Zufall entscheiden, wo er sich niederließ. Er warf seine hölzernen Hochsitzpfeiler (das Symbol eines Hausherrn) ins Meer, um seinen Hof dort zu bauen, wo sie an Land geschwemmt wurden. Drei Jahre lang segelte er um Island herum (seinen ersten Winter verbrachte er an dem Kap, das später seinen Namen trug: Ingolshöfði – Ziel E auf Seite 228), bevor er sie am Ufer einer weiten Bucht mit Dampfschloten an den Hängen fand. Dort errichtete er seinen Hof, den er treffend „die rauchige Bucht", *Reykjavík*, nannte. Ingólfurs Pfeiler sind noch heute im Stadtwappen sichtbar.
Obwohl neuere archäologische Forschungen die Behauptung widerlegen, Ingólfur sei der erste Siedler gewesen (an mehreren Stellen an der isländischen Küste wurden Wikingersiedlungen gefunden, die vor Ingólfurs Ankunft entstanden sind), gilt er nach wie vor als Gründervater Islands. 874 n. Chr. ist das Datum, das die isländischen Kinder als den Beginn der Geschichte ihres Landes lernen.
Zwischen 874 und 930 folgten über 400 Wikingersiedler Ingólfur. Sie waren meist Adlige und Bauern, die ihr Land an den altnordischen König verloren hatten. Sie flohen aus ihrer Heimat, um auf Island ein neues Leben zu beginnen und brachten ihren gesamten Hausstand mit, einschließlich Schafen und Pferden.
Die Bevölkerung wuchs schnell an, und um 930 lebten etwa 60.000 Menschen auf Island – eine für die damalige Zeit große Zahl.

Das goldene Zeitalter des Gemeinwesens

Bis dahin folgte die Kolonisierung einer einfachen Regel: Jeder Mann, der ankam, konnte so viel Land beanspruchen, wie er in der Lage war, innerhalb eines einzigen Tages rundum Feuer zu entzünden. Eine Frau konnte so viel Land beanspruchen, wie sie an einem Tag eine Kuh herumführen konnte.
Als die Wikinger ankamen, fanden sie eine Küstenebene vor, die weitgehend bewaldet war. Die rasche Besiedlung führte zu einer ebenso schnellen Abholzung (siehe Karte auf Seite 52). Das Holz wurde als Brennstoff, zum Bauen und zum Schmelzen von Eisen für Waffen und Geräte verwendet.
Das abgeholzte Land eignete sich hervorragend für die Schafzucht und den

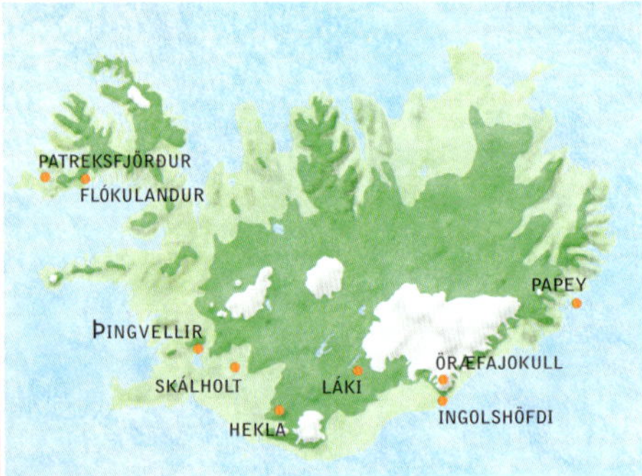

Die wichtigsten in diesem Kapitel erwähnten historischen Stätten.

lokalen Gersteanbau. Die isländische Küste wurde rasch in Ackerland umgewandelt, das die neue Bevölkerung großzügig versorgte. In diesen ersten Jahrzehnten der Besiedlung zeigte sich Island von seiner sanften Seite. Die Winter waren mild, die Sommer angenehm und die Vulkane schliefen.

Die Isländer lebten hauptsächlich von der Schafzucht. Pferde, Hühner, Kühe und Ziegen spielten eine untergeordnete Rolle. Auf kleinen Feldern wurde Gerste angebaut. Neben der Landwirtschaft brachten die wilden Landstriche ihre eigenen Erträge: Die Jagd auf Wildvögel und das Sammeln von Seevogeleiern waren für einige Gemeinschaften wichtige Nahrungs- und Einkommensquellen. Ein weiteres Naturprodukt, das gesammelt wurde, waren Eiderdaunen. Auch heute noch werden auf Eiderfarmen Daunen geerntet, und in einigen Gemeinden (z. B. auf der Insel Grimsey) sammeln die Einheimischen Alkeneier zum Verzehr (siehe auch Seite 73).

Das rasche Bevölkerungswachstum in den ersten Jahrzehnten nach der Besiedlung erforderte eine gute Organisation des Landes. Im Jahr 930 gründeten die Grundbesitzer das Alþing, einen genossenschaftlichen Rat, der Gesetze verabschiedete und Recht sprach sowie Ehen und Streitigkeiten beilegte. Das Alþing (oft auch als isländisches Parlament bezeichnet) trat jährlich in Þingvellir (wörtlich: Ebene des Parlaments) im Südwesten Islands zusammen (Route 1), und war die wichtigste Versammlung des Landes, ein zweiwöchiges Ereignis, bei dem Þingvellir das Zentrum der Macht war.

Island nahm das Christentum im Jahr 1.000 an. Heute gibt es selbst an den entlegensten Orten Kirchen.

Das Alþing bedeutete einen großen Schritt nach vorn. Der traditionelle nordische Glaube brachte den Kriegern ein hohes Ansehen ein. Ehre galt als die wichtigste Tugend der Wikinger und Feigheit folglich als Todsünde. Ein Krieger, der im Kampf starb, hatte sich seinen Platz im Walhalla verdient. Diese Überzeugungen führten zu einer Gesellschaft, in der Blutfehden zwischen Familien und Hausgemeinschaften üblich waren. In einer isolierten Gemeinschaft, in der es nicht so leicht war, durch Flucht zu entkommen, brachte die Beilegung solcher Angelegenheiten durch das Alþing eine gewisse Stabilität.

Das Christentum und die Sagen

Eine wichtige Entscheidung des Alþing wurde im Jahr 1000 getroffen: Island sollte seinen altnordischen „heidnischen" Glauben aufgeben und das Christentum annehmen. Diese Entscheidung wurde nicht leichtfertig getroffen, und sie kam auch nicht ausschließlich von innen, da auch von außen politischer Druck bezüglich der Konvertierung ausgeübt wurde.

Kurz vor der isländischen Bekehrung nahm Norwegen das Christentum an, und sein König Ólafur Trygvasson war entschlossen, dass die Isländer diesem Beispiel folgen sollten. Im Jahr 1056 ließ sich Islands erster Bischof in Skálholt nieder, wo er bis 1796 blieb.

Einer der großen Vorteile, die das Christentum mit sich brachte, war die Alphabetisierung. Bis zum 12. Jahrhundert gab es auf Island eine mündliche Tradition. Gesetze und Geschichte wurden durch Erzählungen überliefert. Jeder kannte die Blutfehden, die politischen Intrigen, die Nöte und das Glück des Landes, die heldenhaften Kämpfe der Krieger und die Fabelwesen des Hochlands durch Geschichten, die in den langen Winternächten weitergegeben wurden.

Schließlich wurden diese Erzählungen aufgeschrieben und als die Islandsagas bekannt. Sie waren wichtige mittelalterliche Manuskripte, die ein lebendiges Bild vom Leben der Isländer in den ersten Jahrhunderten ihrer Besiedlung zeichneten. Die Sagen sind geografisch bemerkenswert korrekt, obwohl ihre historische Genauigkeit zweifelhaft ist. Bei der Weitergabe der Geschichten hatten Handlung und Spannung Vorrang vor Präzision und Wahrhaftigkeit. Die Sagen sind immer noch eine spannende Lektüre und ein wichtiger Beitrag zur westlichen Literatur, der einen bemerkenswerten Einblick in die frühe Kultur des Landes bietet.

Im 20. Jahrhundert, als Fischfang und Landwirtschaft problematisch wurden, wurden einige Teile Islands verlassen und die Menschen zogen in die Stadt Reykjavík.

Dunkle Zeiten

Die Kirche führte außerdem ein Steuersystem (Zehnten) ein, das das egalitäre Parlament zu untergraben begann. Durch die wachsende Macht der Kirche verstärkte Norwegen allmählich seinen Einfluss auf Island. Gleichzeitig führte das Aufkommen mächtiger Clans zu Beginn des 13. Jahrhunderts zu einer Periode interner Konflikte, dem Sturlungaöld (Zeitalter der Sturlungen).

Die Kriegsparteien suchten zwangsläufig nach mächtigen Verbündeten, und 1220 wurde Snorri Sturluson ein Vasall des norwegischen Königs. Das

Island und der Walfang

Hvalreki! Jackpot! Wenn Sie auf Walbeobachtungstour sind und einen Blau- oder Pottwal ins Visier bekommen, dann ist das der isländische Ausruf für einen solchen unerwarteten Glücksfall. Wörtlich übersetzt bedeutet es jedoch „gestrandeter Wal" (Hval = Wal), was zeigt, wie wichtig Wale für die Isländer waren (und sind). Schon zur Zeit der Besiedlung bedeutete der glückliche Fund eines gestrandeten Wals Nahrung für die ganze Gemeinschaft. Der Walfang (die aktive Jagd auf Wale) reicht weit zurück. Die Isländer benutzten Harpunen, um einen Wal zu erlegen. Da es jedoch keine Möglichkeit gab, den Fang an Land zu ziehen, hofften sie, dass die Strömung die Arbeit für sie erledigen und den Kadaver an Land spülen würde. Hvalreki, wenn es klappte!

Ein ausgedientes Walfangschiff in Hvalfjörður.

Es waren die Basken und später die Holländer, Dänen und Engländer, die den organisierten Walfang im großen Stil einführten. Zunächst jagten sie die langsameren Wale wie die Atlantischen Nordkaper. Doch in der zweiten Hälfte des 19. Jahrhunderts entwickelten die Amerikaner Roys und Lilliendahl die Raketenharpune. Dieses neue Spielzeug ermöglichte den Walfängern zusammen mit dampfgetriebenen Schiffen die Jagd auf die schnelleren Wale, wie Sei-, Pott- und Blauwal.

Wale wurden wegen ihres Fleisches und Blubbers für die Trangewinnung gejagt, aber auch die Barten wurden zu einem wichtigen Handelsgut. Die festen, aber flexiblen Hornplatten fanden für Frauenkorsetts Verwendung, die Ende des 19. und Anfang des 20. Jahrhunderts in Mode kamen.

1883 erhielten die Norweger die Erlaubnis, in den West- und Ostfjorden

Unvermeidliche geschah 1262, als die isländischen Führer die Souveränität der norwegischen Krone akzeptierten. Mit dem Tod von Olav IV. und dem Ende der norwegischen männlichen Nachkommenlinie kam Island schließlich unter die Kontrolle der dänischen Krone.

Die Schwierigkeiten der Isländer waren nicht nur politischer Natur. Viel katastrophaler waren die Umweltveränderungen. Die Winter wurden zunehmend strenger, die Sommer immer kürzer und kühler, und die Gletscher dehnten sich aus; es war die Zeit der Kleinen Eiszeit. Zu allem Überfluss brachen auch noch der Vulkan Hekla und der Vulkan unter dem Öræfajökull (Teil des Vatnajökull) aus. Sie bedeckten einen Teil des Landes mit Asche und heißer Lava, wodurch das Vieh verendete und Ernten ausfielen. Eine Hungersnot suchte die Isländer heim.

Gerade als die Lage am verzweifeltsten schien, fand die Pest ihren Weg in

Walfangstationen einzurichten. Damit erlebte der Walfang seine kurze, aber verheerende Blütezeit. Bis 1915 wurden schätzungsweise 17.000 Wale geschlachtet, wodurch die isländischen Walbestände nahezu ausgerottet wurden. Das isländische Parlament erließ ein Gesetz zum Schutz der letzten Wale, woraufhin die Norweger zusammenpackten und die ausgebeuteten arktischen Gewässer gegen die immer noch vielversprechende Antarktis eintauschten.
1935 hielt Island die Walbestände für ausreichend erholt, um den Walfang in kleinem Umfang wieder aufzunehmen. Diesmal hatten die Isländer das alleinige Recht, in ihren Gewässern Walfang zu betreiben, der sich im Wesentlichen auf Finn-, Sei- und Zwergwale beschränkte.
Auf internationaler Ebene litten die Populationen vieler Walarten stark unter dem Fang. Als Reaktion auf die weit verbreitete Besorgnis wurde 1946 die Internationale Walfangkommission (IWC) gegründet – eine internationale Organisation, die sich für den Schutz der Walbestände einsetzt. 1983 wurde ein Moratorium verabschiedet, das die kommerzielle Jagd auf Wale verbietet (ausgenommen ist die Jagd durch Ureinwohner wie die Inuit für den Eigenbedarf und die Jagd zu wissenschaftlichen Zwecken). Island ist eines der wenigen Länder, die nicht (vollständig) dem IWC-Moratorium nachkommen. Es trat aus der IWC aus, kehrte aber 2002 zurück. Die Tatsache, dass Island die Jagd auf Wale wieder aufnahm, führte jedoch dazu, dass viele IWC-Mitglieder die Mitgliedschaft Islands in der Organisation nicht anerkennen.
Sehr zum Entsetzen von Umweltschützern, Naturliebhabern und der Mehrheit der isländischen Bevölkerung hat Island den Walfang 2008 erhöht und die Quote von 40 Walen im Jahr 2008 auf 383 im Jahr 2014 angehoben. Im Jahr 2013 meldete das Land die (genehmigte) Tötung von 134 Finnwalen – einer Art, die immer noch auf der internationalen Roten Liste der IUCN steht und als gefährdet eingestuft wird. Zu den wichtigsten Gegnern des isländischen Walfangs gehört die Walbeobachtungsbranche Islands, die sich für eine nachhaltige auf Walbeobachtung statt auf Walfang basierte Wirtschaft einsetzt. Weitere Informationen finden Sie im Walmuseum von Húsavík.

das isolierte Island und führte in nur wenigen Jahren zum Tod der halben Bevölkerung.
Während Island schwächer wurde, nahm der ausländische Einfluss auf Island immer stärker zu. Eine steigende Nachfrage nach Trockenfisch in Europa veranlasste englische Fischer, in den isländischen Gewässern Kabeljau zu fangen. Im 14. und 15. Jahrhundert wurde England zu einem wichtigen Handelspartner. Schritt für Schritt verstärkte es seinen politischen und religiösen Einfluss. Dänemark, unter dessen Herrschaft Island offiziell blieb, reagierte mit dem Ausbau seiner eigenen Fischereiflotte. Nach einigen Scharmützeln zogen sich die Engländer aus den isländischen Gewässern zurück.
In der ersten Hälfte des 17. Jahrhunderts wurde das Luthertum zur vorherrschenden Religion in weiten Teilen Skandinaviens. Durch den dänischen König verbreitete es sich auch auf Island. Die Ländereien der katholischen

Kirche (die im Laufe der Jahrhunderte einen enormen Einfluss auf Island gewonnen hatte) gingen an die lutherische Kirche über und gerieten damit unter den direkten Einfluss des dänischen Königs. Im Jahr 1661 wurde der jahrhundertelang wachsende Einfluss auf Island schließlich absolut: Der dänische König Friedrich III erklärte sich zum absoluten König über Island und alle anderen dänischen Territorien. Island hörte auf, als Nation zu existieren.

Das 17. und 18. Jahrhundert war eine harte Zeit für Island. Dänemark setzte ein Handelsmonopol durch, bei dem die Isländer nur mit einigen wenigen dänischen Unternehmen Handel treiben durften. Die gesamte isländische Wirtschaft wurde von diesen wenigen Handelsgesellschaften abhängig, die weitgehend entscheiden konnten, was sie für die isländischen Waren bezahlen wollten. Die Einnahmen für Fisch und landwirtschaftliche Erzeugnisse waren sehr gering, und die Wirtschaft litt stark.

Erschwerend kam hinzu, dass die Erde wieder zu brodeln begann. Aschewolken einer Reihe von Vulkanausbrüchen, vor allem denen von Láki im Süden Islands im Jahr 1783 (siehe Ziele A und H auf den Seiten 226 und 228), führten zur Zerstörung landwirtschaftlicher Flächen.

Das goldene Zeitalter des Wohlstands und der Freiheit der frühen Tage Islands war vergessen. Oder zumindest fast.

Die Wiedergeburt einer neuen Nation

Im 19. Jahrhundert kam es in ganz Europa zu weiten nationalistischen Bewegungen und Forderungen nach mehr Freiheit. Auf Island wurde diese Entwicklung von dem Vorkämpfer (und heutigen Nationalhelden) Jón Sigurðsson (1811-1879) angeführt. Sein Ziel wurde in kleinen aufeinanderfolgenden Schritten erreicht: der Gründung eines neuen Alþing im Jahr 1843, einer neuen Verfassung und der Selbstverwaltung im Jahr 1874, die 1904 erweitert wurde. 1918 verfügte Island mit dem Inkrafttreten des Unionsvertrags über alle Merkmale eines vollständig souveränen Staates, wobei Dänemark lediglich die Kontrolle über die auswärtigen Angelegenheiten und die Verteidigung behielt.

Die Bestimmungen dieses Gesetzes ermöglichten eine Revision im Jahr 1940 und, falls keine Einigung erzielt werden konnte, die Aufhebung im Jahr 1943. 1940 wurde Island von den Briten besetzt, die nach dem Zusammenbruch Dänemarks (April 1940) (zu Recht) eine deutsche Invasion befürchteten. Diese wohlwollende „Schutzhaft“ wurde 1941 von den Amerikanern übernommen. Dies hatte tiefgreifende Auswirkungen auf das Land, brachte Vollbeschäftigung (und 40.000 ausländische Militärangehörige), aber auch ein Nachkriegsdilemma mit sich. In der Zwischenzeit stimmten die Isländer 1944 in einem Referendum mit überwältigender Mehrheit für die Unabhängigkeit. Die neue Nation Island wurde natürlich im historischen Þingvellir proklamiert, obwohl sie von einem Präsidenten mit Sitz in Reykjavík regiert wurde. Wichtige nationale Veranstaltungen fanden weiterhin in Þingvellir statt.

Das moderne Island

Der junge, freie Staat Island wurde sofort auf die Probe gestellt. Der Zweite Weltkrieg ging zu Ende und der Kalte Krieg begann. Island, das unter dänischer Herrschaft traditionell bündnisfrei war, befand sich in einer strategischen Position im Nordatlantik, hatte aber kein eigenes Militär. In einer Welt, die in pro-westliche und pro-kommunistische Länder gespalten war, musste sich Island für eine Seite entscheiden. Das Land wurde aufgefordert, die Einrichtung eines amerikanischen Militärstützpunkts in Keflavík zuzulassen (einem Luftwaffenstützpunkt aus dem Zweiten Weltkrieg).
Dies und die höchst umstrittene Frage, ob das Land seinen traditionellen Status als blockfreier Staat aufgeben und dem NATO-Bündnis beitreten sollte, stellten für die neue unabhängige Nation ein schwieriges Problem dar. Zweifellos wurde Island dadurch ermutigt, dass es mehr Marshallplan-Hilfe pro Kopf der Bevölkerung erhielt als jedes andere europäische Land und beschloss, die Amerikaner willkommen zu heißen und der NATO beizutreten. Der Beitritt zur EU war jedoch ein zu großer Schritt. Auch mit den neuen NATO-Verbündeten lief nicht alles glatt: Island und das Vereinigte Königreich waren zwischen den späten 1950er und den 1970er Jahren in die „Kabeljaukriege" verwickelt, einen Streit über Fischerei und Hoheitsgewässer.
In der zweiten Hälfte des 20. Jahrhunderts entwickelte sich Island schnell zu einem modernen Staat mit sehr hohem Lebensstandard. Das Bildungsniveau ist beispielhaft für andere Länder und das kulturelle Leben ist reichhaltig. Die Wirtschaft verlagerte sich von Landwirtschaft und Fischerei auf Dienstleistungen, Tourismus und geothermische Energie. Letztere treibt

Gewächshäuser in der Nähe von Hveragerði, dem Zentrum des isländischen Gartenbaus. Die Gewächshäuser werden alle mit geothermischer Energie beheizt.

auch neue landwirtschaftliche Praktiken voran, wie z. B. die Nutzung von geothermisch beheizten Gewächshäusern, in denen Gurken, Tomaten und sogar Bananen angebaut werden, die den Großteil der lokalen Nachfrage decken.

Island legt großen Wert auf die persönlichen Freiheiten seiner Einwohner. Vielleicht weil es so lange von anderen Ländern regiert wurde. Vielleicht liegt es aber auch an der mythischen Geschichte der ursprünglichen Siedler, die für die isländische Identität so wichtig ist und deren Alþing die modernen Ideen einer egalitären Regierung vorwegzunehmen scheint. Auf jeden Fall ist Island eines der liberalsten Länder der Welt, in dem Männer und Frauen gleichberechtigt und gleichgeschlechtliche Partnerschaften nicht verpönt sind (wie die Wahl des ersten sich dazu bekennenden homosexuellen Regierungschefs der Welt im Jahr 2009 zeigt).

Die Ringstraße 1 führt am Gletscher Vatnajökull entlang. Der letzte Abschnitt der isländischen Hauptstraße wurde erst in den 1970er Jahren fertiggestellt und noch immer sind nicht alle Abschnitte asphaltiert.

Alles lief bestens, bis zur weltweiten Rezession 2008, die das Land sehr hart traf. Wie so oft in der isländischen Geschichte ging die wirtschaftliche Misere mit einer Naturkatastrophe einher – in diesem Fall mit dem Ausbruch des Vulkans Eyjafjallajökull, der Tephrawolken in die Luft schleuderte, die nach Süden zogen und Flughäfen in Nordeuropa und Nordamerika zur Schließung zwangen. Da den Isländern der Buchstabe „c" im Alphabet fehlt, konnten sie über das Ereignis scherzen: „Sie wollten 'cash', also haben wir ihnen 'cash' geschickt. Wo ist also das Problem?" Doch diese *Who-cares*-Einstellung täuscht nicht darüber hinweg, dass die Wirtschaft des Landes auf den Kopf gestellt wurde – ein Schock für die Menschen, von denen die meisten die historischen Nöte nur aus Büchern kannten. Die Isländer erholen sich nur langsam davon.

Island ist sehr stolz auf seine Geschichte. Sie ist in den weltberühmten Sagen dokumentiert und wird in vielen hervorragenden Museen im ganzen Land zelebriert, die die gesamte Geschichte des Landes von der Besiedlung bis heute abdecken. Der Besuch einer dieser Sammlungen ist sehr zu empfehlen.

Naturschutz

Ende des 19. Jahrhunderts erkannte Island, dass es ernsthafte Umweltprobleme hatte. Vor allem die Überweidung in Verbindung mit den rauen Bedingungen hatte einen Teil des Landes in eine nutzlose Wüste verwandelt. Als Reaktion darauf wurde der Bodenschutzdienst gegründet und die ersten Umweltgesetze verabschiedet.

In der zweiten Hälfte des 20. Jahrhunderts entwickelte sich Island zu einem der wohlhabendsten Länder der Welt. Da der Tourismus zunehmend an Bedeutung gewann, richtete Island eine Reihe von Naturschutzgebieten und drei Nationalparks ein – Þingvellir, Vatnajökull und Snæfellsnes.

Trotz dieser vielversprechenden Bemühungen hat das Land immer noch mit einigen großen ökologischen Problemen zu kämpfen.

Bodenerosion

Die Abholzung der Wälder und die jahrhundertelange Beweidung durch Schafe haben die isländischen Böden ernsthaft geschädigt. Vulkanische Böden sind ohnehin anfällig für Erosion. Nimmt man dann noch die kurze Vegetationsperiode, die heftigen Winde und die ständige Möglichkeit schwerer Überschwemmungen hinzu, so ist schnell klar, dass das Land mit Problemen zu kämpfen hat. Das Schicksal der Landwirte wird durch die Gefahr katastrophaler Tephra-Eruptionen, die weite Teile der Vegetation auslöschen, noch verschlimmert.

Der einzige Glücksfall, der ursprünglich das Pflanzenwachstum begünstigte und die Erosion in Grenzen hielt, war das Fehlen von Pflanzenfressern. Daher leitete die Ankunft der Siedler mit ihren Äxten und Schafen eine lange Periode der Wüstenbildung ein. Seit der ersten Besiedlung des Landes vor etwas mehr als tausend Jahren sank die Fläche mit einer mehr oder weniger kontinuierlichen Vegetationsdecke von 50 – 60 % auf nur noch 25 %. Die Fläche der natürlichen Wälder ging um 95 % zurück (siehe Karten auf Seite 52)!

Im Jahr 1965 wurde mit dem Bodenschutzgesetz ein koordinierter Plan zur Bekämpfung der Bodenerosion in die Wege geleitet. Der Bodenschutzdienst überwacht die Auswirkungen des Weidedrucks auf die Vegetation. Die Alaska-Lupine

Erosion ist eines der größten Umweltprobleme Islands. Das Klima, in Kombination mit Vulkanausbrüchen und der Beweidung durch Schafe, hat große Teile des Landes ihrer schützenden Vegetationsdecke beraubt.

- keine Erosionsprobleme
- mäßige Probleme
- große Probleme

Der Rückgang der Seevogelkolonien

Die isländischen Seevogelkolonien gehören zu den größten Naturschätzen des Landes. Mit schätzungsweise 3 Millionen Paaren beherbergt Island die größte Papageitaucherpopulation der Welt, und auch Tordalk und die drei Lummenarten haben einen bedeutenden Bestand. Die Millionen von Vögeln, die auf den Westmännerinseln, Látrabjarg und Hornstrandir brüten, und die Kolonien mit Tausenden von Vögeln anderswo sind nicht nur ein unvergesslicher Anblick, sondern auch ein Spiegelbild der Fülle des Lebens im Nordatlantik.

Traurigerweise geht es den Kolonien nicht gut. Es geht sogar so schlecht, dass die Jagd auf die Kolonien in Süd- und Westisland verboten ist, während sowohl Wissenschaftler als auch Kritiker ein vollständiges Jagdverbot für diese Vögel fordern.

Die Ursachen für den Rückgang der Populationen sind vielschichtig, aber man nimmt an, dass sie auf den Klimawandel zurückzuführen sind. Vor der Küste Islands treffen der warme Nordatlantikstrom und kalte arktische Strömungen aufeinander, wodurch ein außergewöhnlich fischreiches Gebiet entsteht.

Die Stelle, an der die Strömungen zusammentreffen, verschiebt sich jedoch nach Norden, sodass immer größere Flächen der isländischen Gewässer unter dem Einfluss des warmen Nordatlantikstroms stehen. Dies wirkt sich negativ auf die Populationen von Kaltwasser-Plankton und Fischen wie Lodde und Tobiasfisch aus, die die wichtigste Nahrung für Papageitaucher und andere Alken darstellen. Die Auswirkungen der Fischerei führen zu einem weiteren Rückgang der Loddebestände. Interessanterweise ist die genaue Rolle der Fischerei umstritten. Während sich die direkte Entnahme von Fisch negativ auf die Bestände auswirkt, ist auch die Zunahme der Makrelen ein negativer Faktor. Sie konkurrieren mit Seevögeln um die gleiche Nahrungsquelle, nämlich die Lodde. Der Makrelenbestand nimmt zu, weil zum einen geringere Mengen gefangen werden, zum anderen aber auch, weil die Erwärmung der isländischen Gewässer diese Art begünstigt.

Trottellummen und Dreizehenmöwen.

Es ist ein komplexes Nahrungsnetz. Was auch immer die genaue Ursache sein mag, für die Seevögel wird die Ernährung der Küken immer schwieriger. In den Kolonien im Süden und Südwesten des Landes sind die Zahlen dramatisch zurückgegangen, insbesondere der Papageitaucher. Sie sind dazu übergegangen, Makrelen zu fangen, doch die sind für die Jungen zu groß zum Vertilgen. Es gibt Berichte, dass auf den Westmännerinseln die Papageitaucherküken verhungert sind, während tote Makrelen um sie herum verstreut lagen. Glücklicherweise sind die Kolonien im Nordwesten (z. B. Látrabjarg und Hornstrandir) noch relativ unversehrt.

wurde aus Amerika eingeführt und zur Wiederherstellung ausgelaugter Böden angepflanzt. Da sich diese Pflanze zu einem invasiven Fremdling entwickelt hat (siehe Kasten auf Seite 74), geht der Dienst zum einheimischen Strandroggen über.

Trockenlegung von Feuchtgebieten

Nach der Unabhängigkeit Islands subventionierte die Regierung die Trockenlegung von Feuchtgebieten, um mehr landwirtschaftliche Flächen zu schaffen. Infolgedessen sind die einst ausgedehnten Tieflandmoore fast verschwunden. Innerhalb weniger Jahrzehnte wurden über 30.000 km Gräben ausgehoben, wodurch etwa 10.000 km² Feuchtgebiet trockengelegt wurden – schätzungsweise 70 % aller Tieflandfeuchtgebiete. Dies wirkte sich besonders auf die Vogelwelt aus. Es führte sogar zum Aussterben einer Brutvogelart: Die Wasserralle verschwand ganz aus Island.

In den letzten Jahren wurden einige Feuchtgebiete wiederhergestellt. Eines davon kann auf Route 2 bewundert werden.

Jagen, Wildern, Eier sammeln

Die Isländer sind leidenschaftliche Jäger. Sie jagen Polarfüchse, Rentiere, Robben, Wale, Gänse, Enten, Schneehühner und sogar Seevögel (deren Eier sie außerdem sammeln). Die Jagd hat Tradition – seit der Besiedlung waren die Jagd und das Sammeln von Eiern eine wichtige Ergänzung für die Ernährung. Gleichzeitig wurden Raubtiere wie Polarfüchse und Seeadler vergiftet und geschossen, um das Vieh und die Eiderenten-„Farmen“ (Eiderentenkolonien, deren Daunen und Eier geerntet werden) zu schützen.

Einige dieser Praktiken wurden verboten (wie die Jagd auf Seeadler) oder streng kontrolliert (wie der Abschuss von Papageitauchern). Dennoch ist Island immer noch ein Land, in dem die Jagd trotz wachsender Opposition und zunehmender Beweise für ihre negativen Auswirkungen auf einige Populationen locker gehandhabt wird. Die Populationen des Polarfuchses, verschiedener Alkenarten und – zumindest in manchen Jahren – des Alpenschneehuhns leiden eindeutig unter der Jagd.

In vielen Fällen geht der Jagddruck Hand in Hand mit anderen Belastungen, wie Störungen durch den Tourismus und, im Falle der Seevögel, dem Schwinden der Fischbestände, von denen sie abhängig sind (siehe Kasten auf Seite 72).

Trottellummen-Eier im Supermarkt, frisch gesammelt in Látrabjarg. Da die Seevogelbestände zurückgehen, ist das Sammeln von Eiern zum Verzehr verpönt.

Lupinenfelder – eine hübsche Katastrophe

Was für eine Freude für den Sommerreisenden auf Island: riesige Felder mit leuchtend lila Lupinen, die sich im Wind wiegen. Es ist eine un-isländische Idylle und etwas, das die meisten Reisenden nicht erwarten, wenn sie dieses wilde Land besuchen.

Sie haben Recht, wenn sie denken, dass es un-isländisch ist. Die amerikanische Alaska-Lupine – um die es hier geht – wurde 1945 aus einem ganz bestimmten und edlen Grund nach Island gebracht: zur Bekämpfung von Bodenerosion und Wüstenbildung. Die Lupine wurzelt leicht und ist dadurch in der Lage, lockeren Boden zu stabilisieren. Außerdem beherbergen die kleinen Knöllchen in den Wurzeln der Pflanze, wie bei den meisten Leguminosen, stickstoffbindende Bakterien. Stickstoff ist ein Bestandteil der Luft, während Nitrat ein lebenswichtiger Nährstoff für Pflanzen und Tiere ist. Diese Bakterien sind in der Lage, Stickstoff zu binden und in wertvolles Nitrat umzuwandeln – ein wichtiger erster Schritt zu einem fruchtbaren Boden. Da die Lupine ansonsten eine pflegeleichte Pflanze ist, schien sie die Antwort auf das Problem der Bodenerosion zu sein und gleichzeitig die Fruchtbarkeit zu erhöhen.

Man könnte sagen, dass die Einführung der Lupine ein Erfolg ist – eine Untersuchung von Lupinenfeldern zeigt, dass sie tatsächlich in der Lage ist, degradierte und ausgelaugte Böden zu stabilisieren und zu verbessern. Leider ist die Lupine auch ein aggressiver Eindringling in natürliche, intakte Wiesen und Heidelandschaften. In Gebieten mit hohen Niederschlägen (im Süden Islands) gedeiht die Alaska-Lupine besonders erfolgreich, doch sobald sie sich in natürlichen Heidelandschaften etabliert hat, überschattet und verdrängt sie die einheimischen Arten. Es gibt Anzeichen dafür, dass die Lupinenplage in Gebieten mit rauerem Klima nur vorübergehend ist – die Pflanzen sterben in 25 bis 35 Jahren ab. In Gebieten mit hohen Niederschlagsmengen gibt es jedoch keine Anzeichen für einen Rückzug. Hier bleiben die Felder eine erstickende Decke aus hübschen lila Blütenstängeln, wo ansonsten nicht viel wächst.

Alaska-Lupinen – exotische Schönheiten, die auf Island eine Menge Probleme verursachen.

Der majestätische Seeadler erholt sich nach Jahrhunderten der Verfolgung langsam wieder.

Wasserkraft und geothermische Energie

Über 80 % des isländischen Gesamtenergieverbrauchs stammen aus hydrologischen und geothermischen Energiequellen. Damit ist Island weltweit das Land mit dem höchsten Anteil an sauberer Energie. Ein leuchtendes Beispiel für die Welt? So einfach ist das nicht.

Island ist mit natürlichen Energiequellen gesegnet – Wind, Wasser und vor allem Erdwärme. Sie versorgt die Heizungen des Landes, wärmt die Gewächshäuser und ist außerdem das größte potenzielle Exportprodukt.

Im Jahr 1969 wurde die erste Aluminiumschmelze des Landes errichtet. Die dritte und letzte wurde 2008 in Betrieb genommen. Islands natürliche Ressource ist hier die Energie, nicht das Aluminium, das als Erz (Bauxit) aus anderen Ländern importiert werden muss. Das Schmelzen von Aluminium ist ein Prozess, der eine große Menge an Energie erfordert, und die hat Island im Überfluss – sowohl billig als auch sauber.

Der Energieverbrauch dieses Industriezweigs ist gewaltig: Er macht nicht weniger als 73 % des gesamten Energieverbrauchs des Landes aus! Wenn man einerseits davon ausgeht, dass diese Schmelzwerke ohnehin gebaut werden, könnte man argumentieren, dass es besser ist, sie hier auf Island zu errichten, wo erneuerbare Energiequellen anstelle von Kohle oder Kernkraft genutzt werden. Andererseits sind die ökologischen Auswirkungen beträchtlich. Die Gefahr einer starken Verschmutzung durch diese Schmelzwerke ist sehr real. Für die Stromerzeugung aus Wasserkraft werden zum Anlegen von Stauseen ganze Täler geflutet.

FLORA UND FAUNA

Jeder Besucher Islands ist erstaunt über die enorme Anzahl von Vögeln, die das Land bevölkern. Die riesigen Seevogelkolonien und die Wiesen voller Watvögel machen Island zu einem wahren Wildlife-Spektakel, das jedoch über die Tatsache hinwegtäuscht, dass die Artenvielfalt des Landes eigentlich sehr gering ist. Island ist das einzige europäische Land, in dem weder Schmetterlinge noch Libellen noch Reptilien oder Amphibien vorkommen. Und es gibt nur ein einziges einheimisches Landsäugetier: den Polarfuchs. Auch die Vögel, obwohl zahlreich vertreten, gehören nur wenigen Arten an. Mit knapp 500 Arten höherer Pflanzen weist Island nur ein Sechstel der einheimischen britischen Flora auf und weniger als ein Drittel der niederländischen – zweier Länder, die auch nicht gerade für ihren Artenreichtum bekannt sind.

Der Grund für diese geringe Anzahl ist leicht zu erkennen. Islands nördliche Lage schafft Bedingungen, die relativ wenige Arten begünstigen, und die isolierte Lage macht das Land schwer erreichbar – sowohl für migrierende Arten als auch für potenzielle Kolonisatoren. Das nächstgelegene Land ist Grönland – auch nicht unbedingt ein Ort, an dem das Leben wuchert.

Hinzu kommt, dass Island ein sehr junges Land ist – nicht nur aus geologischer Sicht, sondern auch aus biologischer: Vor nur 13.000 Jahren war es weitgehend oder vollständig von Eis bedeckt. Obwohl manche Biologen glauben, dass während der letzten Eiszeit einige Enklaven von Vegetation erhalten blieben (siehe Seite 93), war das Leben so gut wie verschwunden. Daher müssen (fast) alle auf Island heimische Arten diese abgelegene Insel in den letzten paar tausend Jahren kolonisiert haben.

In verschiedenen Gegenden Islands kann man die anmutige Sumpfohreule beobachten, die über den Wiesen und Lupinenfeldern jagt.

Die isländische Landschaft mit ihrer Flora und Fauna ist sowohl boreal (nördlicher Nadelwaldgürtel) als auch arktisch geprägt. In den vor Witterungseinflüssen geschützten Gebieten und im Tiefland dominieren die borealen Arten (z. B. Rotdrossel und Birkenzeisig bei den Vögeln und Nordisches Labkraut und Wald-Storchschnabel bei den Pflanzen). Einige Arten sind viel weiter verbreitet, bis tief nach Europa hinein, wie z. B. Echtes Labkraut und Einbeere bei den Pflanzen, und Rotschenkel und Wiesenpieper bei den Vögeln.

Die arktischen Arten sind natürlich in den kargeren Gebieten zu finden. Ein interessantes Phänomen der nördlichen Regionen ist – da die Erde eine Kugel ist – dass die Unterscheidung zwischen Ost und West zunehmend bedeutungsloser wird, je weiter man nach Norden reist. Am Nordpol ist die einzige Richtung, in die man gehen kann, Süden! Viele arktische Arten haben die nördliche Welt in einem Gürtel um den Pol herum kolonisiert. Sie sind zirkumpolare Arten. Typische Beispiele dafür sind Thorshühnchen, Polarfuchs und Arktischer Mohn.

Durch die unmittelbare Nähe zu Grönland und darüber hinaus zur amerikanischen Arktis ist Island in seiner Flora und Fauna deutlich amerikanisch geprägt – Arten, die für europäische Besucher natürlich sehr attraktiv sind. Die „Amerikaner“ sind mit einigen auffälligen Arten vertreten, wie z. B. Eistaucher, Kragen- und Spatelente. Diese Arten brüten nirgendwo anders in Europa. Bei den Pflanzen sind Nördliche Waldhyazinthe, Arktisches Weidenröschen und Arktische Saumnarbe gute Beispiele.

Islands Artenkatalog enthält nicht nur boreale und arktische Arten. Der dritte Faktor, der eine große Rolle spielt, ist das Meer. Viele auf Island vorkommende Arten sind eng mit dem nördlichen Atlantik verbunden. Tatsächlich ist der Atlantik ein wichtiger Motor für das Leben auf Island. Die große Zahl von Vögeln, vor allem Seevögeln, ist auf die isländische See zurückzuführen. Der warme Nordatlantikstrom und der kalte Grönlandstrom treffen hier aufeinander und schaffen sehr reiche Fischgründe, von denen Meeressäuger (z. B. Schwertwal) und Seevögel (Basstölpel, verschiedene Alken) profitieren. Dies sind ein paar der typischen Vertreter der atlantischen Fauna.

Pflanzenarten mit einer ausgeprägten atlantischen Verbreitung sind dagegen eher selten. Die atlantische Ökozone zeichnet sich durch eine Flora aus, die der Winterkälte eher schlecht standhält. Obwohl die isländischen Winter im Vergleich zu Regionen ähnlicher Breitengrade auf dem Festland im Allgemeinen mild sind, sind sie immer noch ziemlich kalt. In Verbindung mit der Abgeschiedenheit der Insel ist dies wahrscheinlich der Grund dafür, dass typische atlantische Pflanzen selten sind. Ein Vertreter der atlantischen Flora, die Azoren-Natterzunge, hat einen Weg gefunden, sich warm zu halten: Sie ist auf geothermische Gebiete beschränkt.

Amerikanische Region
Arktisches Weidenröschen
Epilobium latifolium
Flussufer

Arktische Region
Polarfuchs
Vulpes lagopus
Küsten und Heidelandschaften

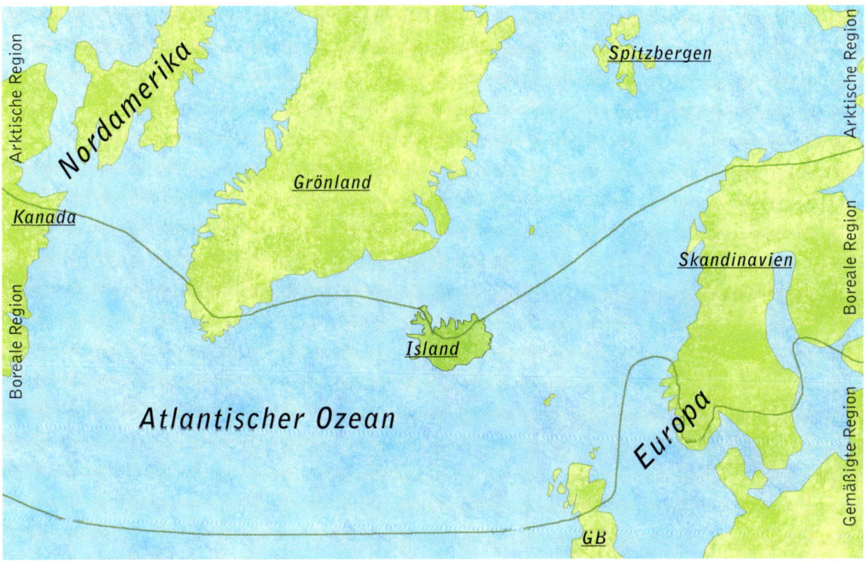

Atlantische Region
Papageitaucher
Fratercula arctica
Steilküsten

Gemäßigte Region
Einbeere
Paris quadrifolia
Lavaspalten

Boreale Region
Rotdrossel
Turdus iliacus
Wald und Heidelandschaften

Flora

Die Routen 3, 5, 7, 13, 14, 15, 17, 20 und 21 eignen sich hervorragend für Exkursionen zum Entdecken von Wildblumen der Heidelandschaften und Trockenrasen, darunter viele Orchideen und Enziane. Eine reiche Küstenflora fanden wir auf den Routen 2, 7 und 20. Attraktive Waldarten kommen auf den Routen 10, 15 und 21 vor. Die vielfältige Hochlandflora ist ohne Vierradantrieb nur schwer aufzuspüren, doch Route 12 und der Hochlandabschnitt von Route 19 sowie die Ziele A und E auf den Seiten 213-214 werden sicher nicht enttäuschen. Die Flora der Sümpfe und Flussbette ist auf den Routen 2, 3, 12 und 21 zu finden, aber auch an den Zielen A und B auf Seite 201 kann man sich danach umsehen. Für die Flora von Lavaspalten erkunde man die Routen 1, 7 und 15 sowie Ziel D auf Seite 160. Eine wunderbare Flora der Schneeböden und von rezent eisfreiem Land findet man auf der Route 12 und in geringerem Maße auf den Routen 22 und 23 sowie am Ziel N auf Seite146. Wildblumen heißer Quellen sind nicht leicht zu finden. Route 16 und Ziel F auf Seite 174 eignen sich jedoch für die Suche.

Island hat 489 Arten von Gefäßpflanzen. Das ist im Vergleich zu ähnlich großen Gebieten in Schottland oder Skandinavien eine eher geringe Anzahl. Nichtsdestotrotz ist Island ein großartiger Ort für Botaniker, denn viele der dort vorkommenden Arten sind sehr attraktiv und kommen in atemberaubenden Mengen vor. Kommt man zur richtigen Zeit, dann kann man massenhaft kleine wilde Orchideen, rosa Bänder von Arktischen Weidenröschen entlang der Bäche und die entzückenden Tupfer der weißen Glocken der Moosigen Schuppenheide bewundern. Die Schönheit der isländischen Flora liegt in ihrer Zartheit: Die Massen an zarten, kleinen Blumen stehen im Kontrast zur rauen Schönheit der dramatischen Landschaften und dem manchmal düsteren Wetter – eine Kombination, die immer wieder aufs Neue fasziniert.

Im Frühsommer blühen in den arktischen Heidelandschaften und an spärlich bewachsenen Berghängen Silberwurz (oben) und Stängelloses Leimkraut (unten).

Beim ersten Islandbesuch braucht man wahrscheinlich ein paar Tage, um sich an die Überladung von Wildblumen zu gewöhnen. Wenn Sie dann aber erst einmal die „gewöhnliche isländische Flora" entdeckt haben, möchten Sie sich vielleicht auf die Suche nach einigen besonderen Arten machen, wie z. B. Steinbrechen (15 Arten auf Island), Enzianen (7 Arten) und Farnen (22 Arten). Und hat man sich erst einmal auf den Weg gemacht, wird man schnell feststellen, dass viele Wildblumen eine merkwürdige Verbreitung haben – sie sind auf ganz bestimmte Standorte beschränkt, während ihr Lebensraum viel weiter verbreitet ist. Die Seltenheit oder das Fehlen einiger Arten in bestimmten Gebieten ist ebenso rätselhaft wie die Häufigkeit anderer. Dies wirft die Frage auf, wie sich Wildblumen überhaupt auf Island etabliert haben. Und so wird die isländische Flora erst richtig interessant!

Gewöhnliches Fettkraut (oben) und Alpen-Pechnelke (unten) bevorzugen beide offene Stellen in Heidelandschaften. Das Gewöhnliche Fettkraut, eine insektenfressende Pflanze, sucht feuchte Standorte auf, während die Alpen-Pechnelke trockenere Stellen bevorzugt.

Wildblumen der Heidelandschaft und des Graslandes

Die erste Begegnung mit der isländischen Flora findet wahrscheinlich irgendwo in den Gras- und Heidelandschaften des Küstentieflands statt, das das Land umringt. Die meisten der zugänglichen Orte und Wanderwege führen durch diesen Lebensraum. Ist man im Juli hier, kann die erste Erfahrung überwältigend sein. Bei einer typischen Wanderung durch die Heidelandschaft watet man durch einen duftenden Strauß von Krähenbeere, Echter Bärentraube, Heidekraut, Rauschbeere, Nordischem Berufkraut, Knöllchen-Knöterich, Mondraute, Zwerg-Labkraut, Echtem Labkraut, Zottigem Fingerkraut, Alpen-Frauenmantel, Kleiner Simsenlilie, Alpenhelm, Arktischem Thymian, Silberwurz und Sumpf-Herzblatt. Hier und da sind Büschel von tiefblauem Schnee-Enzian zu sehen, und an offenen Stellen findet man verstreut Behaarte Fetthenne, Gewöhnliches Fettkraut und als Krönung Blütenteppiche der Nördlichen Waldhyazinthe, die regelmäßig von Weißzüngel und Hohlzunge begleitet werden. Welch ein Reichtum!

Häufige Wildblumen der Heidelandschaft

Mondraute (*Botrychium lunaria*), Woll-Weide (*Salix lanata*), Zwerg-Birke (*Betula nana*), Säuerling (*Oxyria digyna*), Knöllchen-Knöterich (*Persicaria vivipara*), Alpen-Wiesenraute (*Thalictrum alpinum*), Silberwurz (*Dryas octopetala*), Alpen-Frauenmantel (*Alchemilla alpina*), Krähenbeere (*Empetrum nigrum*), Echte Bärentraube (*Arctostaphyllos uva-ursi*), Rauschbeere (*Vaccinium uliginosum*), Blaubeere (*Vaccinium myrtilis*), Heidekraut (*Calluna vulgaris*), Sumpf-Herzblatt (*Parnassia palustris*), Behaarte Fetthenne (*Sedum villosum*; feuchte Stellen), Hunds-Veilchen (*Viola canina*), Zwerg-Labkraut (*Galium normanni*), Echtes Labkraut (*Galium verum*), Alpenhelm (*Bartsia alpina*), Nordisches Berufkraut (*Erigeron borealis*), Kleine Simsenlilie (*Tofieldia pusilla*), Nördliche Waldhyazinthe (*Platanthera hyperborea*), Hohlzunge (*Dacthylorhiza viride*)

Häufige Wildblumen der arktischen Heidelandschaft

Dorniger Moosfarn (*Selaginella selaginelloides*), Alpen-Flachbärlapp (*Diphasiastrum alpinum*), Tannen-Teufelsklaue (*Huperzia selago*), Kraut-Weide (*Salix herbacea*), Arktische Weide (*Salix arctica*), Woll-Weide (*Salix lanata*), Stängelloses Leimkraut (*Silene acaulis*), Alpen-Pechnelke (*Lychnis alpina*), Zottiges Fingerkraut (*Potentilla crantzii*), Silberwurz (*Dryas octopetala*), Sumpf-Herzblatt (*Parnassia palustris*), Astmoos-Steinbrech (*Saxifraga hypnoides*), Polster-Steinbrech (*Saxifraga cespitosa*), Roter Steinbrech (*Saxifraga oppositifolia*), Nickender Steinbrech (*Saxifraga cernua*), Torf-Veilchen (*Viola epipsila*), Alpenazalee (*Loiseleuria procumbens*), Moosige Schuppenheide (*Cassiope hypnoides*), Kleine Simsenlilie (*Tofieldia pusilla*), Nördliche Waldhyazinthe (*Platanthera hyperborea*), Hohlzunge (*Dacthylorhiza viride*), Weißzüngel (*Pseudorchis straminea*), Korallenwurz (*Corralorhiza trifida*)

Häufige Wildblumen der Trockenrasen

Mondraute (*Botrychium lunaria*), Graues Felsenblümchen (*Draba incana*), Schnee-Enzian (*Gentiana nivalis*), Feld-Enzian (*Gentianella campestris*), Bitterer Kranzenzian (*Gentianella amarella*), Echtes Labkraut (*Galium verum*), Nordisches Labkraut (*Galium boreale*; vor allem Süd-West-Island), Arktischer Thymian (*Thymus praecox ssp. arcticus*)

Häufige Wildblumen der Wiesen

Sumpf-Blutauge (*Comarum palustre*), Echtes Mädesüß (*Filipendula ulmaria*), Wald-Storchschnabel (*Geranium sylvaticum*), Echte Engelwurz (*Angelica archangelica*), Wilde Engelwurz (*Angelica sylvestris*)

Weiter oben in den Bergen und im Norden Islands ändert sich der Charakter der Heidelandschaft. Die Sträucher sind niedriger und es tauchen offene Stellen in der Vegetation auf. Diese arktische Heidelandschaft spiegelt ein extremeres Klima wider und besteht aus anderen Arten. Die winzige Moosige Schuppenheide ist an feuchten Stellen weit verbreitet, während auf den trockeneren Böden Alpenazalee und – lokal – Diapensia vorherrschen. Verschiedene kleine Steinbreche und Bärlappe besiedeln die offenen Stellen, und bei sorgfältiger Suche findet man mit großer Wahrscheinlichkeit die kleine Korallenwurz.

Das Grasland und die Wiesen sind weniger exotisch, doch die Massen an Butterblumen, Echtem Mädesüß, Sumpf-Blutaugen und auf trockeneren Böden im Süden auch Nordischem und Echtem Labkraut beeindrucken ebenfalls.

Diese sehr attraktive Mischung findet man vielerorts in den Heide- und Graslandschaften des Tieflandes. Leser, die viel in Schottland oder Skandinavien gereist sind, werden überrascht sein von der großen Artenvielfalt und der Fülle an Pflanzen, die in diesen Regionen ersehnte Raritäten sind. Zumindest teilweise ist der Unterschied zwischen der isländischen Flora und der von Schottland und Skandinavien auf das unterschiedliche Grundgestein zurückzuführen. Während der größte Teil Skandinaviens und Schottlands geologisch alt ist und ein saures, mineralarmes Grundgestein hat, ist der isländische vulkanische Boden basisch und mineralreich.

Zwei weit verbreitete Arten der Heidelandschaft: das auffällige Sumpf-Herzblatt (oben) und die Kleine Simsenlilie (unten), ein winziges Mitglied der Liliengewächse.

Flora der Küste

Die hohe Salzkonzentration des Meerwassers schafft Bedingungen, denen nur wenige Pflanzenarten gewachsen sind. Die Strände, Küstenfelsen und Flussmündungen bieten einer Reihe salztoleranter Pflanzen Lebensraum, von denen Austernpflanze, Salzmiere, Klippen-Leimkraut und Echtes Löffelkraut am auffälligsten sind. In Klippennähe sind Schottischer Liebstöckel und Echtes Löffelkraut recht häufig zu finden. Löffelkraut ist reich an Vitamin C und war ein beliebtes Gemüse der Isländer (der englische Name „Scurvygrass“ bezieht sich auf die Verwendung der Pflanze gegen Skorbut, eine durch Vitamin-C-Mangel verursachte Krankheit).

Eine weitere Pflanzengesellschaft der Küste ist die des Küstengraslands. Diese Orte sind mit einem sehr milden Winterklima und einer langen

Mit ihren grauen Blättern und blassblauen Blüten ist die Austernpflanze eine auffällige und leicht zu erkennende Pflanze der isländischen Sandstrände. Die Austernpflanze hat eine eigentümliche Wuchsform – ihre Stängel liegen flach auf dem Sand.

Vegetationsperiode gesegnet. Hier kann man nach Enzianen Ausschau halten, vor allem in der zweiten Sommerhälfte. Stellenweise gibt es die Enziane *Gentianella aurea* zu Zehntausenden, gemischt mit Ansammlungen von Nordischem Fransenenzian* (*Gentianopsis detonsa*), Schnee-Enzian, Bitterem Kranzenzian und Feld-Enzian.

Dieses milde Klima erklärt auch das Vorkommen mehrerer Pflanzenarten des borealen Waldes, die auf die West- und Ostfjorde beschränkt sind. Sie kommen vor allem an nach Süden ausgerichteten Hängen vor. Ein gutes Beispiel ist der Siebenstern, der weitgehend auf geschützte Standorte in den Ostfjorden beschränkt ist

Salztolerante Wildblumen

Meersenf (*Cakile maritima*), Salzmiere (*Honckenya peploides*), Austernpflanze (*Mertensia maritima*), Gewöhnliche Grasnelke (*Armeria maritima*), Klippen-Leimkraut (*Silene uniflora*), Küsten-Gänsefingerkraut* (*Potentilla anserine ssp. egedii*), Strand-Platterbse (*Lathyrus japonicus*), Europäischer Rosenwurz (*Rhodiola rosea*), Schottischer Liebstöckel (*Ligusticum scoticum*)

Wildblumen der Dünen und des Küstengraslands

Echtes Löffelkraut (*Cochlearia officinalis*), Gewöhnliche Grasnelke (*Armeria maritima*), Nordischer Fransenenzian* (*Gentianopsis detonsa*), Gold-Enzian* (*Gentianella aurea;* vor allem im Norden)

Wildblumen der Wälder

Die wenigen Wälder, die es auf Island noch gibt, beherbergen eine Flora, die für weniger extreme klimatische Bedingungen typisch ist. Anstatt alles daran zu setzen, mit der extremen Kälte oder dem Nährstoffmangel zurechtzukommen, müssen die Pflanzen hier um einen Platz in diesen Wäldern konkurrieren. Die konkurrenzstärkeren Pflanzen, die am besten überleben können, sind meist Sträucher, hochwachsende Kräutergewächse und natürlich die Bäume Moor-Birke und Eberesche. Teeblättrige Weide und Woll-Weide (letztere ist schon von weitem an ihren grauen, behaarten Blättern zu erkennen) sind hohe Sträucher, während die Zwerg-Birke (mit ihren dicken, ledrigen Blättern), Rauschbeere und Steinbeere viel kleiner sind und im Unterholz bleiben. Zu den konkurrenzstärkeren Pflanzen, die man in den Wäldern regelmäßig antrifft, gehören der Wald-Storchschnabel mit seinen hübschen rosa Blüten, Eichenfarn und Wald-Frauenfarn.

Häufige Wildblumen der Wälder
Wiesen-Schachtelhalm (*Equisetum pratense*), Gewöhnlicher Buchenfarn (*Phegopteris connectilis*), Eichenfarn (*Gymnocarpium dryopteris*), Steinbeere (*Rubus saxatilis*), Eberesche (*Sorbus aucuparia*), Wald-Storchschnabel (*Geranium sylvaticum*), Rauschbeere (*Vaccinium uliginosum*), Blaubeere (*Vaccinium myrtillus*), Kleines Wintergrün (*Pyrola minor*), Nickendes Wintergrün (*Orthilia secunda*), Hohlzunge (*Dactylorhiza viride*), Geflecktes Knabenkraut (*Dactylorhiza maculata*)

Flora des Hochlands

Das Hochland, die nördlichen Berge und die Ränder von Gletschern, die erst vor kurzer Zeit eisfrei wurden, sind nur spärlich bewachsen, was aber nicht bedeutet, dass sie für Botaniker von geringerem Interesse sind. Ganz im Gegenteil: Viele der attraktivsten Wildblumen Islands finden sich im Hochland und anderen Gebieten mit spärlicher Vegetation.

In weiten Teilen des trockenen, steinigen Hochlands findet man gelegentlich Arktische Weide, Woll- und Kraut-Weide, Klippen-Leimkraut, Gewöhnliche Grasnelke (*Armeria maritima*) und Alpen-Hornkraut. Interessanterweise erfordert die Trockenheit vieler mit Asche bedeckter Hochebenen ähnliche Anpassungen wie die der salzhaltigen Küstengebiete. Daher kommen im Hochland „Küsten-Arten“ wie Gewöhnliche Grasnelke und Klippen-Leimkraut vor.

Lokal, vor allem an feuchteren Stellen oder an solchen mit etwas nährstoffreicheren Böden, finden sich auch andere sehr interessante Wildblumen wie Zarter Enzian, Aufrechtes Läusekraut und eine Reihe von Steinbrecharten, insbesondere Stern- und Rasen-Steinbrech sowie *Saxifraga rivularis*. Interessant sind im Hochland immer die Flussufer, wo man

Tannen-Teufelsklaue und Säuerling (oben) sind zwei Pionierarten, die häufig in Blocklavafeldern anzutreffen sind. Die Gewöhnliche Grasnelke (unten) ist eine der wenigen Arten, die in den trockenen Hochlandwüsten überleben.

Die 8 Arten-Highlights Islands

Nördliche Waldhyazinthe

(*Platanthera hyperborea*)
Eine boreal-arktische Orchideenart aus Nordamerika, die in Europa nur auf Island vorkommt. Sehr häufig (alle Routen außer 1 und 4). Lebensraum: offene Stellen in Heidelandschaften und Grasland.

Behaarte Fetthenne

(*Sedum villosum*)
Eine hübsche rosafarbene Fetthenne, die in Skandinavien und in den europäischen Gebirgen selten, aber auf Island weit verbreitet ist (auf den meisten Routen). Lebensraum: offene Stellen in Heidelandschaften und Grasland.

Gold-Enzian* (*Gentianella aurea*)
Arktische Enzianart mit kleinen, glänzend-violetten Blüten. Im Süden ist er selten (Route 2, 4, Ziel F auf Seite 228), im Norden jedoch sehr häufig (Routen 14, 18). Lebensraum: Küstengrasland.

Moor-Steinbrech (*Saxifraga hirculus*)
Gelb blühende Art des Steinbrechs. Er war einst in ganz Europa verbreitet, ist aber in vielen Ländern ausgestorben. Der Grund seines Verschwindens ist die Zerstörung bzw. Verschlechterung seines empfindlichen Lebensraums, der aus alkalischen Mooren besteht. Auf Island ist er im Hochland häufig und im Tiefland selten (Route 7 und Ziel M auf Seite 146 und F auf Seite 174). Lebensraum: alkalische Moore.

Arktisches Weidenröschen

(*Epilobium latifolium*)

Prächtige Weidenröschenart der grönländischen und kanadischen Arktis. Sie ist im Landesinneren Islands entlang von Flüssen, Kiesbänken und Straßenrändern häufig (Route 2, 3, 12, 16, 17, 21, Ziel B auf Seite 201).

Arktische Saumnarbe*

(*Lomatogonium rotatum*)

Ein hübscher blauer Vertreter aus der Familie der Enziangewächse. Sie kommt in der kanadischen und russischen Arktis vor, fehlt aber in Europa, außer auf Island. Selten, außer zentral-nördlich und im Nordosten Islands (Ziel A auf Seite 201). Lebensraum: offene, feuchte Stellen in der Nähe von Flüssen.

Nordischer Fransenenzian*

(*Gentianopsis detonsa*)

Eine weitere nördliche Enzianart, die in Nordnorwegen und Island vorkommt. Bildet manchmal große Populationen im Küstengrasland (Routen 2, 7, 13, 14).

Arktischer Mohn

(*Papaver radicatum*)

Auffälliger gelber Mohn und eine echte arktische Art. Einzigartige Anpassung, bei der die Blütenblätter als Wärmereflektor fungieren, indem sie die Sonnenstrahlung umlenken und in den Fruchtknoten leiten, um den Reifungsprozess der Samen zu unterstützen. Recht häufig im Nordwesten, andere Unterarten kommen im Norden und Osten vor. Lebensraum: arktische Wüste, rezent gestörte Böden, Kiesbänke, Straßenränder (Routen 7, 11, 12).

häufig auf eine der attraktivsten Wildblumen des Landes trifft, das Arktische Weidenröschen (siehe auch Seite 87).

Die begehrten arktischen Arten sind sowohl im Hochland als auch in ähnlichen Lebensräumen an der Nordküste zu finden. Da das Hochland so schwer zugänglich ist, sucht man diese Flora am besten auf den Routen in Nordisland.

Hochland und Gletscherränder

Winter-Schachtelhalm (*Equisetum hyemale*), Bunter Schachtelhalm (*Equisetum variegatum*), Zwerg-Hahnenfuß (*Ranunculus pygmaeus*), Alpen-Gelbling (*Sibbaldia procumbens*), Alpen-Hornkraut (*Cerastium alpinum*), Klippen-Leimkraut (*Silene uniflora*), Behaarte Fetthenne (*Sedum villosum*), Schnee-Steinbrech (*Saxifraga nivalis*), Schlanker Steinbrech (*Saxifraga tenuis*), Weißblütiger Bach-Steinbrech* (*Saxifraga rivularis*), Spitzfrüchtiges Felsenblümchen (*Draba oxycarpa*), Arktisches Weidenröschen (*Epilobium latifolium*), Aufrechtes Läusekraut (*Pedicularis flammea*), Niedriges Berufkraut (*Erigeron humilis*), Einköpfiges Berufkraut (*Erigeron uniflorus*), viele Arten der arktischen Heidelandschaft.

Flora der Sümpfe, Quellen und Flussbetten

Sumpfgebiete sind schon von weitem an dem verstreuten Vorkommen von Schmalblättrigem Wollgras zu erkennen. In einigen Sümpfen sind die flauschigen Wattebällchen schneeweiß und bilden eine dichte Vegetation – ein erstes Anzeichen für eine Population von Scheuchzers Wollgras.

In den Bergen weisen leuchtend hellgrüne Moosbänder auf Quellen hin, attraktive Standorte für die Pflanzenjagd. Bach-Quellkraut, Moor-Steinbrech, Stern-Steinbrech, Fetthennen-Steinbrech (in Ostisland) und Sumpf-Dotterblume sind an solchen Stellen häufig, doch in der Regel gibt es noch einige andere interessante Arten zu entdecken.

Seeufer sind eher arm an Wildblumen, aber flache Seen weisen oft eine Reihe interessanter Blumen auf. Regelmäßig trifft man auf Tannenwedel, der wie ein wasserdurchtränkter Miniatur-Fichtenwald aus dem Wasser ragt, manchmal vergesellschaftet mit Haarblättrigem Wasserhahnenfuß oder Nordischem Hahnenfuß.

Wildblumen der Moore und Bachufer

Bach-Quellkraut (*Montia fontana*), Sumpf-Dotterblume (*Caltha palustris*), Fieberklee (*Menyanthes trifoliata*), Stern-Steinbrech (*Saxifraga stellaris*), Weißblütiger Bach-Steinbrech* (*Saxifraga rivularis*), Moor-Steinbrech (*Saxifraga hirculus*), Fetthennen-Steinbrech (*Saxifraga aizoides*; Osten), Isländische Sumpfkresse (*Rorippa islandica*), Echte Engelwurz (*Angelica archangelica*), Sumpf-Veilchen (*Viola palustris*), Tannenwedel (*Hippuris vulgaris*), Scheuchzers Wollgras (*Eriophorum scheuchzeri*)

Nehmen Sie sich etwas Zeit, um die vorübergehend überschwemmten Grasflächen und Kiesbänke entlang der Flüsse, vor allem im Norden Islands, abzusuchen. Solche Standorte sind in der Regel sehr vielversprechend mit einer Kombination aus Wildblumen offener Heidelandschaften wie Alpen-Pechnelke, Gewöhnlichem Fettkraut, Nördlicher Waldhyazinthe, Sumpf-Herzblatt (oft in sehr großen Mengen) und einigen für Fluss- und Kiesbänke typischen Pflanzen wie Arktischem Mohn, Arktischem Weidenröschen und Arktischer Saumnarbe* (*Lomatogonium rotatum*).

Flora der Klippen und Lavaspalten, Schneeböden und heißen Quellen – Mikrolebensräume

Die Lavafelder und die arktischen Hochlandwüsten sind unwirtliche Orte für Pflanzen. Dem rauen Winterklima und hohen Weidedruck während des kurzen Sommers können viele Arten nicht standhalten. Es gibt jedoch ein paar Oasen – Orte, an denen Pflanzen, darunter viele Moos- und Flechtenarten, Schutz finden. Zu den auf Island häufig anzutreffenden Kleinstlebensräumen gehören Schneeböden, Klippen und Lavaspalten sowie heiße Quellen.

Die jungen Lavafelder bilden eine extreme Umgebung für Wildblumen, aber in den Spalten dazwischen sind die Bedingungen viel stabiler. Dort sind die Pflanzen vor Frost und austrocknenden Winden geschützt und vor Schafen sicher. Außerdem spülen Regen, Schnee und Wind Nährstoffe hinein. Der einzige Nachteil ist hier der Schatten. Daher werden die Lavaspalten von schattentoleranten, großblättrigen Pflanzen wie Buche und Wald-Frauenfarn sowie von Waldpflanzen wie Einbeere und Wald-Storchschnabel bevorzugt. Zwischen den Felsen wachsen, wie an den Klippen andernorts im Land, Rosenwurz, Steinbreche, Zerbrechlicher Blasenfarn und andere Farnarten.

Ein Großteil der botanischen Schätze der Lavafelder ist in Spalten zu finden, geschützt vor den Elementen.

Schneeböden sind Vertiefungen in der Landschaft, in denen der Schnee liegen bleibt. Der Schnee isoliert die Pflanzen in diesen Vertiefungen. Dieser Vorteil hat jedoch einen hohen Preis: Der Schnee bleibt bis weit in den Sommer hinein liegen, wodurch das Pflanzenwachstum gehemmt und die Vegetationsperiode verkürzt wird. Die Pflanzen der Schneeböden müssen in der Lage sein, ihren Zyklus in dieser kurzen günstigen Zeit zu vollenden. Pflanzen, die dazu in der Lage sind, sind winzig klein, wie Moosige Schuppenheide, Alpen-Gelbling, Zwerg-Ruhrkraut und Alpen-Flachbärlapp.

Die isländische Kälte ist für die Flora ein prägender Faktor, außer in geothermischen Gebieten. Die Erdwärme erwärmt den Boden ständig, sodass

Im Frühsommer, wenn die kleinen zarten Glöckchen erscheinen, ist die Moosige Schuppenheide eine attraktive Pflanze. Doch erst außerhalb der Blütezeit wird deutlich, woher diese Pflanze ihren Namen hat: Die winzigen, beblätterten Zweige sind kaum von Moos zu unterscheiden.

sich eine wärmeliebende Vegetation entwickeln kann. An Orten, an denen die Bodentemperatur nur geringfügig erhöht ist, entwickelt sich eine typische Gesellschaft, die vom Arktischen Thymian dominiert wird – ein schöner Anblick zur Blütezeit im Frühsommer. Weitere regelmäßig vorkommende Arten sind Klippen-Leimkraut, Gewöhnliche Braunelle und Einjährige Fetthenne, aber auch zahlreiche typische Heidearten.

In den sumpfigen heißen Quellen kommen einige bekannte europäische Arten der gemäßigten Zone vor, die auf Island nur unter dem direkten Einfluss der geothermischen Wärme wachsen, wie z. B. Sumpf-Ruhrkraut, Blauer Wasser-Ehrenpreis und Wasserminze. Attraktivere, aber sehr seltene Arten der heißen Quellen sind der winzige Farn Azoren-Natterzunge und Wasser-Dickblatt.

Klippen und Lavaspalten

Rostroter Wimperfarn (*Woodsia ilvensis*), Alpen-Wimperfarn (*Woodsia alpina*), Gewöhnlicher Tüpfelfarn (*Polypodium vulgare*), Lanzen-Schildfarn (*Polystichum lonchitis*), Zerbrechlicher Blasenfarn (*Cystopteris fragilis*), Gewöhnlicher Buchenfarn (*Phegopteris connectilis*), Wald-Storchschnabel (*Geranium sylvaticum*), Schnee-Steinbrech (*Saxifraga nivalis*), Einbeere (*Paris quadrifolia*)

Schneeböden

Alpen-Flachbärlapp (*Diphasiastrum alpinum*), Zwerg-Hahnenfuß (*Ranunculus pygmaeus*), Alpen-Gelbling (*Sibbaldia procumbens*), Moosige Schuppenheide (*Cassiope hypnoides*), Zwerg-Ruhrkraut (*Omalotheca supina*)

Heiße Quellen

Azoren-Natterzunge (*Ophioglossum azoricum*), Einjährige Fetthenne (*Sedum annuum*), Wasser-Dickblatt (*Crassula aquatica*), Gewöhnlicher Wassernabel (*Hydrocotyle vulgaris*), Gewöhnliche Braunelle (*Prunella vulgaris*) Blauer Wasser-Ehrenpreis (*Veronica anagallis-aquatica*)

Die isländische Flora – durch Isolation geprägt

Wer schon einmal in Skandinavien oder im schottischen Hochland war – also dort, wo ähnliche Lebensräume wie auf Island vorkommen –, wird feststellen, dass es einige der dort weit verbreiteten Arten auf Island nicht gibt. Wo ist zum Beispiel die Trollblume? Es gibt keinen auf Island heimischen Nadelbaum, mit Ausnahme des Gewöhnlichen Wacholders. Und warum sind Blauheide, Rundblättriger Sonnentau, Siebenstern und Schwedischer Hartriegel auf so spezifische Standorte beschränkt, während ihre bevorzugten Lebensräume weit verbreitet zu sein scheinen?

Das ergibt durchaus Sinn, wenn man bedenkt, dass Island eine isolierte Insel ist, auf der es für Arten schwer ist, sich anzusiedeln. Island ist nicht nur im geografischen Sinne isoliert, sondern – noch viel wichtiger – auch im biologischen. Biologisch gesehen ist es einer der isoliertesten Orte der Welt. Da Island eine Vulkaninsel ist, war es nie Teil eines Kontinents. Es ist buchstäblich aus dem Meeresboden emporgestiegen und hatte daher kein biologisches Erbe, wie z. B. Großbritannien, als es sich vom europäischen Festland trennte. Jede Art musste von irgendwo anders her nach Island gelangen. In diesem Sinne ist Island wie die Azoren, Madeira und die Kanarischen Inseln – ein biologischer Neuanfang, aufgetaucht aus dem Meer. Aber es gibt auch einen großen Unterschied zu diesen Inseln: Island liegt viel weiter nördlich. Der übliche Weg für eine Art, auf eine Insel zu gelangen, ist entweder mit dem Wind oder als „Passagier“ im Magen eines Vogels oder (zufällig) auf einem Wikingerschiff. Aufgrund seiner nördlichen Lage ist Island für Singvögel nur schwer erreichbar, da es am äußersten Ende einer Flugroute liegt. Einschleppungen durch Vögel waren daher selten. Dies ist einer der Gründe für die relativ geringe Anzahl von Pflanzenarten.

Ist eine Pflanze einmal angekommen, muss sie auch noch überleben. Aufgrund der Isolation und der langen Winter haben sich auf Island nur wenige Insektenbestäuber etabliert. Daher sind die Pflanzen im Vorteil, die durch den Wind bestäubt werden – Farne, Moose, Gräser, Seggen und Binsen.

Vulkanische Inseln, wie die bereits erwähnten atlantischen Inselgruppen, weisen in der Regel eine hohe Anzahl endemischer Wildblumen auf. Oft sind bis zu 50 % der Flora ausschließlich auf diesen Inseln zu finden. Anders auf Island. Hier gibt es keine einzige endemische Art (mit Ausnahme von „Mikro-Arten“). Auch hier ist die nördliche Lage der Grund dafür. Island war erst vor 13.000 Jahren das letzte Mal mit Eis bedeckt, aber davor gab es viele partielle oder vollständige Vergletscherungen, die einen Großteil der Flora auslöschten. Island ist also nicht nur ein isoliertes Land mit einem ungünstigen Klima, sondern auch biologisch gesehen ein sehr junges Land, viel jünger als die anderen Atlantikinseln.

Seltsame Verbreitungsgebiete

In Anbetracht der vorangegangenen Ausführungen ist es nicht verwunderlich, dass viele isländische Wildblumen im ganzen Land vorkommen, und zwar oft in viel größerer Zahl als in den anderen europäischen Ländern. Ist die Hürde der Ansiedlung erst einmal genommen, gibt es eine große Fläche zu besiedeln, auf der wenig Konkurrenz herrscht.

Umso bemerkenswerter ist es, dass viele andere isländische Wildblumen gar nicht weit verbreitet sind. Vielmehr kommen sie in sehr begrenzten Gebieten vor, während ihr Lebensraum in ganz Island zu finden ist. Blättert man durch die Flora Islands (siehe Seite 245), findet man viele Pflanzen, die nur im Westen und Nordwesten anzutreffen sind. Beispiele dafür sind Schwedischer

Die rundblättrige Glockenblume ist ein entzückender Anblick und kommt nur im Osten Islands vor, dort jedoch bemerkenswert häufig.

Hartriegel und Krauser Rollfarn. Im Osten Islands ist die Rundblättrige Glockenblume eine häufige Straßenrandpflanze, während der Fetthennen-Steinbrech recht häufig die Bachufer säumt. Diese Arten kommen nur in Ostisland vor, auch wenn es im Rest des Landes nicht an Straßenrändern oder Bachufern mangelt. Blauheide ist in Heidelandschaften zu finden, allerdings nur in der Bucht von Akureyri. In diesem Gebiet gibt es viele einzigartige Wildblumen. Arktische Primel* (*Primula stricta*), Blättriger Steinbrech, Großblütiges Wintergrün, Alpines Katzenpfötchen* (*Antennaria alpina*) und Einblütige Glockenblume sind allesamt Arten, die im Gebiet von Akureyri oder der unmittelbaren Umgebung anzutreffen sind.

Dies ist zum Teil auf die klimatischen Unterschiede zurückzuführen. Der Norden (das Gebiet Siglifjördur – Akureyri – Mývatn – Kópasker; siehe Karte auf Seite 93) hat ein kontinentaleres, arktisches Klima als der Rest des Landes, mit einer schweren Schneedecke im Winter und einem kurzen, aber sonnigen und warmen Sommer.

Die West- und Ostfjorde haben ein älteres Grundgestein als der zentrale Teil des Landes, was ebenfalls eine Rolle dabei spielen kann, dass einige Arten auf eines dieser Gebiete beschränkt sind.

Dies allein kann jedoch nicht die seltsamen Verbreitungsgebiete vieler Arten erklären. Diese lassen sich am besten durch den Kolonisationseffekt verstehen: Ob eine Pflanze an einem bestimmten Ort vorkommt, hängt davon ab, ob sie sich in der Nähe des Ortes befindet, an dem sie sich zuerst auf Island angesiedelt hat.

Dies ist eine neue Perspektive für Besucher vom europäischen Festland, die gewohnt sind, ihre natürliche Umgebung als Ruine im folgenden Sinne zu betrachten: Was einst ein großes, intaktes und artenreiches Gebiet war, ist heute weitgehend zerstört. Nur hier und da sind noch Reste des ursprünglichen Lebensraums vorhanden. Die empfindlicheren Arten sind drastisch zurückgegangen und leben nur noch in diesen Überbleibseln intakter Lebensräume. Wenn jedoch die Bedingungen an einem bestimmten Standort für eine Art günstig sind, ist die Wahrscheinlichkeit ihres Vorkommens groß, da sie nie wirklich verschwunden war.

Der beste Trick von Naturforschern, um gesuchte Wildblumen zu finden, besteht daher darin, die Stellen zu erkennen, an denen die Bedingungen für eine bestimmte Art optimal sind. Dieses „Lesen der Landschaft“ verspricht den größten Erfolg.

Auf Island versagt dieser Trick jedoch oft, da nicht so sehr der Lebensraum, sondern der Kolonisationseffekt über das Vorkommen einer Art entscheidet. Island war historisch gesehen artenfrei. In den letzten 13.000 Jahren entwickelten sich die Lebensräume langsam, als neue Arten zufällig auf die Insel gelangten und sich allmählich ausbreiteten. Das Verbreitungsgebiet der Neuankömmlinge spiegelt nicht die Lage geeigneter Lebensräume wider, sondern lediglich den Punkt, an dem sie sich erstmals ansiedelten, sowie das Gebiet, in dem sie sich von da aus ausbreiten konnten.

Die Besiedlung Islands durch neue Arten ist ein fortlaufender Prozess, und die heutigen Verbreitungsgebiete werden sich als nicht mehr als eine Momentaufnahme erweisen. Was wir heute als eine östliche Art bezeichnen, wird in Zukunft vielleicht weit verbreitet sein. Ein guter Kandidat ist die Rundblättrige Glockenblume, die zunehmend an Straßenrändern und auf Reitwegen in Zentral-, Nord- und Südisland auftaucht. Eine dauerhafte Population hat sich hier noch nicht etabliert. Ob dies in Zukunft der Fall sein wird, lässt sich nicht mit Sicherheit vorhersagen, aber es ist wahrscheinlich, dass auch diese Art eines Tages in ganz Island verbreitet sein wird.

Die Besiedlung Islands durch neue Blumenarten wurde mit der Ankunft der Menschen stark beschleunigt. Viele Arten der isländischen Wiesen und des Graslandes wurden von den Siedlern – absichtlich oder unabsichtlich – eingeführt. Solche Einschleppungen finden auch heute noch statt, fast jährlich werden neue Arten registriert.

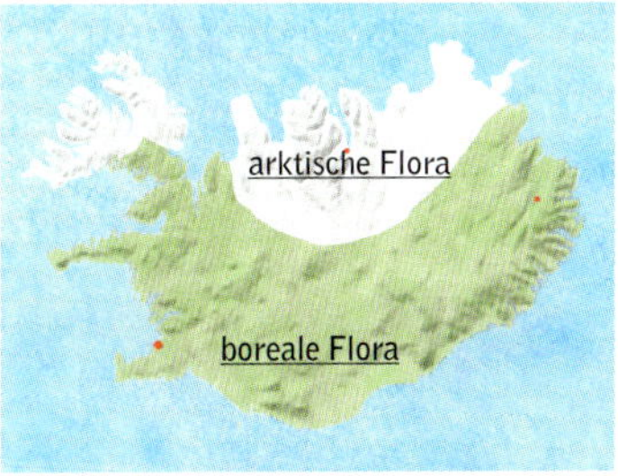

Die vorherrschenden botanischen Gebiete Islands. Im Norden dominiert die arktische Flora, während im Süden, Westen und Osten die meisten Pflanzen zur borealen Flora gehören.

Die Nunatak-Theorie

Nunataks (ein Wort der Inuit) sind steile, felsige Vorsprünge, die aus Gletschern herausragen. Sie sind so hoch und steil, dass sie eisfrei bleiben und den eisigen und austrocknenden Winden ausgesetzt sind. Sie müssen zu den unwirtlichsten Orten der Welt gehören.

Dennoch wurde lange Zeit angenommen, dass auf den Nunataks ein Teil der heutigen isländischen Flora die Eiszeiten überlebt hat. Eine Untersuchung der wenigen Nunataks Islands, die heute aus dem Gletscher Vatnajökull herausragen, ergab das Vorkommen von nicht weniger als 80 Arten von Gefäßpflanzen!

Die Theorie, dass ein Teil der isländischen Flora die Eiszeiten auf Nunataks überlebt hat, wurde aufgegeben, als sich herausstellte, dass viele der Arten, die im Land nachgewiesen wurden, dort niemals hätten überleben können. Abgesehen von den Nunataks waren eisfreie Küstenregionen notwendig, um die Verbreitung von Wildblumen zu erklären. Klimatologische Untersuchungen zeigen keine Hinweise auf solche eisfreien Gebiete. Tatsächlich wird heute bezweifelt, ob es während der Eiszeiten Nunataks gab. Möglicherweise war das Land vollständig von Eis bedeckt.

Einige auffällige Pflanzengruppen

Die folgenden Artengruppen sind auf Island besonders stark vertreten.

Moose Auf Island kommen über 600 Moosarten vor, das ist mehr als die Zahl der Wildblumen (489). An den meisten von ihnen wird man unbemerkt vorbeigehen, doch manche Arten sind atemberaubend schön. Sehr auffällig sind die Zackenmützenmoose (*Rhacomitrium*), die auf jungem Lavagestein wachsen. Die graugrüne Farbe und das weiche, kissenartige Aussehen bilden einen besonders schönen Kontrast zur scharfen, dunklen Lava.

Farne Mit 22 Farnarten ist diese Gruppe der sporentragenden Pflanzen in der isländischen Flora gut vertreten. Die meisten von ihnen sind auf Klippen und Fels- und Lavaspalten beschränkt. Einige interessante Arten, denen man auf den Routen in diesem Buch begegnen kann, sind Rostroter Wimperfarn, Alpen-Wimperfarn, Lanzen-Schildfarn, Gewöhnlicher Buchenfarn und Eichenfarn.

Seggen Nicht weniger als 45 Arten von Seggen kommen auf Island vor. Sie sind unter anderem deshalb so erfolgreich, weil sie für ihre Bestäubung nicht auf Insekten angewiesen sind. Seggen sind in allen Lebensräumen zu finden, auch auf den kargsten, windgepeitschten Plateaus. Eine besondere und auffällige Art ist die Segge *Carex lyngbei*, die in Sumpfgebieten dominiert. Sie ist eine von insgesamt neun amerikanischen Pflanzenarten, die in Europa nur auf Island vorkommen (obwohl es im Falle der Seggen auch einen Standort auf den Färöer gibt).

Steinbreche Steinbreche sind arktisch-alpine Pflanzen par excellence. Fünfzehn Arten kommen auf Island vor, die meisten von ihnen sind weißblütig und im Hochland oder auf Klippen anzutreffen. Mehrere Arten (z. B. *Saxifraga rivularis*, Stern-, Fetthennen- und Moor-Steinbrech) kommen entlang moosiger Bäche vor.

Enziane Die Familie der Enziane ist mit 7 Arten vertreten. Alle sind attraktiv und einige sind deswegen interessant, weil sie in südlichen Ländern nicht vorkommen. Schnee- und Feld-Enzian sind die am weitesten verbreiteten Arten, die auf Trockenrasen, vor allem an der Küste, zu finden sind. Die Enziane *Gentianella aurea, Gentianopsis detonsa* und Bitterer Kranzenzian sind nördliche Arten und kommen häufig an der Küste vor. Zarter Enzian und Arktische Saumnarbe kommen entlang von Bächen vor, meist im Landesinneren, und sind daher schwerer zu finden. Enziane blühen erst Ende Juni, manche sogar noch später.

Orchideen Es mag überraschen, aber wir haben noch nie so viele Orchideen gesehen wie auf Island, wenn auch nur wenige Arten. Auf den Trockenrasen und Heiden im ganzen Land wachsen buchstäblich Millionen von ihnen. Von den 7 auf Island vorkommenden Arten ist die Nördliche Waldhyazinthe (eine amerikanische Art) am weitesten verbreitet und auf praktisch allen Heideflächen zu finden, regelmäßig in Gesellschaft von Hohlzunge, (Nördlichem) Weißzüngel und Korallenwurz (die beiden letzteren in geringerer Anzahl). Zweiblatt ist recht selten und wächst in üppigen Wäldern. Das Kleine Zweiblatt ist eine Art der moosigen Heidelandschaft. Es ist ziemlich weit verbreitet, wird aber leicht übersehen und ist daher die am schwersten zu entdeckende Orchidee. Geflecktes Knabenkraut mit seinen auffälligen rosafarbenen Blüten schließlich ist mehr lokal verbreitet, dort aber dann reichlich vorhanden.

Säugetiere

Die beste Chance, Polarfüchse zu sehen, hat man in den Westfjorden: auf den Routen 9 bis 12, vor allem aber auf Hornstrandir (Ziel A auf Seite 172) und Heidalur und beim Polarfuchszentrum (Ziel D und E auf Seite 173-174). Die größte Chance, Wale und Delfine zu beobachten, besteht auf den Routen 4, 7 und 13, aber noch besser auf einer Walbeobachtungstour (siehe Seite 247). Robben sieht man relativ häufig auf Route 20 und an den Zielen A, B, C und F auf den Seiten 172-175 und B auf Seite 213.

Als die Wikingersiedler auf Island ankamen, trafen sie nur auf ein einziges Landsäugetier: den Polarfuchs. Dieser kleine, stumpfnasige Verwandte des uns vertrauten Fuchses ist das einzige natürlich vorkommende Säugetier Islands, auch wenn sich gelegentlich Fledermäuse aus dem Süden hierher verirren und Eisbären auf Eisschollen aus dem Norden herantreiben. Für Fledermäuse ist der Sommer jedoch zu kurz, und Eisbären können ohne Meereis, von dem aus sie jagen, nicht überleben.

So konnte sich nur der Polarfuchs etablieren. Er jagt nach Schneehühnern, Eiern und Seevögeln und ergänzt diesen Speiseplan saisongebunden mit Beeren und allem Essbaren, das an Land gespült wird. Der Winter ist eine harte Zeit für Polarfüchse und manchmal sterben über 50 % der Tiere. Verkraftet werden diese Verluste durch sehr große Würfe – mit bis zu 20 Welpen die größten aller Landraubtiere der Welt.

Polarfüchse haben im Winter ein vollständig weißes Fell, das sie in den Sommermonaten durch ein bräunliches Fell ersetzen. Die normalerweise seltene „blaue“ Form des Polarfuchses ist auf Island recht häufig anzutreffen. Etwa zwei Drittel der Population haben das ganze Jahr über ein schiefergraues (nicht blaues) Fell, das gut an die dunkle Lava angepasst ist.

Ein Polarfuchs stiehlt das Ei einer Eiderente. Die Vorliebe für diese Eier hat dem Polarfuchs seinen schlechten Ruf eingebracht und ist einer der Gründe, warum er auf Island immer noch verfolgt wird.

Rentiere wurden auf Island eingeführt. Es gibt mehrere Herden, die sowohl im Hochland als auch im Tiefland Ostislands umherziehen.

Seit der Ankunft der ersten Siedler hatten Füchse einen schweren Stand. Sie wurden stark verfolgt, in einigen Gebieten bis heute. Der Grund für die Feindseligkeit der Isländer gegenüber dem einzigen natürlich vorkommenden Säugetier ist die Vorliebe des Polarfuchses für die Nester der Eiderenten und sein Ruf, Lämmer zu erbeuten.

Da Polarfüchse immer noch gejagt werden, sind sie Menschen gegenüber misstrauisch. Obwohl sie überall im Land vorkommen, ist ihre Zahl gering. Nur in der Region der Westfjorde, insbesondere im Naturschutzgebiet Hornstrandir, wo die Füchse nicht gejagt werden, kommen sie häufig vor und sind neugierig.

Eisbärensichtungen auf Island

Eisbären stranden regelmäßig auf dem Meereis. Während der Kälteperioden im Winter, wenn das Treibeis bis nach Island gelangt, können sie bis zu den Basaltufern vordringen. Dies geschieht relativ häufig – wenn auch in unregelmäßigen Abständen. Im Durchschnitt wird alle zwei Jahre ein Eisbär auf Island gesichtet, meistens im Frühjahr, doch es gibt auch Beobachtungen im Sommer. Aus Sicherheitsgründen werden Eisbären abgeschossen, obwohl manche Leute inzwischen dafür plädieren, die Bären zu betäuben und nach Grönland zurückzubringen.

Eingeführte Säugetiere

Seit ihrer ersten Ankunft haben die Menschen Säugetiere auf Island eingeführt. Rentiere wurden im 18. Jahrhundert eingeführt, als Versuch eines neuen landwirtschaftlichen Erwerbszweigs. Heute streifen kleine Herden durch die Hügel und das Hochland Ostislands. Eine Reihe von Nagetierarten wurde von den Wikingern und späteren Einwanderern eingeschleppt. Hausmaus und Wanderratte leben vor allem in Städten und Dörfern. Die Waldmaus kam schon früh mit den ersten Siedlern.

Der Amerikanische Nerz entkam aus Pelzfarmen, die im 20. Jahrhundert eine neue Industrie bildeten. Dieses Mitglied der Marderfamilie ist ein wilder und unersättlicher Jäger von Vogeleiern mit negativen Auswirkungen auf die einheimischen Vogelbestände.

Meeressäugetiere

Den Großteil der isländischen Säugetiervielfalt findet man nicht an Land, sondern im Meer. Es gibt 15 Wal- und Delfinarten, sowie zwei Robbenarten, die regelmäßig in den isländischen Gewässern anzutreffen sind. Die Walbeobachtung ist ein echtes Highlight eines jeden Islandbesuchs. In einem Boot auf einem Fjord zu sitzen, während Papageitaucher und andere Alken vorbeifliegen, und darauf zu warten, dass ein Wal oder Delfin an die Oberfläche kommt, ist ein spannendes Erlebnis. Man weiß nie, wo die Tiere auftauchen und in welcher Entfernung vom Schiff.

Die am häufigsten beobachtete Art ist der Zwergwal. Er ist der kleinste der Bartenwale – der Arten, die große Hornplatten (Barten) in ihrem Maul haben, mit denen sie Krill, ihre Hauptnahrung, aus dem Meerwasser sieben. Bartenwale sind die größten Tiere der Erde, und obwohl der Zwergwal der kleinste Vertreter dieser Gruppe ist, misst er immer noch gewaltige 7 bis 10m in der Länge. Zwergwale sind regelmäßig in Küstennähe auf Nahrungssuche.

Ein weiterer recht häufig anzutreffender Bartenwal ist der Buckelwal. Er erreicht eine Länge von fast 20m und ist für seine spektakulären Sprünge aus dem Wasser bekannt. Die macht er zwar nicht immer, doch auf einer Walbeobachtungstour kann man manchmal eine beeindruckende Show erleben.

Vor der Nordwestküste, in der Regel 40 bis 60 km weit draußen im Meer, kommen die riesigen Sei-, Finn- und Blauwale vor. Der Blauwal ist das größte Säugetier der Welt, manche Tiere werden über 30m lang. In der Regel sind sie Einzelgänger.

Es gibt 6 Arten von Zahnwalen, die in den isländischen Gewässern häufig oder regelmäßig vorkommen. Diese Tiere ernähren sich hauptsächlich von Fischen oder Tintenfischen. Der größte von ihnen ist der Pottwal, der nur

Orcas kommen oft sehr nahe an die Küste heran.

Bestimmung von Walen und Delfinen

Die Bestimmung von Walen und Delfinen ist nicht immer einfach. Sie tauchen meist nur kurz auf und da man nie genau weiß, wo, muss man bei der Bestimmung schnell sein. Wale und Delfine werden in der Regel anhand der Kombination aus Schnauzen-, Finnen- und Flukenform, der Form der Fontäne, dem Verhalten und Standort identifiziert. Im Folgenden sind einige Merkmale der Wale und Delfine Islands aufgeführt:

Zwergwal

Merkmale: Gebogene Finne.
Verhalten: Ziemlich unscheinbar. Fluke (Schwanzflosse) nie sichtbar. Einzelgänger.
Vorkommen: Häufig, sowohl in Küstennähe als auch weiter draußen.
Beobachtung: Auf allen Touren und von Aussichtspunkten aus.

Buckelwal

Merkmale: Kleine Flosse auf dem Buckelrücken. Taucht mit gewölbtem Rücken, große Fluke mit gefurchten Rändern. Sehr große (seitliche) Brustflossen. Warzige Schnauze.
Verhalten: sehr unterschiedlich, kann aber springen, die Schnauze oder Fluke deutlich zeigen (besonders vor einem tiefen Tauchgang), meist einzelgängerisch.
Vorkommen: Regelmäßig an den Mündungen von Fjorden anzutreffen.
Beobachtung: Alle Touren.

Blauwal

Merkmale: Großer flacher Rücken mit kleiner Rückenfinne weit hinten (oft erst zu sehen, wenn das Tier bereits seinen Tauchgang beginnt). Graublaue Farbe.
Verhalten: Sanft, lässt sich Zeit, bevor er wieder ruhig abtaucht. Zeigt selten die Fluke, erzeugt einen massiven Schlag, höher als die kleineren Arten. Einzelgänger.
Vorkommen: Weit vor der Küste im Nordwesten.
Beobachtung: Längere Touren von Ólafsvík und Húsavík aus.

Pottwal

Merkmale: Dreieckige Finne. Sehr großer rechteckiger Kopf, faltige Haut. Dreieckige v-förmige Fluke.
Verhalten: Bleibt lange an der Oberfläche (etwa 8 Minuten). Auffällig sprühende Fontäne.
Vorkommen: Für kurze Zeit weit vor der Küste im Nordwesten. Einzelgänger.
Beobachtung: Selten – Touren von Ólafsvík.

Schwertwal

Merkmale: Unverwechselbare große Rückenfinne. Unverwechselbare schwarz-weiße Haut. Oberseite der Fluke schwarz, Unterseite weiß.
Verhalten: Kommt in Gruppen vor. Kann springen, Fluke zeigen, lange an der Oberfläche bleiben.
Vorkommen: In Fjorden (Spätwinter – Frühsommer) und der Tiefsee (Rest des Jahres).
Beobachtung: Aussichtspunkte an der Westküste und Whale-Watching-Touren von Ólafsvík aus. Im Winter auch auf Touren von Reykjavík aus.

Weißschnauzendelfin

Merkmale: Unverwechselbar – der einzige typische Delfin mit hübscher dunkelgrau-weißer Zeichnung.
Verhalten: Kommt in (großen) Gruppen vor. Schneller Schwimmer, der ins und aus dem Wasser springt.
Vorkommen: Sowohl in Fjorden als auch in der Tiefsee.
Beobachtung: Alle Touren und Aussichtspunkte sowie Fähre über den Breiðafjörður.

Schweinswal

Merkmale: Sehr klein. Dunkel. Dreieckige, relativ große Rückenfinne.
Verhalten: Meidet Boote, oft nur kurz sichtbar. Fluke nie sichtbar.
Vorkommen: Meistens in Fjorden, wo er häufig, aber nicht leicht zu entdecken ist.
Beobachtung: Alle Whale-Watching-Touren, Route 13.

während einer sehr kurzen Zeit im Sommer im Nordwesten zu sehen ist. Nur die Männchen begeben sich so weit nach Norden bis nach Island.
Viel häufiger sind die spektakulären Schwertwale oder Orcas. Sie leben in kleinen Gruppen und jagen nach Heringen. Schwertwale erreichen eine Länge von fast 9 m. Im Frühjahr und Frühsommer sieht man sie regelmäßig in der Nähe der Küste der Halbinsel Snæfellsnes. Im Winter ziehen sie tiefere Gewässer vor.
Unter den Delfinen werden Weißschnauzendelfin und Schweinswal häufig beobachtet. Weißschnauzendelfine sind vor allem im Westen Islands anzutreffen, wo sie manchmal große Gruppen bilden. Die Fähre nach Flatey (Route 8) ist ein guter Ort, um sie zu erspähen. Der Schweinswal ist der kleinste (bis zu 2 m) und scheueste der Walartigen (Wale und Delfine) und in den kabbeligen isländischen Gewässern nur schwer zu entdecken, obwohl er häufig vorkommt.
Seltener beobachtete Walartige sind der Nördliche Große Tümmler (meist im Sommer vor der Südostküste) und der Grindwal (im Herbst entlang der Südküste).

Robben

Island beherbergt eine große Population von Robben. Sowohl Seehunde als auch Kegelrobben ziehen überall an der Küste ihre Jungen groß, aber es gibt einige besondere Orte im Norden (z. B. die Ziele A, B, C und F ab Seite 172) und im Südosten (20), wo man sie fast garantiert sehen kann. Seehunde (erkennbar an ihren abgerundeten, sanfteren Gesichtern) lassen sich oft auf Sandbänken nieder, während Kegelrobben lieber an felsigen Küsten ruhen. In den Wintermonaten besuchen gelegentlich einige arktische Robbenarten Island. Ringelrobbe, Sattelrobbe, Bartrobbe, Klappmütze und Walross wurden alle schon gesichtet.

Seehunde kehren oft an bestimmte Stellen an der Küste zurück, um zu ruhen. Dadurch sind sie einfach zu orten. Ihr graues Fell ist jedoch eine gute Tarnung, sodass sie leicht übersehen werden.

Vögel

Die reichhaltigsten Standorte für Brutvögel der Feuchtgebiete befinden sich auf den Routen 1, 2, 6, 19, 20 und vor allem 14 (Mývatn). Sehr lohnenswert ist auch der Öxafjörður (Ziel H auf Seite 205). Während der Zugzeit sind die Routen 2, 6, 20 und die Ziele F auf Seite 215 und F und G auf Seite 228 besonders interessant. Große Seevogelkolonien gibt es auf den Routen 4, 5, 7, 9, 18 und 19 sowie an den Zielen A (Aussichtspunkt) und B auf Seite 141, sowie A auf Seite 172 und I auf Seite 206. Schneehühner und die brütenden Watvögel der Gras- und Heidelandschaft sind auf ganz Island zu finden. Besonders attraktiv, auch für die Fotografie, sind die Routen 2, 6, 8, 13 und Ziel F auf Seite 174. Greifvögel lassen sich am besten auf den Routen 11, 12, 14 und 17 beobachten. Einen Leitfaden für die Beobachtung der einzelnen Arten gibt es auf Seite 250.

Island ist ein Paradies für Vogelbeobachter. Sucht man im Internet nach Fotos von Island in Kombination mit Vögeln, oder besser noch auf der Website eines Naturfotografen, so weiß man, warum: Prachtvolle Vögel, oft in nächster Nähe, kommen zu Tausenden vor. Auf Vogelfelsen lärmt und wimmelt es von Papageitauchern, Tordalken und unzähligen Lummen. Die Wiesen sind voller Watvögel. In den Küstenlagunen tummeln sich Odinshühnchen, Singschwäne, Taucher und die unterschiedlichsten Enten. Was Island an Säugetieren, Reptilien und Insekten fehlt, macht es mit Vögeln wett, deren Zahl selbst den strengsten Nicht-Vogelkundler beeindruckt.

Vogelbeobachter werden nicht nur durch die schiere Anzahl der Vögel belohnt, sondern vielleicht noch mehr durch das Vorkommen einiger sehr begehrter Arten: Eistaucher, Kragenente, Spatelente, Ohrentaucher, Gerfalke, Thorshühnchen und Dickschnabellumme. Bei einem Besuch im Sommer entdeckt man sie wahrscheinlich alle, mit Ausnahme vielleicht des Thorshühnchens, das selten und schwer zu finden ist.

Trotz dieses spektakulären Reichtums gibt es auf Island nur relativ wenige Arten. Nur etwa 77 brüten hier, während weitere 23 die Insel im Winter oder auf dem Durchzug besuchen. Die meisten Brutvögel sind relativ leicht zu finden.

Der Grund für diesen Mangel an Vielfalt ist, wie bei anderen Gruppen auch, die Kombination aus der isolierten Lage Islands im Nordatlantik, dem ziemlich kurzen Zeitraum, seitdem es dem eisigen Griff des Landeises entkommen ist, und den widrigen Winterverhältnissen. Daher sind nur 27 % der isländischen Vögel Standvögel – von allen anderen Arten zieht entweder die gesamte Population oder der größte Teil nur zum Brüten oder Überwintern (eine kleine Zahl) nach Island, oder sie erscheinen dort als vom Wind verwehte Irrgäste.

Die isolierte Lage Islands ist auch die Ursache für zwei weitere Besonderheiten der isländischen Vogelwelt: die geringe Anzahl an Singvogelarten und der

Wiesenpieper gibt es überall auf Island. Sie brüten sogar auf den Lupinenfeldern, wo sonst nicht viel Leben zu finden ist.

hohe Anteil an seltenen Vögeln (etwa 80 %) auf der nationalen Liste – mehr als in jedem anderen europäischen Land! Seit den späten 1960er Jahren finden Liebhaber im Spätherbst regelmäßig eine kleine Anzahl amerikanischer Irrgäste (darunter auch einige „Premieren" in Europa wie Rubingoldhähnchen).

Trotz der beeindruckenden Liste von etwa 370 Arten, die auf Island nachgewiesen wurden, brüten dort jährlich nur 77 (obwohl mehr Arten unregelmäßig brüten). Nur etwa ein Dutzend davon sind Singvögel, nämlich Wiesenpieper, Bachstelze, Steinschmätzer, Rotdrossel, Wacholderdrossel (selten), Amsel (selten), Wintergoldhähnchen, Isländischer Zaunkönig, Star, Haussperling (selten), Schneeammer und die isländische Unterart des Birkenzeisigs. Von diesen kommen Amsel und Haussperling ausschließlich in der Nähe von Wohngebieten vor. Ungefähr ein weiteres Dutzend sind regelmäßige Durchzügler oder Wintergäste. Viele dem europäischen Besucher vertraute Gruppen – Braunellen, Grasmücken, Schwalben, Meisen oder Lerchen – fehlen oder sind seltene Irrgäste.

Dies ist höchstwahrscheinlich darauf zurückzuführen, dass Island weit von den Zugrouten der kleinen Vögel entfernt liegt. Außerdem machen das Winterklima und der Mangel an Wäldern das Land zu einem Ort, an dem kleine Vögel im Winter nur schwer überleben können.

Bei den Brutvögeln Islands handelt es sich, wenig überraschend, hauptsächlich um See- und Wasservögel, für die das Meer kein so großes Hindernis darstellt und reichlich Nahrung zum Überleben und zur Aufzucht der Küken bietet.

Vögel durch das Jahr

Der isländische Vogelkalender ist gut überschaubar: Die brütenden Zugvögel treffen Anfang Mai ein und verlassen das Land je nach Art im August oder September wieder. In diesem Zeitraum ist Island voller Leben. Die fast 24 Stunden Tageslicht ermöglichen es den Vögeln, ihre Jungen durchgängig zu füttern und so das Beste aus dem kurzen Sommer zu machen. Außerhalb dieser Zeit ist das Landesinnere fast verlassen. Nur Kolkraben, Schneehühner, Gerfalken und in den Wäldern eine Handvoll Singvögel bleiben zurück.

Die Küste ist im Winter dagegen recht interessant. Mehrere arktische Vögel verbringen die Jahreszeit vor der Küste und profitieren dort von den guten Fischgründen. Bemerkenswerte Wintergäste sind Elfenbeinmöwe, Krabbentaucher und Prachteiderente. Alle diese Vögel werden jedes Jahr gesehen, sind aber recht selten. Viel häufiger ist die aus Grönland stammende Polarmöwe. Polarmöwen sind fast das ganze Jahr über häufig anzutreffen, außer im Sommer, obwohl sich dann auch immer ein paar nicht brütende Vögel zu Gruppen von Eismöwen gesellen.

Kurz vor und kurz nach der Brutzeit, also etwa im Mai und dann wieder von Mitte Juli bis Ende August, sind bestimmte Gebiete Islands für Durchzügler interessant. Im Frühjahr sammeln sich einige Vögel an den isländischen Küsten, bevor sie zu ihren Brutplätzen im Landesinneren oder in Grönland weiterziehen.

Island ist ein wichtiger Trittstein für einige hocharktische Populationen auf dem ostatlantischen Flugweg nach Grönland und Kanada. Dazu gehören Knutt, Steinwälzer und Sanderling sowie Ringel-, Bläss- und Weißwangengans. Letztere hat rezent angefangen, auf Island zu brüten (siehe Route 23), die meisten der im Frühjahr anwesenden Vögel ziehen jedoch weiter nach Norden.

Einige wenige männliche Prachteiderenten sind das ganze Jahr über an den isländischen Küsten anzutreffen, doch im Winter nimmt ihre Zahl zu. Sie mischen sich normalerweise unter die Eiderenten.

Gute Sammelplätze sind die Lagunen im Süden (Routen 2, 20 und Ziel F auf Seite 215 und F und G auf Seite 228) und Mýrar (Route 6). Hier findet man hohe Konzentrationen von Watvögeln, Singschwänen und Gänsen.

Vogelfotografie

Seien Sie sich bewusst, dass Vögel sich auch gestört fühlen können, obwohl man nahe an sie herankommen kann. Halten Sie genügend Abstand und ziehen Sie sich zurück, sobald sie Anzeichen von Störung bemerken! Was für Sie ein schönes Foto bedeutet, kann für den Vogel zum Verlust von Eiern oder Jungen führen. Auch ein aufgeschreckter Vogelschwarm mag zwar ein spektakuläres Schauspiel sein, die Vögel verbrauchen dadurch jedoch wertvolle Energiereserven.

Der isländische Vogel mit dem höchsten X-Faktor: der Papageitaucher.

Islands Vogel-Highlights

Papageitaucher Papageitaucher liebt jeder. Diese attraktiven „Clowns" des Nordatlantiks sind einfach wunderschön anzusehen. Der Papageitaucher ist der Nationalvogel Islands, und das aus gutem Grund – das Land beherbergt mit schätzungsweise 2-3 Millionen Exemplaren im Herbst die größte Population der Welt. Leider ist er jedoch im Rückgang begriffen. Papageitaucher kann man auf den Routen 4, 5, 8, 9, 18, 19 und 20 sehen.

Kragenente Die vielleicht schönste Entenart Islands und sicherlich eines der vogelkundlichen Highlights. Diese wunderschöne schieferblaue Ente brütet in ganz Sibirien und im pazifischen Raum, und abgelegene Populationen in Ostkanada, Grönland und Island. Während der Brutzeit hat sie einen ganz besonderen Lebensraum gewählt: schnell fließende Flüsse. Außerhalb der Brutzeit hält sie sich auf der rauen See rund um Island auf. Kragenenten findet man während der Brutzeit auf den Routen 3, 14, 19 und 23, und außerhalb der Brutzeit auf 7, 11, 13, 19 und 23.

Gerfalke Dieser mythische Greifvogel ist als der größte Falke der Welt bekannt. In Europa ist er in den Tundren Skandinaviens selten, aber auf Island, wo er auf Schneehühner Jagd macht, viel häufiger. Die Vögel hier sind von der grauen Farbvariante. Gerfalken können auf den Routen 11, 12, 14, 15, 16, 17 und 18 beobachtet werden.

Spatelente Eine amerikanische Art (wie die Kragenente mit einem begrenzten Verbreitungsgebiet in Kanada und den USA), die ihren einzigen europäischen Vorposten auf Island hat. Fast die gesamte Population lebt in der Umgebung des Sees Mývatn. Hier ist sie häufig. Spatelenten findet man auf Route 14 oder an Ziel K auf Seite 145.

Dickschnabellumme Dies ist der nördliche Verwandte der gewöhnlichen Trottellumme und in Europa nur auf Island und im arktischen Norwegen anzutreffen. Sie kommt an der gesamten isländischen Küste vor, ist aber im Nordwesten viel häufiger. Dickschnabellummen kann man auf den Routen 7, 9 und 18 entdecken.

Die Dickschnabellumme ähnelt auf den ersten Blick der Trottellumme, hat aber einen dickeren Hals und Schnabel. Für die Bestimmung ist jedoch vor allem die weiße Linie entlang des Schnabels entscheidend.

Küstenseeschwalben bombardieren im Sturzflug jeden, der sich der Kolonie nähert.

Isländischer Zaunkönig Dieser Vogel ist etwas Besonderes, denn er ist einer von nur drei Vögeln auf Island, deren Unterarten auf der Insel endemisch sind (die anderen sind Birkenzeisig und Uferschnepfe). Der Zaunkönig ist eine typische Art der isländischen Birkenwälder, und da diese heute auf einige wenige Standorte beschränkt sind, ist es der Zaunkönig ebenfalls. Dem Isländischen Zaunkönig begegnet man auf den Routen 1, 3, 10, 15, 17 und 21.

Küstenseeschwalbe Mit über 100.000 Paaren beherbergt Island die größte Küstenseeschwalbenpopulation Europas. Küstenseeschwalben brüten in großen Kolonien im Tiefland. Dieser anmutige Vogel hält den Rekord der jährlichen Zugdistanz. Jedes Jahr fliegen die Brutvögel der Arktis bis in die antarktischen Gewässer. Küstenseeschwalben können auf den meisten Routen beobachtet werden; große Kolonien gibt es auf den Routen 5, 7, 18, 20 und 23.

Thorshühnchen Thorshühnchen sind echte arktische Vögel, die in einem Ring um den Nordpol heimisch sind. In Europa kommen sie nur auf Spitzbergen und Island vor, wo sie selten sind und meist auf kleinen Inseln vor der Küste brüten. Für die Suche nach Thorshühnchen eignet sich Route 8.

Eistaucher Der dritte „amerikanisch"-isländische Vogel ist der Eistaucher. In Europa brütet er nur auf Island. Mit etwa 300 Paaren ist er nicht sehr häufig, aber die Vögel sind auffällig und nicht sehr schwer zu finden. Sie brüten an den Ufern großer Seen. Eistaucher findet man auf den Routen 1, 6, 11, 12, 14 und 18.

Skua Die beeindruckende (und aggressive) Skua hat auf Island die größten Populationen der Welt. Ihr Vorkommen ist hier fast ausschließlich auf die großen Sanderebenen im Süden beschränkt. Skuas kommen auf den Routen 2, 4, 5, 18, 19 und vor allem 23 vor.

Mitte Juli kehren die Vögel an die Küste zurück, jetzt mit Verstärkung der neuen Jungvögel. Sie bleiben eine Weile, um sich zu „mästen", bevor sie ihre Reise nach Süden über die unruhige atlantische See antreten.

Vögel der Sumpfgebiete und Flüsse

Die bedeutendsten Lebensräume für Vögel sind die Sümpfe, Seen und Flüsse. Dort halten sich zahlreiche Enten, Seetaucher, Lappentaucher und Watvögel auf.

Nicht weniger als 16 Entenarten brüten jährlich auf Island, und alle, außer Eiderente und Brandgans, in den Sumpfgebieten. Die häufigsten Entenarten Islands sind Stockente, Pfeifente, Krickente, Bergente und Reiherente. Diese Arten kommen im ganzen Land auf den verschiedenartigsten Seen vor. Weniger häufig sind Schnatterente, Löffelente und Spießente. Diese Enten aus dem gemäßigten Europa sind auf Island auf nährstoffreiche Seen mit reicher Wasservegetation beschränkt. Man findet sie nur in bestimmten Sumpfgebieten, z. B. in der Umgebung von Akureyri, Djúpivogur (Route 20) und dem Mývatn (Route 14).

Der Mývatn ist zweifellos das reichhaltigste Sumpfgebiet des Landes, dank der Milliarden kleiner Fliegen und unzähligen Stichlingen, die im See leben. Hier findet man neben Tausenden von Berg-, Krick- und Reiherenten auch große Anzahlen von Spatelenten, Eisenten und Trauerenten. Sie teilen sich ihren Lebensraum mit Ohrentauchern (größtenteils auf das weitere Mývatn-Gebiet beschränkt), Sterntauchern, Singschwänen, Odinshühnchen, Lachmöwen und Küstenseeschwalben.

Die schnell fließenden Flüsse sind die Heimat von drei weiteren schönen Entenarten. Die am weitesten verbreitete ist die Kragenente, die im ganzen Land brütet, aber besonders häufig am Laxá-Fluss (wiederum!) am Mývatn anzutreffen ist. Die beiden anderen sind der fischfressende Gänsesäger und der Mittelsäger, wobei letzterer in vielen verschiedenen Sumpfgebieten brütet.

Weit im Hochland gibt es mehrere Gebiete mit Seen und Flüssen, die wichtige Brutgebiete für Vögel darstellen. Zwei Arten sind hier besonders

Der Inbegriff der nordischen Vogelwelt: Sterntaucher auf einem ruhigen Tundrasee.

Der Mittelsäger ist einer der am weitesten verbreiteten Entenvögel Islands.

hervorzuheben: die Kurzschnabelgans und der Meerstrandläufer. Die Kurzschnabelgans hat auf Island und Grönland eine große Brutpopulation, die in den letzten Jahrzehnten enorm zugenommen hat. Eine andere Population brütet auf Spitzbergen. Island beherbergt außerdem die größte Meerstrandläuferpopulation Europas, die überwiegend in den Sumpfgebieten des Hochlands brütet.

Die Lagunen an der Küste mit ihrem Brackwasser bieten eine andere Art von Nahrung, weshalb dort auch eine andere Gruppe von Vögeln vorkommt. Die Schlickflächen ziehen vor allem kurz vor und nach der Brutzeit zahlreiche Watvögel an. Rotschenkel in großer Zahl teilen sich diese mit Sandregenpfeifern, Austernfischern, Alpenstrandläufern, Brandgänsen und Watvögeln, die in Grönland brüten, wie Sanderling, Steinwälzer und Knutt. Steinige Ufer mit algenbewachsenen Felsen sind das bevorzugte Revier des Meerstrandläufers, aber auch Alpenstrandläufer, Steinwälzer, Sandregenpfeifer und Rotschenkel sind hier regelmäßig anzutreffen. Einige dieser Brackwasserlagunen, zumeist die nährstoffreichen und auf abgelegenen Inseln gelegenen, sind der bevorzugte Lebensraum des Thorshühnchens, einer der seltensten brütenden Watvögel Islands.

Weitaus häufiger ist das weniger scheue Odinshühnchen, das rastlos auf vegetationsreichen Süßwasserlagunen umherschwimmt. Es ist vor allem in den Küstenregionen von West-, Nord- und Ostisland verbreitet, allerdings nur während der kurzen Brutzeit von Mitte Mai bis Mitte August. Sowohl Thors- als auch Odinshühnchen gehören zu den wenigen Tierarten, bei denen die Geschlechterrollen vertauscht sind: Die Weibchen sind das konkurrierende Geschlecht, das sich mit verschiedenen Männchen paart. Die Männchen kümmern sich um die Jungtiere. Die Vögel mit dem hellsten Federkleid sind die Weibchen.

Die Küste beherbergt eine vielfältige Vogelwelt. Odinshühnchen (oben) halten sich häufig in Küstenlagunen auf, Tordalke (mitte) suchen steile Klippen auf, während Krähenscharben (unten) ihr Nest auf Schären und an niedrigen, felsigen Küsten bauen.

Seevögel

Seevögel sind die zweite große Attraktion Islands. Egal, ob man ein erfahrener Vogelbeobachter oder einfach Tourist ist, die Kakophonie der Tausenden von Alken auf einer großen, windgepeitschten Meeresklippe beeindruckt jeden.

Vogelfelsen gibt es rund um Island, die größten und spektakulärsten liegen im Westen, wo sich der Grönlandstrom und der atlantische Nordatlantikstrom vereinen und optimale Bedingungen für Fische bieten. Nicht alle Vogelklippen haben die gleiche Zusammensetzung von Arten. Tatsächlich kommen auf keinem Vogelfelsen, nicht einmal Látrabjarg (Route 9), dem größten, alle klippenbewohnenden Arten unter den isländischen Vögeln vor.

Die kleineren Vogelfelsen beherbergen in der Regel Dreizehenmöwen, Trottellummen und Eissturmvögel, alles häufige Arten. In Kolonien an Klippen mit grasbewachsenen Hängen kommen Papageitaucher häufig vor. Papageitaucher sind vor allem auf den Westmännerinseln im Süden, den Vogelfelsen in den Westfjorden und auf der „Papageitaucher-Insel" (Lundey) bei Húsavík sehr zahlreich. Tordalk und Dickschnabellumme sind auf vielen Klippen anzutreffen, vor allem auf den großen im Westen, wie auf Snæfellsnes und den drei großen Vogelfelsen in den Westfjorden: Látrabjarg, Hælavíkurbjarg und Hornbjarg.

Schließlich gibt es noch die Gryllteiste, die überall an der isländischen Küste brütet, aber nie in denselben Konzentrationen wie die anderen Alken. Sie bevorzugt niedrige Klippen zum Brüten und wird regelmäßig dümpelnd auf den ruhigeren Hafengewässern gesichtet.

Die einzige andere Alkenart Europas, der Krabbentaucher, brütet nicht mehr auf Island. Nur im Winter werden vor der Nordküste regelmäßig Krabbentaucher aus Grönland gesichtet, insbesondere in Jahren mit Nordwinden.

Alken sind nicht die einzigen Klippenbrüter. Es gibt auch noch den Eissturmvogel, einen für Vogelbeobachtungsanfänger großartigen Vogel, denn er ist die perfekte Art, um den beeindruckenden Trick der erfahrenen Vogelbeobachter zu erlernen: einen Vogel an seinem „Jizz" zu erkennen. Damit sind die subtilen Merkmale gemeint, die sich aus Farbe, Form, Proportionen und Verhalten ergeben und die es in ihrer Kombination ermöglichen, Vögel über große Entfernungen oder mit einem kurzen Blick zu identifizieren.

Dreizehenmöwen bauen ihre Nester auf winzigen Felsvorsprüngen an senkrechten Steilküsten, manchmal mehrere hundert Meter über dem Meer.

Auf der Abbildung in einem Feldführer scheint ein Eissturmvogel den Möwen sehr ähnlich zu sein. In der Natur jedoch verleiht ihm die Färbung in Verbindung mit dem unverwechselbaren Flug auf steifen, geraden Flügeln und dem dickhalsigen Erscheinungsbild ein einzigartiges „Gefühl" (oder Englisch: „Jizz"). Hat man sich dieses Bild einmal eingeprägt, erkennt man Eissturmvögel auch in weiter Ferne über dem Meer.

Mit etwa einer Million Paaren ist der Eissturmvogel auf Island sehr häufig. Er ist der einzige Seevogel, der auch auf Klippen weit im Landesinneren nistet. Die größte Population befindet sich an der Südostküste, wo man kaum eine Klippe findet, auf der er nicht brütet.

Die einzige Möwe, die kolonial auf Klippen brütet, ist die Dreizehenmöwe – ein eleganter Vogel mit ganz schwarzen Flügelspitzen und ausgeprägten Flügeloberseiten in zwei Grautönen. Dreizehenmöwen sind sehr laut und haben einen typisch quäkenden dreisilbigen Ruf: *ki-ti-WEEK* (daher der englische Name „Kittiwake").

Der attraktive Basstölpel mit seiner riesigen Flügelspannweite brütet in enormen Kolonien auf einigen kleinen Inseln vor der Hauptküste. Die größte befindet sich auf dem Inselchen Eldey im Südwesten, wo nicht weniger als 16.000 Vögel Schulter an Schulter brüten. Eldey war auch die Heimat des letzten Paares des inzwischen ausgestorbenen Riesenalks (siehe Kasten auf Seite 114). Weitere Basstölpelkolonien befinden sich im äußersten Nordosten

Mit etwas Glück können Sie das Schauspiel der Verfolgung einer Küstenseeschwalbe durch Schmarotzerraubmöwen beobachten. Die Raubmöwen haben es nicht auf die Seeschwalbe selbst abgesehen, sondern auf ihre Beute. Sie jagen der Seeschwalbe hinterher, bis sie den gefangenen Fisch fallen lässt. Dieses Foto zeigt den Moment, in dem die Küstenseeschwalbe ihre Beute loslässt.

bei Langanes, am Rauðinúpur (Roten Kap, Route 18) und auf den Westmännerinseln (Route 4).

Die Westküste ist das Reich der Krähenscharbe und des Kormorans, die beide in geringer Zahl, meist auf kleinen Inselchen, ihre Brutplätze haben.

Die südlichen Vogelfelsen, insbesondere die der Westmännerinseln, sind die Heimat von drei weiteren Seevogelarten: Atlantiksturmtaucher, Wellenläufer und Sturmschwalbe. Die beiden letztgenannten Arten brüten zwar in großer Zahl, sind aber aufgrund ihrer Gewohnheit, auf abgelegenen Inseln zu brüten und nachts an die Küste zu kommen, schwer zu Gesicht zu bekommen.

Auf den ersten Blick erscheinen Vogelfelsen als das reinste Chaos. Der Lärm, für den vor allem die Dreizehenmöwen verantwortlich sind, ist ohrenbetäubend und die akrobatischen Grenzstreitigkeiten um wenige Zentimeter eines Felsvorsprungs sind erstaunlich. Man kann stundenlang beobachten, wie die Elternvögel ungeschickt auf gefährlich kleinen Felsvorsprüngen landen und dabei versuchen, nicht gegen die Felswand zu prallen, was jedoch nicht immer gelingt. Diese Peinlichkeit ist allerdings besser, als Eier oder Junge in den Abgrund zu stoßen. Alken haben dieses Dilemma teilweise durch ihre kegelförmigen Eier gelöst, die sich um ihren Schwerpunkt drehen, anstatt über den Rand zu rollen!

Beobachtet man eine Klippe eine Zeit lang (es lohnt sich, sich Zeit dafür zu nehmen), so wird man feststellen, dass die verschiedenen Vogelarten unterschiedliche Stellen bevorzugen. Der Fuß der Klippe ist für die Gryllteisten reserviert. Sie brüten generell in Meeresnähe und wenn die Topographie es zulässt, sind ihre Nester über einen viel längeren Abschnitt der Klippe verteilt als die der Hauptkolonie.

Etwas weiter oben brüten Trottel- und Dickschnabellummen, meist zusammen mit Dreizehenmöwen und manchmal Eissturmvögeln. Bis zu einem gewissen Grad neigen Mitglieder derselben Art dazu, sich gegenseitig Gesellschaft zu leisten, doch Trottellummen und Dickschnabellummen mischen sich auf der Hauptklippe. Auf den Klippen im Nordwesten ist das Verhältnis dieser Arten 50 % zu 50 %, während auf den südlichen Klippen die Dickschnabellumme viel seltener ist. Auch Tordalke findet man häufig an den zentralen Vogelfelsen, sie bevorzugen aber die weniger steilen Stellen mit Felsbrocken und breiten Felsvorsprüngen.

Oben auf den Klippen, wo mehr Boden vorhanden ist und die Hänge sanfter sind, siedeln sich Basstölpel und Papageitaucher an. Papageitaucher bauen ihre Nester in Höhlen, die sie an den höchsten Stellen ausgraben.

Vogelfelsen ziehen eine große Anzahl von Skuas und großen Möwen an, die auf der Suche nach einer leichten Mahlzeit sind. Sie brüten in ebenerem Gelände, wie auf den Grasflächen oberhalb der Klippen oder in den Küstenebenen.

Entlang der gesamten isländischen Küste gibt es riesige Kolonien von Skuas, Möwen, Küstenseeschwalben und Eiderenten. Bemerkenswert sind die großen Kolonien der Küstenseeschwalben, in denen dieser anmutige Vogel zu Hunderttausenden brütet. Mit einer jährlichen Flugroute von ihren nördlichen Brutgebieten bis zur antarktischen Küste ist die Küstenseeschwalbe dafür bekannt, der größte Langstreckenzieher der Welt zu sein.

Mantel-, Herings-, Lach- und Silbermöwen bilden vor allem im Süden des Landes zahlreiche Kolonien. Silber- und Lachmöwe sind relative Neuankömmlinge – sie haben erst Anfang des 20. Jahrhunderts begonnen, auf Island zu brüten. Das Gleiche gilt für die Sturmmöwe, die jedoch hauptsächlich im Norden in der Region Akureyri vorkommt.

Die Eismöwe ist die einzige arktische Möwenart, die auf Island brütet. Sie ist im Westen Islands, in den Westfjorden und auf der Halbinsel Snæfellsnes weit verbreitet. Ihr kleinerer Verwandter, die Polarmöwe, ist kein Brutvogel Islands, aber im Winter häufig anzutreffen. Sowohl Eis- als auch Polarmöwe sind sehr blass und haben ganz weiße Flügelspitzen, was sie von allen anderen großen Möwen unterscheidet.

Die Kumlienmöwe, eine Unterart der Polarmöwe mit dunklen Flügelspitzen, kommt im Winter vor, ihre Anzahl erreicht ihren Höhepunkt zu Beginn des Frühjahrs (Ende Marz-April). Gelegentlich sieht man aber auch Eismöwen mit ein paar dunkleren Spuren in den Flügelspitzen – diese Nelson's Möwen sind Hybriden zwischen Silber- und Eismöwen.

Die wunderschönen Raubmöwen sind eine weitere nördliche Attraktion. Sowohl Skua als auch Schmarotzerraubmöwe sind Brutvögel Islands und beide sind Kleptoparasiten – eine elegante Bezeichnung für Diebe. Ihre ökologische Rolle ist die eines Räubers, der Möwen und Seeschwalben verfolgt, um ihnen ihre Beute streitig zu machen. Die Schmarotzerraubmöwe brütet im gesamten isländischen Tiefland, die Skua dagegen ist weitgehend auf die großen Sanderebenen im Südosten beschränkt. Hier gibt es schätzungsweise 5.000 Paare, während in den Sandergebieten im Südwesten und Nordosten zusätzlich noch einige hundert Paare leben.

Karte der wichtigsten Seevogelgebiete

1. Eldey: größte Basstölpelkolonie Islands, letzter Standort des Riesenalks
2. Hafnaberg: große gemischte Seevogelkolonie
3. Viðey: Papageitaucherinsel in der Nähe von Reykjavík
4. Öndvarðanes: große gemischte Seevogelkolonie mit vielen Dickschnabellummen
5. Klippen zwischen Grundafjörður und Ólafsvík: viele Eismöwen
6. Flatey: Papageitaucher, Gryllteisten, Krähenscharben und Kormorane
7. Látrabjarg: größte gemischte Seevogelkolonie mit vielen Tordalken und Dickschnabellummen
8. Hælavíkurbjarg: große gemischte Seevogelkolonie
9. Hornbjarg: große gemischte Seevogelkolonie
10. Vatnsnes: Gryllteisten
11. Hrísey: Gryllteisten
12. Grimsey: große gemischte Seevogelkolonie

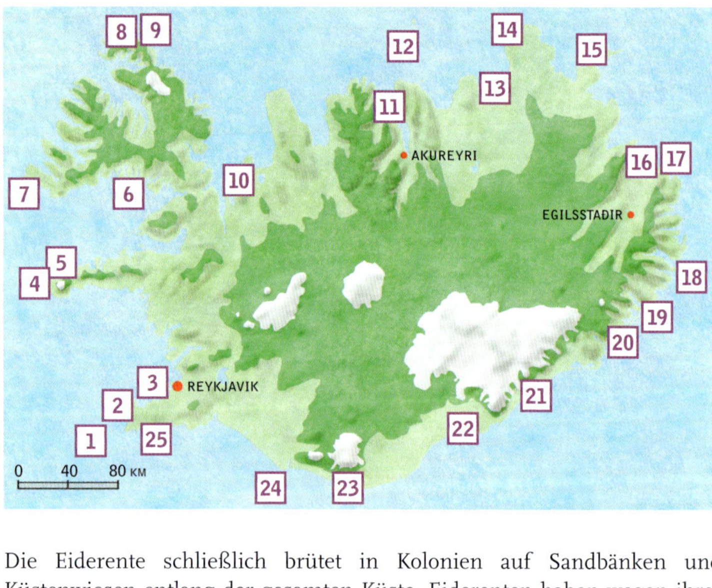

Die bedeutendsten und leicht zu besuchenden Seevogelkolonien Islands.

Die Eiderente schließlich brütet in Kolonien auf Sandbänken und Küstenwiesen entlang der gesamten Küste. Eiderenten haben wegen ihrer weichen und isolierenden Daunen eine bescheidene, aber beständige Rolle in der isländischen Wirtschaft gespielt. Eiderdaunen werden in den Kolonien gesammelt und als Kissenfüllung verkauft. Die Kolonien sind daher ein wertvolles Gut. Die Besitzer der „Eiderfarmen“ – des Landes, auf dem die Vögel brüten – schützen die Kolonie vor Raubtieren, um die Daunenernte zu maximieren.

13. Asbyrgi Sandur: Skuas
14. Rauðinúpur (Rotes Kap): große gemischte Seevogelkolonie mit Basstölpeln, Papageitauchern und Alken
15. Stori-Karl und Langanes: große Basstölpelkolonie und große Alkenkolonien
16. Heraðssandur: große Kolonie von Skuas und Schmarotzerraubmöwen
17. Bakkagerði: Papageitaucher und Dreizehenmöwen
18. Skruður: Basstölpel und Alken
19. Papey: Papageitaucher und Lummen
20. Djupivogur-Höfn-Küste: sehr große Anzahlen von Eissturmvögeln
21. Breiðamerksandur: große Kolonie von Skuas und Schmarotzerraubmöwen
22 Skeiðarársandur: große Kolonie von Skuas und Schmarotzerraubmöwen
23. Vík: große gemischte Seevogelkolonie (hauptsächlich Papageitaucher)
24. Westmännerinseln: große Seevogelkolonien, insbesondere Papageitaucher, Basstölpel, aber auch Atlantiksturmtaucher und Wellenläufer
25. Krýsuvikurberg: gemischte Seevogelkolonie

Vögel der Gras- und Heidelandschaft

Die gängigen isländischen Vögel – also die, die man jeden Tag sieht und die einen bis in die entlegensten Winkel des Landes begleiten – sind nicht die Vögel, die man als erstes erwartet, wenn man an Island denkt. Sie sind weder die ersehnten Highlights des Landes, noch sind sie typisch nordische Vogelarten. Es sind Rotschenkel, Uferschnepfen, Regenbrachvögel, Bekassinen und andere Watvögel, die massenhaft auf den Wiesen und in der Heide brüten. Sie sind diejenigen, die ständig vor das Auto fliegen, auf einen zukommen, sobald man die Tür öffnet, und einen Höllenlärm machen, weil ihre Jungen irgendwo in der Nähe sind. Ist man mit dem Zelt unterwegs, dann sind es ihre Rufe, mit denen man einschläft und aufwacht.
Einige Watvögel sind so zahlreich, dass Island für ihren Schutz als international wichtig eingestuft wird. Die Uferschnepfe ist ein Beispiel dafür. Diese schöne isländische Unterart hat ein ziegelrotes Gefieder mit einer stärkeren Streifenbildung an den Flanken als die kontinentale Uferschnepfe. Ihre Bestände nehmen vielerorts zu, was eine erfreuliche Abwechslung zu dem negativen Trend darstellt, unter dem ihre kontinentale Verwandtschaft auf dem europäischen Festland leidet. Das Gleiche gilt für den Rotschenkel. Mit schätzungsweise 140.000 Brutpaaren ist dieser Vogel sehr häufig.
Wie im gemäßigten Europa sind Rotschenkel, Bekassine und Uferschnepfe am regelmäßigsten auf den Wiesen anzutreffen, aber anders als auf dem Kontinent sind sie nicht auf diesen Lebensraum beschränkt. Man findet sie auch in Heidelandschaften und an grasbewachsenen, sogar recht felsigen Hängen. Bekassinen sind sogar in dichten Birkenwäldern anzutreffen!

Der Riesenalk

Die tragischste „Hall of Fame" der Welt ist diejenige, in der die Tiere geehrt werden, die niemand jemals wieder lebend zu Gesicht bekommt. Unter den ausgestorbenen Vögeln ist der Dodo der berühmteste, vom Menschen durch rücksichtslose Ausbeutung ins Verderben getrieben. Ein weiteres wenig rühmenswertes Sinnbild menschlichen Eingriffs in die Umwelt ist die Wandertaube, ebenso wie der Riesenalk. Der Riesenalk (*Penguinus impennis*) war im Gebiet des Nordatlantik, einschließlich Island, heimisch. Auf der Felseninsel Eldey wurde das letzte lebende Paar gefunden (siehe Ziel C auf Seite 141).

Vor tausend Jahren kam der Riesenalk in Großbritannien, Irland, Norwegen und dem Nordseegebiet vor. Knochen wurden sogar in den Niederlanden gefunden. Weiter westlich lebte der Vogel in dichten Kolonien auf Island, in Grönland und Nordamerika, insbesondere auf Neufundland. Er war der größte Vogel aus der Familie der Alken und der einzige flugunfähige. Sein wissenschaftlicher Name bedeutet wörtlich „flugunfähiger Pinguin". Natürlich ist der Riesenalk nicht mit den Pinguinen verwandt, aber anders als man vielleicht denkt, wurde der Vogel nicht nach den Pinguinen *Penguinus* genannt. Vielmehr ist es umgekehrt: Der Name „Pinguin" ist von einem alten keltischen Namen für den Riesenalk abgeleitet. Der „nördliche Pinguin" war ein bekannter Vogel, lange bevor jemand überhaupt die Vögel gesehen hatte, die man heute als Pinguine kennt, da diese nur auf der Südhalbkugel vorkommen.

Der Riesenalk war ein sehr wendiger Fischer, an Land jedoch ungeschickt, was ihn zu einer leichten Beute für Seefahrer und Walfänger machte. Er bedeutete eine wichtige Quelle für Frischfleisch für die Besatzungen von Walfangschiffen. In dieser Hinsicht gibt es eine erschreckende Ähnlichkeit zwischen dem Riesenalk und dem anderen berühmten flugunfähigen Vogel, der von Seefahrern bis zur Ausrottung

Alpenstrandläufer, Regenbrachvogel und Goldregenpfeifer sind die Watvögel der trockenen Moorgebiete, auch wenn es bei der Habitatwahl deutliche Überschneidungen mit den „Wiesen-Watvögeln" gibt. Dort, wo Heide und Grasland ein Mosaik bilden – was vielerorts der Fall ist – kommen alle diese Watvögel gemeinsam vor; an Küstenstandorten in der Regel auch zusammen mit Austernfischer und Sandregenpfeifer. In steinigem Gelände im Hochland findet man meist nur Goldregenpfeifer, Alpenstrandläufer und Meerstrandläufer.

Watvögel sind natürlich nicht die einzigen Brutvögel der Wiesen und Heidelandschaften. Trockenes Gras- und Heideland wird von einigen isländischen Singvögeln wie dem Steinschmätzer und dem Wiesenpieper bevorzugt. Vor allem letzterer ist auf Island sehr häufig. Die Schmarotzerraubmöwe ist ein weiterer Vogel, der wahllos auf allen Arten von Heideflächen und Grasland brütet. Man findet sie in Heidegebieten in den ödesten und entlegensten Winkeln des Hochlands, am häufigsten aber im Küstentiefland, wo sie lose Kolonien bildet.

gejagt wurde – dem Dodo. Der Riesenalk verschwand bereits vor dem 13. Jahrhundert aus Norwegen, überlebte aber auf Neufundland und in Grönland bis ins frühe 19. Jahrhundert. Auf Island überlebte er etwas länger, weil er auf der abgelegenen Insel Geirfuglasker brütete. Leider wurde 1830 die gesamte Insel mitsamt der dortigen Riesenalkpopulation durch einen unterseeischen Vulkanausbruch zerstört. Die wenigen überlebenden Vögel begannen auf der kleinen Insel Eldey zu brüten, wo 1844 schließlich der letzte Riesenalk getötet wurde.

Riesenalk von dem niederländischen Vogelillustrator John Gerrard Keulemans (1842-1912). Als er die Illustration anfertigte, war der Riesenalk bereits ausgestorben.

In den letzten Jahrzehnten vor seinem Aussterben ging es bei der Jagd nicht mehr um das Fleisch. Da es nur noch so wenige Exemplare gab, lieferte die Jagd auf den Riesenalk nicht mehr viel Nahrung. Je seltener der Vogel wurde, desto wertvoller wurde er als Sammlerstück für die Besitzer von Kuriositäten- und Naturalienkabinetten. Das Sammeln von Vögeln war zu jener Zeit ein beliebtes Hobby. Letztendlich war es diese frühe Version des Artenjägers, die den letzten Nagel in den Sarg des Riesenalks schlug.

Gebiete mit genügend Beeren und niedrigen Büschen bieten ausreichend Nahrung für eine Schlüsselart Islands: das Alpenschneehuhn. Die Zahl der Schneehühner schwankt im Laufe der Jahre. In manchen Jahren gibt es viele von ihnen, in anderen sind sie eher selten. Schneehühner sind eine wichtige Nahrungsquelle für Raubtiere wie Polarfuchs und Gerfalke. Das Schicksal des letzteren ist eng mit dem des Schneehuhns verknüpft – in guten Schneehuhnjahren geht es dem Gerfalken gut, doch wenn die Schneehuhnbestände zurückgehen, folgen die des Gerfalken bald darauf. Nur an bestimmten Orten, wie in der Nähe des Mývatn, wenden sich die Gerfalken einer stabileren Nahrungsquelle, nämlich kleinen Enten, zu. Das ist auch der Grund, warum Gerfalken in der Umgebung des Mývatn besonders häufig sind.

Andere Vögel der Heidelandschaft im Landesinneren sind Kolkrabe, Schneeammer (vor allem im Norden) und in geringerer Zahl verschiedene Drosselarten.

Birkenzeisige sind in den Birkenwäldern weit verbreitet.

Vögel der Wälder, Birkengehölze und Gärten

Was gibt es schöneres, als an einem windstillen Abend in Þingvellir oder Skaftafell dem melancholischen Gesang der Rotdrossel zu lauschen? Es ist ein weiteres typisch isländisches Erlebnis, wenn auch ein völlig anderes als die ohrenbetäubenden Vogelfelsen oder die aufgedrehte Paranoia der Watvögel auf den Wiesen.

Die Wälder Islands sind der ideale Ort, um einige der Singvögel des Landes zu entdecken. Isländischer Zaunkönig, Rotkehlchen und Birkenzeisig sind typische Arten, die hier zahlreich vorkommen, ebenso wie der weit verbreitete Wiesenpieper.

Die Idylle der Waldvögel wird durch einen wilden Jäger gestört. Der Merlin ist der kleinste europäische Falke und macht Jagd auf kleine Singvögel wie Pieper, Zaunkönig, Birkenzeisig und Steinschmätzer. Seine Technik ist der Überraschungsangriff, und so wird man ihn wahrscheinlich auch antreffen: plötzlich durch das Dickicht brechend, einen aufgeschreckten Vogel auf seiner Flucht im Flug ergreifend. Gelingt das nicht, belässt der Merlin es nicht dabei, sondern verfolgt seine Beute unerbittlich, bis er sie in seine Krallen bekommt.

Da die meisten Birkengehölze ein dichtes Beerengestrüpp aufweisen, ist auch das Schneehuhn, das sich von Zweigen und Früchten der Blaubeere, Krähenbeere und Echten Bärentraube ernährt, häufig anzutreffen. Das Wintergoldhähnchen hat sich erst vor kurzem angesiedelt und brütet erst seit 1999 auf Island, nach einer „Invasion“ der Art 1996. Möglicherweise ist dies sowohl auf die allmähliche Klimaerwärmung als auch die jüngste Verfügbarkeit seines bevorzugten Lebensraums, die Nadelholzplantagen, zurückzuführen. Es teilt sich diesen Lebensraum mit dem Birkenzeisig,

doch während dieser weiter verbreitet ist, kommt das Wintergoldhähnchen ausschließlich in den angelegten Plantagen vor.
Abgesehen von den oben genannten Arten sind die isländischen Wälder eher arm an Vögeln. Grund dafür ist zweifellos die isolierte Lage des Landes. Die Gärten und Parks von Reykjavík und Akureyri stellen den gemäßigtsten Lebensraum des Landes für Vögel dar. Große Bäume, reichlich Nahrung und ein mildes Winterklima tragen an ein Zuhause für bekannte Vögel wie Amsel, Star, Haussperling und Wacholderdrossel bei. Die Amsel kommt nur in Reykjavík vor, während der Star inzwischen ein viel größeres Verbreitungsgebiet hat. Der Haussperling ist nach wie vor auf die kleine Siedlung Hof (Ziel D auf Seite 228) beschränkt, während die Wacholderdrossel im Winter häufiger vorkommt und nur unregelmäßig auf Island brütet.

Greifvögel

Auf Island gibt es fünf Greifvogelarten: zwei Falken, zwei Eulen und einen „klassischen" breitflügeligen Greifvogel, den Seeadler.
Seeadler waren einst an den isländischen Küsten weit verbreitet, wurden aber jahrhundertelang verfolgt. Sie hatten den Ruf, Eiderenten aufzustören und zu jagen. Die Isländer, die ihre Eiderdaunenernte schützen wollten, legten Strychnin-Köder aus, um die Adler zu vergiften.
Vor fast einem Jahrhundert wurde der Seeadler zu einer geschützten Art erklärt. Die Population erholt sich langsam wieder etwas, obwohl der Bruterfolg immer noch sehr gering ist. Das liegt daran, dass Seeadler trotz ihres kräftigen Aussehens eher unbeholfene Jäger sind. In anderen Teilen Europas ergänzen die Adler ihre Nahrung mit Aas, doch da es auf Island keine einheimischen großen Landsäugetiere gibt, sind tote Tiere, auf die die Adler bei erfolgloser Jagd zurückgreifen können, selten. Derzeit gibt es etwa 70 Paare, die alle im Westen und Nordwesten des Landes rund um den Breiðafjörður und die Westfjorde leben. Hier ist es keine Seltenheit, einen dieser majestätischen Vögel über dem Fjord kreisen zu sehen.
Merlin und Gerfalke sind viel weiter verbreitet. Merline sind überall im Flachland auf der Jagd nach Singvögeln anzutreffen. Gerfalken

Der Gerfalke ist einer der ornithologischen Höhepunkte Islands. Dieser arktische Vogel ist der größte Falke der Welt und brütet in relativ hohen Dichten im Norden des Landes. Im Winter sieht man ihn regelmäßig an der Küste, auch im Süden Islands.

sind häufiger im Hochland und entlang der Nordküste zu finden, etwa in den Westfjorden, am Mývatn und im Nordosten.

Auf Island gibt es etwa 400 Gerfalkenpaare, doch ihre Zahl schwankt, was die zyklische Zu- und Abnahme der Schneehühner, ihrer Hauptbeute, widerspiegelt. In schneehuhnarmen Jahren sind Gerfalken gezwungen, auf Alternativen auszuweichen. Es wurde beobachtet, wie hungrige Falken Vögeln von der Größe eines Piepers bis zur Größe von Gänsen nachjagten.

Die schöne Sumpfohreule ist mit schätzungsweise 120 Paaren recht selten und kommt vor allem in zwei Regionen vor: im Grasland im Südwesten und den Fjorden im Norden. Es ist bekannt, dass Sumpfohreulen Mäuse fressen, und tatsächlich deckt sich die Verbreitung der isländischen Sumpfohreulen mit der der Waldmaus, die mit den ersten Siedlern eingeschleppt wurde. Trotzdem sieht man auf Island auch nicht selten Sumpfohreulen auf der Jagd nach Wiesenpiepern oder Watvogelküken.

Der letzte Greifvogel Islands ist ein Jäger von Nagetieren, die auf Island nicht vorkommen – Lemmingen. Mit zehn bis zwanzig Sichtungen pro Jahr ist er der seltenste Greifvogel Islands. Dennoch wird angenommen, dass die majestätische Schneeeule fast jedes Jahr im Land brütet. Da es keine Lemminge gibt, jagen die isländischen Schneeeulen Schneehühner und junge Watvögel und Gänse. Es gibt Beobachtungen von Schneeeulen an verschiedenen Orten im Norden und im zentralen Hochland, und das zu jeder Jahreszeit. Es lohnt sich also, die Augen offen zu halten, aber keine allzu großen Hoffnungen zu hegen.

Das Alpenschneehuhn ist die einzige Raufußhuhnart Islands. Obwohl seine Bestände schwanken, ist es im Allgemeinen recht häufig. Vor allem auf Hrísey (Route 13) und bei Reykhólar (Ziel F auf Seite 174) ist es leicht zu finden.

Insekten und andere Wirbellose

Island hat eine sehr arme wirbellose Tierwelt. Es ist einer der wenigen Orte auf der Erde, an dem keine einzige Ameisen-, Schmetterlings- oder Libellenart vorkommt – zumindest keine einheimische, stabile Population. Es gibt ein paar starke Wanderfalter, die die Insel gelegentlich erreichen, aber es ist ihnen bisher nicht gelungen, eine Population aufzubauen. Wie bei den Singvögeln ist die Kombination aus Isolation und der kurzen Sommersaison mit unbeständigem Wetter eine zu große Herausforderung für diese Insekten. Die vier nachgewiesenen Schmetterlingsarten – Kleiner Fuchs, Distelfalter, Admiral und Tagpfauenauge – sind alle starke Flieger, die in Jahren, in denen es im Süden große Bestände gibt, mit südlichen Winden auftauchen. Das Gleiche gilt für die einzige Libelle, die auf Island nachgewiesen wurde – die Schabrackenlibelle.

Ein weiteres Insekt, das auf Island fehlt (hurra!), ist die Stechmücke. Zusammen mit den nahe gelegenen Färöer ist dies das einzige Gebiet im Norden, in dem man ohne von diesen Blutsaugern geplagt zu werden wandern kann. Ihre Abwesenheit auf Island ist etwas rätselhafter, da Mücken überall auf der Nordhalbkugel in Sümpfen vorkommen, selbst unter den kältesten und ungünstigsten Bedingungen.

Zu den wirbellosen Tieren, die man auf Island antrifft, gehören Fliegen, Nachtfalter, Käfer, Wanzen, Nacktschnecken und einige Bienen, Hummeln und Wespen. Motten sieht man im Sommer zuhauf, wenn sie von blühenden Wiesen und Heiden auffliegen. Ihre Zahl ist jedoch nicht mit der der Fliegen zu vergleichen. Ist man zur richtigen Jahreszeit am richtigen Ort, ist die Menge an Fliegen unvorstellbar. Besonders am Mývatn (Fliegensee) schwirren sie zu Milliarden in Wolken über den sumpfigen Ufern und den flachen Bereichen des Sees. Es handelt sich überwiegend um Fliegen aus der Gruppe der *Chironomidae* – kleine, harmlose Zuckmücken, deren Larven im See leben. Die Larven spielen eine wichtige Rolle im Ökosystem, denn sie sind die Hauptnahrung vieler Vögel während der Brutzeit.

Chironomiden schwärmen zu Milliarden aus dem seichten Wasser des Mývatn auf. Sie sind für Menschen harmlos und eine Schlüsselart des Ökosystems des Sees.

DIE ROUTEN

Island ist berühmt für seine großartigen und dramatischen Landschaften, seine einzigartige Geologie und natürlich für die reiche Tierwelt. Das Attraktive an Island ist nicht nur die Anwesenheit all dieser Sehenswürdigkeiten, sondern auch ihre leichte Zugänglichkeit. Viele Vögel und Säugetiere lassen sich gut beobachten, oft auch aus geringer Entfernung. Beeindruckende geologische Formationen, dramatische Wasserfälle, Eisberg-Lagunen und heiße Quellen befinden sich nicht weit vom Wege entfernt. Island ist in der Tat eines der wenigen Länder, die eine raue und manchmal unwirtliche Landschaft mit allem Komfort verbinden, den sich ein Besucher wünschen kann.

Lektion 1 zur logistischen Struktur Islands ist, dass die Straße 1, die das zentrale Hochland wie ein großer Ring umschließt, alles miteinander verbindet. Es gibt keine Straßen, die das karge Innere Islands durchqueren (nur eingeschränkte Zufahrtsmöglichkeiten, unwegsame 4x4-Pisten, siehe Seite 237), daher folgt der gesamte Fernverkehr der Ringstraße 1. Ihr Islandbesuch besteht daher automatisch aus einer Viertel-, Halb- oder Vollumrundung des Landes, die entweder im äußersten Südwesten beginnt, wenn Sie mit dem Flugzeug ankommen, oder im Osten, wenn Sie mit der Fähre aus Europa kommen.

In diesem Kapitel beschreiben wir Routen und Exkursionsziele in ganz Island, beginnend im Südwesten (Seite 122-148) und dann im Uhrzeigersinn um das Land herum zur Halbinsel Snæfellsnes (Seite 149-160), zu den Westfjorden (Seite 161-175), nach Akureyri und Nordostisland (Seite 176-206), Ostisland (Seite 207-215) und schließlich Südostisland (Seite 216-229). Das zentrale Hochland wird nur kurz gestreift, denn das Reisen in diesem unerschlossenen und zerklüfteten Gelände ist nicht jedermanns Sache. Es erfordert spezielle Ausrüstung, ein geländegängiges Fahrzeug, Erfahrung und Vorbereitung, denn sowohl das Gelände als auch das Klima bergen Risikos.

Die Gebiete, die wir im Einzelnen vorstellen, haben alle gemeinsam die typisch isländische Schroffheit, eine atemberaubende Landschaft und eine reiche Vogel- und Pflanzenwelt. Dennoch gibt es einige regionale Unterschiede. Diese werden auf den Einführungsseiten des jeweiligen Landesteils hervorgehoben (Seite 122, 149, 161, 176, 207 und 216). Es folgen für jeden Landesteil detaillierte Beschreibungen einiger der besten Routen. Die Routen sind so ausgewählt, dass sie zusammen alle wichtigen Landschaften, Lebensräume, geologischen Besonderheiten und natürlich die beliebteste Flora und Fauna abdecken.

Zum Abschluss eines jeden Landesteils werden zahlreiche „Exkursionsziele" kurz beschrieben. Dabei kann es sich um spezielle Sehenswürdigkeiten, attraktive Straßenabschnitte, Wanderrouten oder -gebiete, Exkursionsangebote oder Museen handeln, die für Naturliebhaber von Interesse sind.

Der Svartifoss ist einer der Höhepunkte von Route 21. Er liegt im Skaftafell-Nationalpark – einem fantastischen Wandergebiet im Südosten Islands.

Routen im Südwesten Islands

Da die meisten Islandbesucher mit dem Flugzeug auf dem internationalen Flughafen Keflavík ankommen, werden sie zuerst den südwestlichen Teil des Landes sehen. Genauer gesagt wird der erste Eindruck geprägt sein von den großen, düsteren und etwas eintönigen Lavafeldern der Halbinsel Reykjanes, auf der der Flughafen liegt. Es wird jedoch nicht lange dauern, bis man feststellt, dass der Südwesten ein abwechslungsreicher und reichhaltiger Teil des Landes ist.

Südwestisland ist sowohl die am dichtesten besiedelte Region als auch diejenige mit der höchsten Konzentration an Sehenswürdigkeiten wie Þingvellir (Route 1), dem Wasserfall Gulfoss und dem Geysir (Ziel H und I auf Seite 143-144), die zusammen den „Goldenen Kreis" der beliebtesten Touristenorte bilden. Berühmt ist auch die Blaue Lagune (Ziel D auf Seite 142), und natürlich ist Reykjavík an sich schon eine Attraktion – eine lebendige und moderne Stadt, in der, zählt man die Satellitenstädte mit, Zweidrittel der Isländer lebt.

Die verhältnismäßig hohe Zahl an Einwohnern und Besuchern macht Südwestisland keineswegs weniger wild oder aus naturkundlicher Sicht weniger anziehend. Die Region hat eine reiche Vogel- und Pflanzenwelt und ist geologisch und landschaftlich einfach faszinierend.

Der mittelatlantische Rücken, umgeben von Vulkanen, Schlackenkegeln und ausgedehnten Lavafeldern, zieht sich quer durch den Südwesten des Landes und kann bei Þingvellir (Route 1) bewundert werden. In Verbindung mit diesem Gebirgskamm gibt es großflächige Geothermalgebiete, die in Reykjanesviti (Ziel C), Krýsuvík (E), Hverargerði (J) und natürlich in Geysir (H auf Seite 141-145) besucht werden können.

Südwest-Island im Überblick. Die Zahlen beziehen sich auf die Routen der folgenden Seiten und die Buchstaben auf die auf Seite 141-148 beschriebenen Exkursionsziele.

Reykjavík liegt im Westen dieses Gebirgskamms und ist einer der drei Hauptorte, von denen aus man Walbeobachtungsexkursionen unternehmen kann (G auf Seite 143). Die Ebene von Selfoss, das größte landwirtschaftliche Gebiet, liegt östlich des Gebirgskamms. Hier gibt es Wiesen und Sümpfe (Routen 2 und 3), Brutgebiete für zahlreiche Watvögel, Sumpfohreulen und Schmarotzerraubmöwen.

An der Küste findet man spektakuläre Klippen mit bedeutenden Seevogelkolonien, die die größte Anzahl von Basstölpeln und Papageitauchern sowie Islands einzige Kolonien von Atlantiksturmtauchern beherbergen (Route 4 und 5, Ziele B und C auf Seite 141).

Östlich der Selfoss-Ebene liegen die Plateaugletscher Eyjafjallajökull und Mýrdalsjökull. Hier haben Sie die Chance, einen Vorgeschmack auf das Hochland zu bekommen. Route 3 führt Sie (auch mit einem „normalen“ Auto) ins Hochland. Die Wanderung zum Sólheimajökull (Ziel N auf Seite 146) hingegen bietet die einzigartige Gelegenheit, einen Gletscher aus der Nähe zu erkunden. Die beiden wilden und landschaftlich reizvollen Gebiete im Landesinneren Þorsmörk und Landmannalaugar (R und S) können nur mit Allradfahrzeug oder einem der regelmäßig verkehrenden Busse besucht werden, und sind Islands beliebteste Wanderziele.

Schließlich befinden sich in Südwestisland einige der berühmtesten großen Wasserfälle des Landes: Gulfoss (I), Seljalandfoss (L) und Skogafoss (M auf Seite 146).

Alles in allem kann man sagen, dass man allein im Südwesten schon eine interessante Reise unternehmen kann. Die anderen Landesteile sind ähnlich spektakulär, haben jedoch noch weitere Seiten Islands zu bieten.

Höhepunkte

- Spektakuläre geothermische (vulkanische) Gebiete, darunter kochende Schlammtöpfe, Dampfschlote und der berühmte Geysir.
- Þingvellir, Islands bedeutendste historische Stätte, mit einer faszinierenden Ökologie und Geologie, da dort die Kontinentalspalte zwischen der nordamerikanischen und der eurasischen tektonischen Platte verläuft.
- Landmannalaugar und Þórsmörk, Islands beliebteste Wandergebiete.
- Reiche Vogelwelt mit Wiesen, Sümpfen und Seevogelkolonien.
- Relativ leichter Zugang zu vergletscherten Hochlandgebieten.
- Gulfoss, Seljalandfoss und Skogafoss, drei der beeindruckendsten Wasserfälle des Landes.
- Walbeobachtungsexkursionen
- All diese Höhepunkte von der isländischen Hauptstadt mit ihrem reichen kulturellen Leben aus leicht zu erreichen.

Route 1: Þingvellir

4-5 STUNDEN
LEICHT

Schöne Wanderung an einem historisch und geologisch interessanten Ort. Die Klimaxvegetation Islands.

Lebensräume: Klippen, See, Birkenwald, Heidelandschaft
Geologie: Grabenbruch, Schildvulkan, Stricklava
Charakteristische Arten: Gewöhnlicher Buchenfarn, Alpen-Wimperfarn, Nordisches Labkraut, Hohlzunge, Sterntaucher, Eistaucher, Isländischer Zaunkönig, Mittelsäger, Odinshühnchen

Þingvellir ist (zusammen mit Geysir und Gulfoss) Teil des „Goldenen Kreises" – der drei klassischen Sehenswürdigkeiten, die jeder Besucher gesehen haben sollte. Þingvellir ist sowohl eine wichtige historische als auch geologische Stätte. Hier trafen sich vor fast 1100 Jahren die ersten Wikingersiedler, um ein Parlament und Gericht zu bilden. Hier wurden Gesetze erlassen und Gerichte abgehalten (siehe Abschnitt zur Geschichte). Es war und ist immer noch das Herz Islands.
Während Þingvellir der Ort ist, an dem die Isländer zusammenhalten, ist es geologisch gesehen genau das Gegenteil, nämlich die Stelle, an der das Land auseinanderreißt. Das Þingvellir (*vellir* bedeutet Tal) liegt auf der Grenze zwischen der nordamerikanischen und der eurasischen tektonischen Platte, die sich hier auseinanderbewegen, wovon die vielen Risse und Klüfte zeugen. Das Tal selbst ist mit natürlichem strauchigen Birkenwald bedeckt, wie er auf Island sehr selten geworden ist.

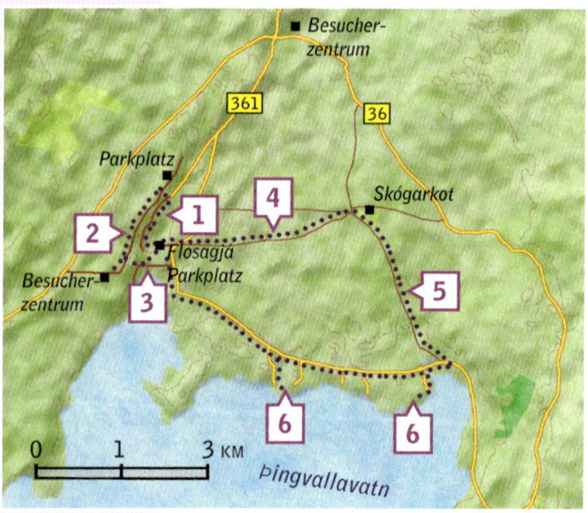

Diese Route besteht aus einer kurzen Wanderung durch die historische Stätte von Þingvellir und einer längeren durch die Wälder des Þingvellir-Nationalparks. Beide starten vom selben Parkplatz aus. Doch während der erstgenannte Wanderweg von Touristen überlaufen ist, begegnet man auf dem Weg durch den Wald kaum einer Menschenseele.
Unterwegs kommen Sie zum Þingvallavatn, dem größten See Islands, der sich gut für die Vogelbeobachtung eignet.

Versäumen Sie nicht, das nördliche Besucherzentrum zu besuchen (siehe Karte), das eine ausgezeichnete Sammlung von (naturkundlichen) Büchern hat.

Startpunkt Parkplatz Flosagjá
Vom nördlichen Besucherzentrum aus erreicht man den Parkplatz Flosagjá, indem man die 361 hinunterfährt, vorbei an der ersten Abzweigung nach rechts zu den anderen Parkplätzen. Der Flosagjá-Parkplatz liegt direkt an der 361.

Wanderung 1 Durch das historische Þingvellir (45 Minuten – leicht)

1 Nehmen Sie die Brücke. Sie überqueren jetzt eine der Verwerfungen der Þingvellir-Ebene – eine Kluft, die entstand, als die eurasische und die nordamerikanische tektonische Platte begannen sich voneinander zu entfernen. In der Þingvellir-Ebene, die technisch gesehen das Land zwischen den Platten ist, gibt es mehrere dieser Spalten. Viele Leute haben hier Münzen in das tiefe und klare Wasser geworfen.

Gehen Sie nach rechts zum nächsten Parkplatz und folgen Sie von dort aus dem Wanderweg entlang des Bergrückens.

2 Dieser breite Weg ist das historische Þingvellir, wo die Siedler ihr Lager aufschlugen und das Gesetz verfassten. Es gibt verschiedene Haltestellen mit Hinweisschildern zu den einzelnen Sehenswürdigkeiten. Dies ist auch die Hauptspalte zwischen den Platten. Zu Ihrer Rechten,

Am Seeufer des Þingvallavatn brüten mehrere Eistaucherpaare.

Eine der Verwerfungen von Þingvellir, wo die Erdkruste beim Auseinanderdriften der tektonischen Platten aufgebrochen ist.

auf der anderen Seite der Klippe, liegt geologisch gesehen Nordamerika. Eurasien liegt auf der anderen Seite des Tals.
Beachten Sie die reiche Vegetation an den Klippen. Unter den vielen Arten stechen Gewöhnlicher Buchenfarn, Alpen-Wimperfarn und Rosenwurz hervor. Auch Hohlzunge ist hier und da zu finden.

Folgen Sie dem Weg bis zum Besucherzentrum, das eine Ausstellung zur Geschichte und Geologie der Region zeigt.
Kehren Sie zurück und nehmen Sie den ersten Weg nach rechts, der Sie über den Bergrücken zur kleinen Kirche führt.

3 Dieses Gebiet kann in Hinsicht auf Vögel interessant sein. Halten Sie auf dem Fluss Ausschau nach Graugänsen, Mittelsägern und Odinshühnchen und lauschen Sie auf die schnatternden Rufe der Birkenzeisige in den Bäumen nahe der Kirche. Diese wurde 1859 erbaut. Eine Kirche gab es an dieser Stelle jedoch bereits seit 1016, nicht lange nachdem Island das Christentum als offizielle Religion angenommen hatte.

Von der Kirche aus gehen Sie zurück zum Parkplatz Flosagjá.

Wanderung 2 Durch den Þingvellir-Nationalpark (4 Stunden – leicht)

Vom gleichen Parkplatz aus überqueren Sie die Straße und folgen dem Gönguvegur-Weg in Richtung Skógarkot.

4 Dieser Wanderweg, der viel ruhiger ist als die viel begangenen Wege zur historischen Stätte, führt durch hübsche *Kjarr*-Bestände – dem natürlichen isländischem Gehölz aus Birken und Teeblättriger Weide. Das Unterholz besteht größtenteils aus Zwerg-Birke, Heidekraut, Echter Bärentraube, Rauschbeere, Krähenbeere und Nordischem Labkraut. Der Weg führt über wunderschöne Flächen von Stricklava, deren geriffelte Oberfläche durch die langsame Erstarrung sehr dicker, zähflüssiger Lava entstanden ist. Die Lava stammt vom Skjaldbreiður – dem großen Schildvulkan im Norden. Auf dem Weg dorthin überqueren Sie eine weitere Verwerfung, in der Gewöhnlicher Buchenfarn Schutz gefunden hat.

Nach 2,2km gelangen Sie zu den Ruinen des alten Bauernhofs Skógarkot. Von hier aus hat man einen hervorragenden Überblick über die Umgebung mit dem Þingvallavatn im Süden und dem Schildvulkan Skjaldbreiður im Norden. Weiter geht es auf dem Skógarkotsvegur nach Vellankatla.

5 Dieser Abschnitt ist ähnlich wie der vorherige. Halten Sie Ausschau nach Birkenzeisig und Merlin – letzterer kann plötzlich bei der Verfolgung von Singvögeln auftauchen. In der Nähe der Straße kommen Sie an einem See vorbei, an dem häufig Reiherenten zu sehen sind, aber sehen Sie sich auch nach Ohrentauchern um.

Auf der Straße biegen Sie rechts ab, um zum Parkplatz zurückzukehren. Nehmen Sie die kleinen Fischerpfade zum Seeufer.

6 Der Þingvallavatn ist der größte See Islands mit einer besonderen Ökologie. Er ist Teil der tektonischen Grenzzone und wird von Quellwasser gespeist. Dadurch ist er reich an Nährstoffen und voller Fische und wirbelloser Tiere. Biologen untersuchen in diesem See am Seesaibling den Prozess der Artbildung. In dem isolierten See entwickeln sich die Saiblinge allmählich zu eigenständigen Arten.

Die Vogelwelt des Þingvallavatn ist ebenso reichhaltig. Häufig kommt der Mittelsäger vor, aber auch Stern- und Eistaucher sind anzutreffen. In den kleinen Buchten und Tümpeln am Seeufer brüten zahlreiche Odinshühnchen. Auch landschaftlich gesehen ist das Seeufer reizvoll, mit von leuchtend grünem Moos bewachsenen Felsen.

Der Weg durch Þingvellir ist teilweise mit schöner Stricklava gepflastert.

Route 2: Die Küste von Stokkseyri

4 STUNDEN
65 KM

Reiche Vogelwelt und Flora der Wiesen, Sümpfe und Küsten.

Lebensräume: Wiesen, Sümpfe, Trockenrasen, Schären
Charakteristische Arten: Nordischer Fransenenzian* (*Gentianopsis detonsa*), Arktisches Weidenröschen, Austernpflanze, Skua, Schmarotzerraubmöwe, Basstölpel, Singschwan, Bekassine, Uferschnepfe, Odinshühnchen, Sterntaucher, Sumpfohreule

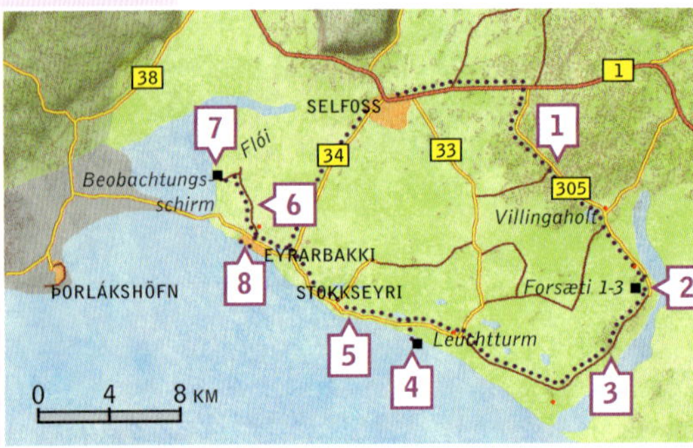

Diese Route führt Sie durch die Region zwischen Selfoss und den Küstendörfern Stokkseyri und Eyrarbakki. Es ist ein großes Gebiet mit Poldern, Wiesen und Sümpfen, das sehr reich an Vögeln ist, insbesondere an Watvögeln. Die Küstenlinie entlang dieser Dörfer ist etwas Besonderes, da sie am Rande eines großen Lavafeldes verläuft, in dem sich viele Gezeitentümpel gebildet haben. Die Vogelbeobachtung an der Küste kann sehr ergiebig sein. Die Show stiehlt dabei die Sumpfohreule, die hier in großer Zahl vorkommt. Auch für Wildblumen gibt es einige ausgezeichnete Stellen.

Die Sümpfe von Flói – Heimat von Sterntaucher, Odinshühnchen, Singschwan und Sumpfohreule.

Startpunkt Selfoss

Fahren Sie auf der Ringstraße 1 nach Osten aus der Stadt hinaus und biegen Sie nach 6km rechts auf die 305 nach Villingaholt ab.

1 Die Route beginnt sanft. Sie durchqueren ein Tiefland mit Gras- und Heideflächen, auf denen Sie die ersten Watvögel entdecken können: Goldregenpfeifer, Rotschenkel, Austernfischer, Regenbrachvogel, Bekassine und Uferschnepfe.

2 Vor Forsæti 1-3 führt ein Schotterweg hinunter zum Fluss. Erforschen Sie an diesem Ort die Wildblumen. Strand-Platterbse, Behaarte Fetthenne, Arktisches Weidenröschen und Sumpf-Herzblatt wachsen hier reichlich. Beachten Sie, wie breit die Flussebene hier ist – eine Folge des stark schwankenden Wasserstands.

3 Der nächste Abschnitt (teilweise unbefestigte Straße) führt durch einige fantastische Sümpfe und Wiesen. Alle oben genannten Watvögel sind hier anzutreffen, halten Sie aber auch nach Schmarotzerraubmöwen Ausschau.

Wenn Sie die 33 erreichen, biegen Sie links nach Stokkseyri ab. Gleich hinter einer kleinen Brücke können Sie auf einem kleinen Parkplatz vor dem Leuchtturm parken.

4 Bevor Sie zum Leuchtturm hinübergehen, sollten Sie den See auf der anderen Seite der Straße ins Visier nehmen. Er ist ein guter Beobachtungsort hinsichtlich Sterntauchern. Beachten Sie auch das Nordische Labkraut um den Parkplatz herum.
Gehen Sie nun zum Leuchtturm. Das sandige Gelände zwischen dem Parkplatz und dem Leuchtturm ist mit farbenfrohem Arktischem Thymian, Echtem Labkraut, Mondraute und Grauem Felsenblümchen bedeckt.
Wenn Sie sich der Küste nähern, steigen Sie einen kleinen Strandkamm hinunter und überqueren den Sandstreifen, der den Höchststand der Flut markiert. Hier treffen Sie auf Austernpflanze, Echte Strandkamille und Europäischen Meersenf. Etwas weiter erwartet den Sommerbesucher der größte botanische Genuss: Das Grasland beherbergt eine sehr große Population des Enzians *Gentianopsis detonsa* – einer typisch nördlichen Art.
Die felsige Meeresküste ist ein guter Ort für die Vogelbeobachtung, mit Eiderenten, Mittelsägern und weiter draußen auf dem Meer vorbeifliegenden Basstölpeln und Skuas. Gehen Sie nicht weiter auf die ineinander verschachtelten Schären, denn sie bilden ein wahres Labyrinth, in dem Sie bei steigender Flut eingeschlossen werden können.

Tausende Exemplare des Enzians *Getianopsis detonsa* wachsen auf den Küstenwiesen unterhalb des Leuchtturms von Stokkseyri.

5 Fahren Sie weiter nach Stokkseyri, von wo aus sich weitere Gelegenheiten bieten, die Küste nach Vögeln abzusuchen. Kurz hinter dem Dorf können sich in den Lagunen wieder Sterntaucher aufhalten.

Die 33 verbindet sich mit der 34. Biegen Sie links ab nach Eyrarbakki. Nach 2,4km biegen Sie rechts auf eine Schotterpiste nach Nesengjar und Óseyri ab.

6 Dieser Weg führt zum Vogelschutzgebiet Flói – einem Gebiet mit ehemaligen Wiesen, die wieder in Sümpfe umgewandelt wurden und wunderbare Möglichkeiten zur Vogelbeobachtung bieten. Wenn Sie langsam fahren und genau hinschauen, haben Sie gute Chancen, Sumpfohreulen zu sehen. Sie sind tagsüber aktiv, noch mehr jedoch am Abend. Halten Sie dafür genau Ausschau nach einem blassen Vogel, der mit einem anmutigen, schmetterlingsähnlichen Flug über den Feldern jagt. Weitere Begegnungen sind mit Schmarotzerraubmöwen und Sterntauchern zu erwarten, während Uferschnepfen und Bekassinen auf den Pfählen entlang der Straße stehen. Suchen Sie die kleinen Teiche nach Odinshühnchen ab, und achten Sie auf die Stare – eine neue Erscheinung in der isländischen Vogelwelt.

7 Nach dem Überqueren eines kleinen Flusses und eines Viehgitters biegen Sie links zum Vogelbeobachtungsschirm ab. Von hier aus beginnt ein Wanderweg, für den Sie, wenn Sie trockene Füße behalten möchten, Gummistiefel brauchen. Das Gebiet um den Beobachtungsschirm ist auch für die oben erwähnten Vogelarten hervorragend geeignet.

Folgen Sie Ihren Weg zurück und überqueren Sie die 34 nach Eyrarbakki.

8 Dieses hübsche Dorf ist bekannt für seine alten Häuser und ein gutes Fischrestaurant und zudem ein weiterer guter Aussichtspunkt für die Beobachtung von Seevögeln.

Kehren Sie über die 34 zurück nach Selfoss.

Mehrere Sumpfohreulenpaare brüten in den Sümpfen von Flói.

Route 3: Zur Hekla – Tour ins Landesinnere

6 STUNDEN
175 KM

Sehr gute Einführung in die isländische Natur.
Von allem etwas: von Hochlandwüste bis Wald.

Lebensräume: Flüsse, Grasland, Wiesen, Heidelandschaft, Hochlandwüste, Plantagen
Geologie: Stratovulkan, Tephrafelder, Säulenbasalt
Charakteristische Arten: Arktisches Weidenröschen, Nordisches Labkraut, Weißzüngel, Silberwurz, Alpen-Pechnelke, Wintergoldhähnchen, Birkenzeisig, Goldregenpfeifer, Kragenente

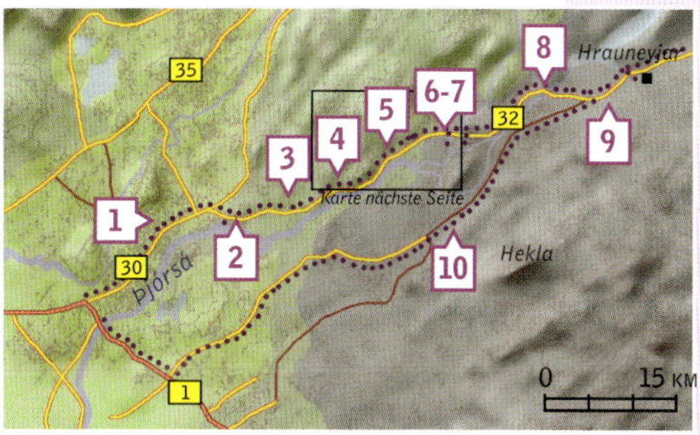

Diese Route führt Sie von den grünen Tieflandwiesen bis in das karge Hochland des Landesinneren – sie ist durchgängig mit einem normalen Auto befahrbar. Auf dem Rückweg kommen Sie am Fuße der Hekla, Islands aktivstem Vulkan, vorbei. Auf dieser Tour lernen Sie eine große Vielfalt isländischer Ökosysteme kennen. Darüber hinaus ist es eine großartige Route, um Wildblumen zu finden. Alles in allem ist dies die Route, mit der wir an unserem ersten Tag auf Island beginnen würden.

Startpunkt Kreuzung Ringstraße 1 mit Straße 30. Folgen Sie der 30 in Richtung Flúðir.

1 Der erste Abschnitt führt durch Wiesen und Grasland mit vielen Schafen und Pferden. Dieses Gebiet – die ehemaligen Überschwemmungsgebiete der Flüsse Hvíta, Þjórsá und Hólsá – ist die größte Agrarfläche Islands. Unterwegs sehen Sie mit großer Wahrscheinlichkeit Rotschenkel, Goldregenpfeifer und Schmarotzerraubmöwen.

Nach 18km biegen Sie rechts auf die 32 in Richtung Árnes und Sprengisandur ab. Nach 5km können Sie am Ufer des Flusses Fossa anhalten und einen kurzen Spaziergang machen.

2 Das Flussufer weist eine interessante Vegetation mit auf Island zwar häufigen, trotzdem aber attraktiven Wildblumen auf: Nördliche Waldhyazinthe, Behaarte Fetthenne, Arktischer Thymian, Wilde Engelwurz, Sumpf-Herzblatt und einige andere. Halten Sie am Flussufer Ausschau nach Watvögeln und Entenvögeln wie dem Mittelsäger.

3 Der nächste Halt liegt 5km weiter auf der linken Seite: ein alter, restaurierter *Réttir* oder Schafspferch. Die isländischen Schafe laufen frei umher und werden hier zusammengetrieben, um anschließend unter den Besitzern aufgeteilt zu werden. Zu diesem Zweck wurde der *Réttir* gebaut. Viele davon sind noch in Betrieb.

Nach weiteren 10km sehen Sie auf der linken Seite eine auffällige Klippe, während der Fluss rechts liegt. Eine Schotterstraße mit einem Sehenswürdigkeitsschild biegt nach links ab und führt auf der anderen Seite an der Klippe vorbei. Nehmen Sie diese und parken Sie auf dem ausgewiesenen Parkplatz. Gehen Sie die Klippe hinauf.

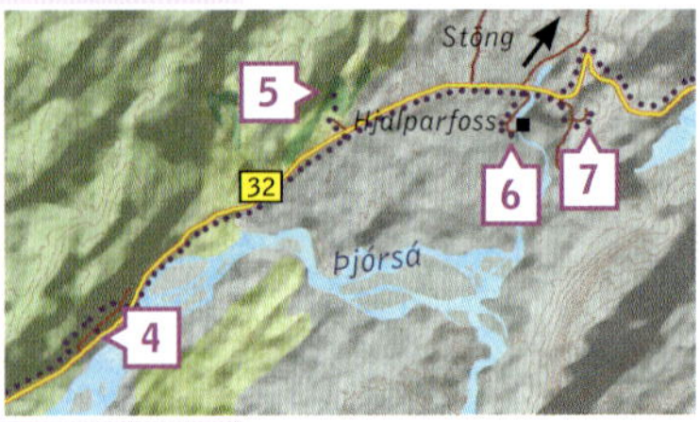

4 Dieser Hang hat eine wunderbare Flora. Es gibt Nordisches Labkraut, Weißzüngel in großer Zahl, Hohlzunge, Roten Steinbrech, Schnee- und Polster-Steinbrech, Schnee-Enzian, Einjährige Fetthenne, Scharfen Mauerpfeffer, Silberwurz und viele andere Wildblumen. Die Aussicht von der Spitze des Hügels auf die Hekla ist fantastisch, aber passen Sie auf, dass Sie hier nicht über den Klippenrand treten – es ist ein langer Weg nach unten!

Der Berg Hekla: der aktivste Vulkan Islands in historischen Zeiten.

Kehren Sie zur Straße zurück und fahren Sie (vorsichtig nach Vögeln auf dem Fluss Ausschau haltend) 4km weiter, bis Sie auf der linken Seite ein Waldstück sehen. Eine Schotterstraße führt dorthin, an der ein Holzpfahl mit der Aufschrift „Gönguleið“ (Fußweg) steht. Sie führt zu einem Parkplatz.

5 Vom Parkplatz aus führt ein neuer, gut angelegter Wanderweg durch den Wald. Der Wald besteht größtenteils aus Fichten und bei einem Spaziergang hat man eher das Gefühl, sich in Skandinavien als auf Island zu befinden. Die Armut des Unterholzes verrät jedoch, dass es sich nicht um einen natürlichen isländischen Lebensraum handelt. Vor allem Steinbeere und Wald-Storchschnabel fallen auf. Allerdings gibt es hier auch viele Birkenzeisige. Zaunkönig und Wintergoldhähnchen brüten hier ebenfalls. Suchen Sie den Fluss nach Vögeln ab – wir haben in der Nähe Kragenenten gesehen.

Kehren Sie zur Straße zurück und fahren Sie weiter. Beachten Sie, wie das Grasland auf dieser kurzen Strecke in Heideland und spärlich bewachsenes vulkanisches Geröll übergeht. Biegen Sie rechts zum Hjalparfoss ab.

6 Der Hjalparfoss ist ein schöner Zwillingswasserfall: Zwei große Flussarme stürzen in dasselbe Becken. Das umgebende Gestein besteht aus eindrucksvollem Säulenbasalt. Manchmal sind hier Kragenenten zu entdecken. Die Gegend lädt geradezu zu einem Spaziergang ein.

Der Hügel an Punkt 4 dieser Route bietet nicht nur eine wunderbare Aussicht, sondern auch eine großartige Flora (oben), darunter eine große Anzahl von Weißzüngel (unten).

7 Kehren Sie zur Straße zurück und biegen Sie rechts nach Þjóðveldisbærinn ab. Ein Stück weiter führt ein Weg nach rechts durch das schöne Gehöft gleichen Namens. Þjóðveldisbærinn ist die Rekonstruktion eines Gehöfts aus der Saga-Zeit, in Anlehnung an den alten Hof Stöng, von dem nur noch die Fundamente erhalten sind. Stöng ist eines von mehreren sehr alten Gehöften in der Gegend, die beim Ausbruch der Hekla im Jahr 1104 unter Tephra begraben wurden. Stöng selbst kann nur mit einem Allradfahrzeug besucht werden (siehe Karte).

Das Arktische Weidenröschen ist eine von neun isländischen Pflanzenarten, die ursprünglich aus Nordamerika stammen. Sie ziert die Flüsse und Seen im Hochlandteil dieser Route.

8 Kehren Sie auf die Straße zurück, biegen Sie rechts ab. Nun steigt die Straße über einen Hügel und Sie befinden sich im Hochland. Leider haben Staudämme die Landschaft hier zerstört, doch die Gegend gibt einen Vorgeschmack auf das Hochland.

9 Ignorieren Sie (vorerst) die Abzweigung nach Hella und parken Sie an der Abzweigung nach Búðarháls. Auf der rechten Seite der Straße befinden sich ein kleiner See und ein Fluss mit einer interessanten Hochlandvegetation, darunter viele Arktische Weidenröschen (eine amerikanisch-arktische Art), Stern-Steinbreche, Alpen-Pechnelken und verschiedene andere Arten.

Wenn Sie möchten, fahren Sie die wenigen Kilometer weiter nach Hrauneyjar – Restaurant, Tankstelle und Tor zum Hochland – um einen Kaffee zu trinken, bevor Sie zurückfahren und links nach Hella abbiegen.

10 Sie überqueren nun das Tephrafeld Árskógar auf einer typisch isländischen Schotterpiste (noch vor wenigen Jahrzehnten sah die gesamte Ringstraße so aus). Beachten Sie den Strandroggen, der als erster Besiedler der Vulkanasche den lockeren Untergrund fixiert. Der Stratovulkan Hekla rückt immer näher. Dort, wo Sie am nächsten an ihn herankommen, ist die Tephra hell gefärbt. Sie gelangen in eine echte nördliche Wüste, in der nichts wächst. Trotzdem sind Sie an diesem Punkt der Zivilisation schon wieder recht nahe. Beim Weiterfahren wird Ihnen auffallen, wie schnell die Hochlandwüste wieder den grünen Weiden der Selfoss-Ebene weicht.

Route 4: Heimaey und die Westmännerinseln

4 STUNDEN
MITTELSCHWER

Spektakuläre Inseln mit großen Seevogelkolonien.

Lebensräume: Meeresklippen, Küstengrasland
Geologie: junge Lavafelder
Charakteristische Arten: Zwergwal, Schwertwal, Weißschnauzendelfin, Papageitaucher, Trottellumme, Gryllteiste, Tordalk, Basstölpel, Skua, Dreizehenmöwe, Atlantiksturmtaucher

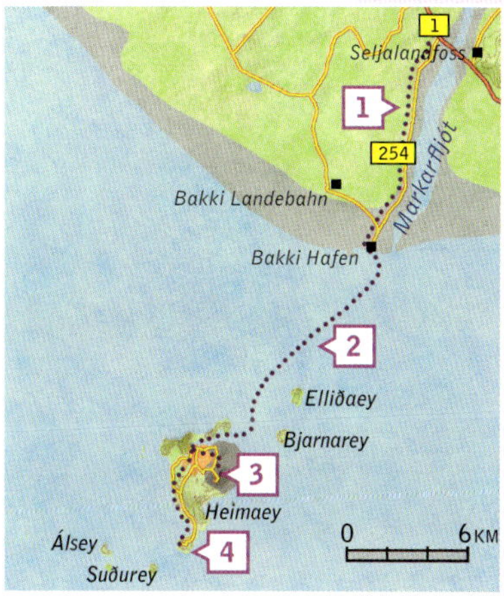

Die Westmännerinseln – ein Archipel aus Felseninseln vor der Südküste Islands – sind sowohl für ihre Seevogelkolonien als auch für die jüngsten Vulkanausbrüche bekannt. Von hier aus lassen sich auch Wale und Delfine beobachten. Zusammengenommen gehören die Seevogelkolonien dieser Inseln zu den größten und vielfältigsten des Landes. Einige Arten, wie Sturmschwalbe, Wellenläufer und Atlantiksturmtaucher, sind fast oder ganz auf die Westmännerinseln beschränkt.

Heimaey ist die größte Insel dieses kleinen Archipels und die einzige, die besucht werden kann. Hier lebt eine blühende Fischergemeinschaft, die 1973 Schauplatz eines dramatischen Vulkanausbruchs war, bei dem die Hälfte der Stadt zerstört wurde. Heute sind die beeindruckende Landschaft und die mit Seevögeln bevölkerten Klippen ein beliebtes Ausflugsziel für Bootsfahrten. Der leichte Weg dorthin macht eine Exkursion zu den Westmännerinseln lohnenswert – die Begeisterung der Vogelbeobachter wird allerdings dadurch gedämpft, dass man zwar Papageitaucher und Eissturmvögel aus nächster Nähe sehen kann, die Klippen mit Tordalken und Lummen jedoch weit entfernt liegen. Für eine bessere Sicht sollte man einen Bootsausflug von Heimaey aus machen, der um die Insel herumführt.

Die Fähre fährt von Bakki (Landeyjahöfn) aus im Sommer um 10:00, 13:00, 16:00, 19:00 und 22:00 Uhr (siehe **www.eimskip.is**). Sie können das Auto mit auf die Fähre nehmen oder auf Heimaey ein Fahrrad mieten. Letzteres ist recht teuer, sodass der Preis für beide Möglichkeiten ungefähr gleich ist.

Startpunkt Abzweigung nach Bakki und Heimaey von der Ringstraße 1, etwa 32km östlich von Selfoss. Folgen Sie der Straße bis zum Hafen und nehmen Sie die Fähre.

1 Die Straße hinunter nach Bakki führt durch eine weite Flussebene, in der man auf den Tümpeln neben der Straße häufig Sterntaucher beobachten kann. Regelmäßig fliegen Schmarotzerraubmöwen vorbei.

2 Die Fähre bietet einige der besten Vogelbeobachtungsmöglichkeiten der gesamten Tour. Suchen Sie in beiden Häfen nach Gryllteisten. Mantel-, Herings-, Silber- und Dreizehenmöwen, Basstölpel, Skuas, Papageitaucher und Lummen fliegen regelmäßig vorbei oder rasten auf dem Wasser. Manchmal werden auch Delphine oder Wale gesichtet. Das Boot passiert die beiden kleinen Felseninseln Elliðaey und Bjarnarey, wo man auf den Felsen Dreizehenmöwen und Lummen sehen kann. Atlantiksturmtaucher und manchmal sogar Wellenläufer können in diesem Gebiet ebenfalls gesichtet werden (es scheint, dass die Abfahrten am späten Nachmittag und Abend die größte Chance für diese Vögel bieten).
Der krönende Abschluss ist die Einfahrt in den Hafen von Heimaey. Hier kommen Sie an fantastischen Klippen voller Dreizehenmöwen und Lummen vorbei, während sich Hunderte, wenn nicht Tausende von Papageitauchern oben an den grasbewachsenen Klippen tummeln.

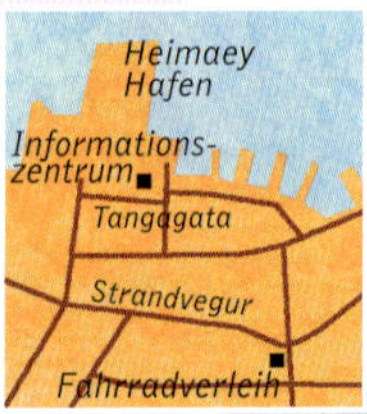

Auf dem Boot gibt es einen Plan des Dorfes und der Insel zum Mitnehmen. Auf Heimaey angekommen, können Sie im Informationszentrum/Laden an der Ecke Strandvegur/Bárustígur ein Fahrrad mieten (wenn Sie ohne Auto gekommen sind). Im

Die Westmännerinseln von der Fähre aus gesehen.

Informationszentrum/Café an der Tangagata wird ein beeindruckender Film mit historischen Bildern des Vulkanausbruchs von 1973 gezeigt, der alle Bewohner zum Verlassen des Ortes zwang, während der Lavastrom ein Drittel der Häuser verschluckte und den Rest unter Tephra begrub.

3 Möchten Sie die vulkanische Geschichte der Insel weiterverfolgen, dann nehmen Sie die Straße links, die zum Eldfell führt, dem Krater, der 1973 ausbrach. Sie kommen an einem Aussichtspunkt mit Informationen über den Ausbruch vorbei. Wenn Sie dem Fußweg zum Eldfell folgen, haben Sie einen phänomenalen Blick auf den Krater und erhalten einen Eindruck von der enormen Kraft der Eruption.

Papageitaucher (oben) sind in den grasbewachsenen Hängen oberhalb der Klippen zahlreich vertreten – die großen Höhlungen in den Felswänden reservieren sich Trottellummen (unten). Man kann sie von der Fähre aus sehen, wenn sie sich dem Hafen des Dorfes Heimaey nähert.

4 Wenn Sie sich für Vögel interessieren, folgen Sie der Straße nach Stórhöfði an der Südspitze der Insel. Dieser Ort ist berüchtigt dafür, der windigste Ort Europas zu sein! Man kann einen Gang um den Leuchtturm herum machen. Von dort aus hat man einen atemberaubenden Blick auf die südlichen Inseln. Auf den grasbewachsenen Hängen in der Nähe halten sich Papageitaucher auf und Eissturmvögel fliegen nahe vorbei. Draußen auf dem Meer können Basstölpel und Tausende von Papageitauchern beobachtet werden. Halten Sie mit dem Spektiv Ausschau nach Tordalken, Lummen und Atlantiksturmtauchern. Außerdem besteht die Chance, Schwertwale, Zwergwale und Weißschnauzendelfine zu entdecken.

Route 5: Die Klippen von Vík und Dyrhólaey

4 STUNDEN
LEICHT

Mehrere kurze Wanderungen über die großartigen Küstenklippen mit reicher Vogelwelt.
Bemerkenswerte Felseninseln, aber auch weite Sedimentationsflächen.

Lebensräume: Küstenklippen, Strände, Salzwiesen, Wiesen, Sander
Geologie: Felseninseln, Felsbögen, Säulenbasalt, vulkanische Strände, Sander
Charakteristische Arten: Kuckucks-Lichtnelke, Feld-Enzian, Eissturmvogel, Schmarotzerraubmöwe, Skua, Papageitaucher, Dreizehenmöwe

Die Küste von Vík bietet eine fantastische Landschaft, das Ergebnis eines interessanten geologischen Phänomens: Während einer langen Periode der Küstenerosion bildeten sich Felsnadeln, Klippen und kleine Felseninseln, die später von Strömen von Tephra und Flusssedimenten verschlungen wurden. Heute sind diese ehemaligen Felseninseln wieder mit dem Land verbunden, einige sogar vollständig von einer riesigen Sanderebene umgeben. Die Klippen von Vík sind nicht nur landschaftlich reizvoll, sondern auch reich an Brutvögeln, insbesondere Papageitauchern.

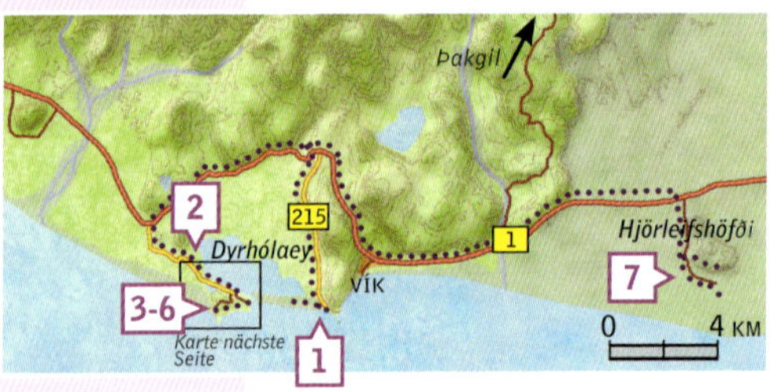

Diese kurze Autoroute verbindet die attraktivsten Orte, an denen Sie jeweils eine kurze Wanderung machen können.

Startpunkt Vík.

Folgen Sie der Ringstraße 1 in westlicher Richtung und biegen Sie auf die 215 ab. Folgen Sie dieser Straße bis zum Parkplatz am Ende.

1 Gehen Sie zum Strand, der aus glatten, abgerundeten, schwarzen Kieselsteinen besteht – das Ergebnis des ständigen Hin- und Herrollens in der Brandung. Auf den Klippen zur Linken brüten zahlreiche Papageitaucher und Eissturmvögel. Die unteren Klippen bestehen aus einer beeindruckenden, fast architektonischen Struktur aus Basaltsäulen: das Resultat der Abkühlung der Basaltlava unter besonderen Bedingungen, die sie dazu veranlasst, in diesem Muster zu brechen.
Draußen auf dem Meer sehen Sie ein weiteres geologisches Highlight: einige seltsam geformte Felseninseln. „Die Nadel“ ist die kurioseste, eine durch

Erosion entstandene Felsnadel. Heute ragt nur noch ein großer, speerartiger Felsen aus dem Meer.
Sie können am Strand entlang in westlicher Richtung gehen, wo Sie die Felsen von Dyrhólaey vor sich sehen. Beachten Sie, dass Sie nicht bis ganz dorthin gehen können, da auf dem letzten Stück ein Fluss den Weg versperrt.

Kehren Sie zur Ringstraße 1 zurück und biegen Sie an der nächsten Kreuzung links in Richtung Dyrhólaey ab.

2 Kurz vor den Klippen durchqueren Sie ein Gebiet mit Wiesen und Salzwiesen. Auf der linken Seite befindet sich ein Parkplatz. Von dort aus kann man eine große flache Lagune überblicken, mit vor allem während des Vogelzugs vielen Watvögeln. Kuckucks-Lichtnelken, eine für isländische Verhältnisse seltene „südliche" Blume, geben den Wiesen einen rosafarbenen Hauch.

Weiter geht es die Klippen von Dyrhólaey hinauf zu zwei Parkplätzen (siehe Karte). Beginnen Sie am östlichen Leuchtturm.

3 Gehen Sie um den ersten Parkplatz herum. Die Aussicht auf den Strand und die Klippen von Vík ist wunderschön. Bei klarem Wetter hat man einen hervorragenden Blick auf den Gletscher Myrdalsjökull im Norden. Papageitaucher brüten überall oben auf den grasbewachsenen Klippen rund um den Parkplatz.

Felsnadeln vor der Küste von Vík.

4 Auf dem Weg zum Leuchtturm können Sie viele Watvögel und Schmarotzerraubmöwen beobachten. Sehen Sie sich hier im Sommer nach Feld-Enzian und in den kleinen Teichen nach Kriechendem Hahnenfuß um.

5 Gehen Sie (vorsichtig!) über den großen Felsbogen von Dyrhólaey – einen der bekanntesten Felsen Islands, um den Blick auf die umliegenden Felseninseln, auf denen Dreizehenmöwen, Lummen und Eissturmvögel brüten, zu genießen. Es gibt sogar ein paar Dickschnabellummen, doch Island bietet viel bessere Plätze, um diesen Vogel zu beobachten.

Eissturmvögel machen sich bemerkbar, wenn man ihnen zu nahe kommt. Helfen die Warnrufe allein nicht, so kommt der Strahl einer übel riechenden öligen Substanz aus ihrem Magen zum Einsatz. Seien Sie vorsichtig – die Vögel können gut zielen!

6 Gehen Sie weiter zum Leuchtturm. Wenn Sie zurückblicken, können Sie die enormen Ausmaße des Felsbogens sehen. Hier brüten einige Lummen, die man jetzt näher sehen kann als auf den vorgelagerten Felseninseln, allerdings immer noch recht weit entfernt. In der Nähe des Leuchtturms brüten wieder Papageitaucher.

Kehren Sie zum Auto zurück, fahren Sie zurück nach Vík und weiter auf der Ringstraße 1 in östlicher Richtung (beachten Sie die große Küstenseeschwalbenkolonie in der Nähe des Campingplatzes). 12km vor Vík biegen Sie rechts ab nach Hjörleifshöfði.

7 Hjörleifshöfði war einst eine Küstenklippe, bis große Mengen Vulkanasche aus dem Vulkan Katla sie verschluckten. Was einst eine durch Meereserosion geformte Felsküste war, ist heute eine isolierte Insel in den Sedimenten der riesigen Sanderebene des Myrdalssandur.
Vom Fahrweg aus kann man für eine hervorragende Aussicht auf die Ebene über einen Wanderweg auf die Klippe hinaufsteigen. Auf der Insel brüten Schmarotzerraubmöwen. Folgen Sie dem Fahrweg weiter zum südlichen Ende der Klippe, um über die offene Sanderebene zu wandern. Nehmen Sie sich vor den hier brütenden Skuas in Acht, die Sie heftig attackieren, wenn Sie den Nestern zu nahe kommen.

Weitere Exkursionsziele im Südwesten Islands

A – Leuchtturm von Garður

Die nordwestliche Spitze der Halbinsel Reykjanes ist ein ausgezeichneter Ort für die Meeresbeobachtung. Basstölpel, Lummen, Papageitaucher und Atlantiksturmtaucher lassen sich hier ziemlich leicht beobachten, während die mit Algen bewachsenen Felsen Watvögel wie Sanderling, Alpenstrandläufer, Steinwälzer und Meerstrandläufer anziehen. Im Frühjahr und Spätsommer/Herbst ist die Vielfalt der Watvögel am größten, da ihre Zugroute von und nach Grönland hier vorbeiführt. Auch Wale (z. B. Zwerg- und Buckelwal) und Robben werden regelmäßig gesichtet.

Die Nähe zum Flughafen macht diesen Ort zu einem idealen ersten oder letzten Zwischenstopp für alle, die Island mit dem Flugzeug besuchen. Die Anfahrt zum Leuchtturm ist einfach: Folgen Sie einfach der Straße 45 nach Garður weiter bis zum Leuchtturm. Dort gibt es auch einen Campingplatz.

B – Hafnaberg

Am Leuchtturm von Garður ziehen regelmäßig Atlantiksturmtaucher vorbei.

Die niedrigen Klippen von Hafnaberg beherbergen eine beträchtliche Seevogelkolonie, unter anderem mit Dreizehenmöwen, Tordalken, Trottellummen und einigen Dickschnabellummen. Die Klippen sind über eine 45-minütige, leichte Wanderung durch ein Lavafeld zu erreichen.

Der Wanderweg beginnt 5,5km südlich des Dorfes Hafnir an einem Parkplatz mit einer Informationstafel auf der Westseite der Straße 425. Gleich südlich dieses Parkplatzes auf der Ostseite der Straße befindet sich ein weiterer Parkplatz mit einem kurzen Weg, der zu einer Brücke über den Grabenbruch zwischen der nordamerikanischen und der eurasischen tektonischen Platte führt.

C – Reykjanesviti

Die südwestliche Spitze der Halbinsel Reykjanes wird von einer dramatischen Klippe am Rande eines kargen Lavafelds beherrscht. Sie liegt in einer heißen vulkanischen Zone, und aus dem nahegelegenen Lavafeld steigt Dampf. Es ist ein spektakulärer Ort, auch wenn er durch das große geothermale Kraftwerk von Gunnuhver etwas beeinträchtigt wird.

Reykjanesviti ist ein guter Ort für die Meeresbeobachtung. Dreizehenmöwen brüten auf den Klippen, und auch Krähenscharben sind oft zu sehen. Lummen und Tordalke aus der nahe gelegenen Kolonie Hafnaberg können von hier aus ebenfalls beobachtet werden. Vor der Küste sind Basstölpel sehr häufig, die auf der kleinen, rechteckig geformten Insel Eldey, die Sie in der Ferne sehen können, brüten. Eldey beherbergt die größte Basstölpelkolonie Islands, in der mit 16.000 Paaren mehr als die Hälfte der isländischen Basstölpel leben. Die Insel war auch der letzte Brutplatz des Riesenalks (siehe Kasten auf Seite 114), der zusammen mit dem Dodo und der Wandertaube zu den berühmten Vögeln gehört, die der Mensch zum Aussterben gebracht hat. Eine wunderschöne Skulptur des Künstlers Todd McGrain auf Reykjanesviti zeugt von dieser traurigen Tatsache.

D – Blaue Lagune

Nur 5km von der Stadt Grindavík und 20km vom Flughafen entfernt liegt die berühmte Blaue Lagune. Aus der Ferne sieht sie nicht besonders einladend aus: Die Dämpfe, die von einem großen Industriekomplex inmitten der dunklen, mondähnlichen Lavafelder aufsteigen, verleihen ihr eine gespenstische Atmosphäre wie aus der Zeit nach einem Dritten Weltkrieg. Die Gebäude gehören zu einem geothermalen Kraftwerk, hinter dem die Blaue Lagune liegt, das berühmteste Thermalbad Islands (und vielleicht der Welt). Das warme, milchige Wasser und das hochmoderne Wellness-Center sind eine der Hauptattraktionen des Landes. Auch wenn es wenig mit Naturtourismus zu tun hat, ist es ein wunderbarer Ort, um (zu einem hohen Eintrittspreis) die müden Knochen Naturforschender auszuruhen.

E – Krýsuvík

Seltún, in der Nähe des Bauernhofs von Krýsuvík, ist ein Gebiet mit heißen Quellen, das Teil der aktiven vulkanischen Systeme von Reykjanes ist. Es ist ein beeindruckendes kleines Gebiet, in dem alle Merkmale vulkanischer heißer Zonen zu finden sind: Dampfschwaden, kochender Schlamm (in verschiedenen Farben), dampfende Becken, alles von fauligen Schwefeldämpfen umhüllt. Es wurde ein kurzer Rundweg (20 Minuten) durch das Gebiet angelegt, der Sie sicher über den kochend heißen Boden führt. Es gibt aber auch Möglichkeiten für längere Wanderungen.

Solfataren (kochender Schlamm) bei den heißen Quellen von Krýsuvík.

Krýsuvík liegt an der Straße 42 und ist leicht an dem großen Parkplatz neben den dampfenden, hellen Hügeln zu erkennen. Versäumen Sie nicht, einen Blick auf den Grænavatn zu werfen – einen See in einem Explosionskrater südlich von Seltún.

F – Reykjavik und Umgebung

Die isländische Hauptstadt bietet einige gute Möglichkeiten zur Vogelbeobachtung. Ein Vogel ist sogar weitgehend auf Reykjavík beschränkt: die Amsel. Dieser Neuankömmling hat in den geschützten Gärten der Stadt einen geeigneten Lebensraum gefunden und ist heute ziemlich häufig anzutreffen.
Eine typischere isländische Vogelwelt findet man bei Grótta, der westlichen Spitze der Halbinsel Reykjavík. Küstenseeschwalben und Eiderenten brüten hier, während man Basstölpel und Papageitaucher auf dem Meer sehen kann.
Ein schöner Ausflug ist die Überfahrt zur Insel Viðey mit der Fußgängerfähre vom Hafen aus. Die Fahrt dauert kaum 10 Minuten. Auf der Insel brüten Papageitaucher.
Im Winter kann man manchmal auf dem See Tjörn im Zentrum der Hauptstadt interessante Vögel beobachten.

Strokkur bricht aus. Es ist Islands einziger regelmäßig ausbrechender Geysir und einer von nur einer Handvoll Geysiren weltweit.

G – Walbeobachtung von Reykjavik aus

Vom Hafen im Zentrum von Reykjavík aus (Ægisgarður, neben dem Konzertgebäude Harpa) starten die Walbeobachtungsunternehmen zu ihren Whalewatching- und Papageitauchertouren in der Bucht Flaxaflói. Zwergwale, Buckelwale, Weißschnauzendelfine und Schweinswale sind die am häufigsten gesichteten Arten. Siehe Seite 247 für weitere Einzelheiten.

H – Geysir und Strokkur

Der berühmte Geysir Strokkur in Geysir ist das seltsamste aller geothermischen Phänomene. Es handelt sich um ein großes Loch im Boden mit kochendem Wasser, aus dem in regelmäßigen Abständen (zwischen 4 und 8 Minuten) ein gewaltiger Strahl heißen Wassers 10 bis 20m hoch in die Luft schießt.
Geysire sind weltweit selten. Sie entstehen, wenn unterirdische Becken mit heißem Wasser durch darunter liegende Magmakammern erhitzt werden. Steigt der Druck beim Kochen des Wassers, sucht es sich durch ein enges Loch einen Weg nach draußen und der Geysir bricht aus. Damit ein Geysir regelmäßig und senkrecht ausbricht, müssen die Tiefe und Temperatur der Wärmequelle, die Größe der Wasserkammer und die Durchmesser der Eintritts- und Austrittsöffnungen genau aufeinander abgestimmt sein, was nicht oft vorkommt.

Erdbeben und Eruptionen können plötzlich neue Geysire entstehen lassen oder bestehende zum Erliegen bringen. Strokkur, der aktuelle Geysir, wurde erst vor nicht allzu langer Zeit durch eine nahe gelegene Bohrung im Jahr 1963 zum Leben erweckt. Davor war Geysir, der berühmte Geysir, der dem Phänomen seinen Namen gab, der größte der Region. Er liegt 30m vom Strokkur entfernt und war deutlich größer und höher. Heute bricht er nur noch selten aus.

I – Gullfoss

Der Gullfoss, der „goldene Wasserfall“, ist einer der spektakulärsten Wasserfälle Islands. Er liegt nur 10km nördlich von Geysir am Beginn der Kjölur-Route über das Hochland (Ziel P auf Seite 147). Der Gullfoss wird oft in Kombination mit Geysir besucht und zusammen mit Þingvellir bilden sie den Goldenen Kreis Islands.
Gullfoss ist ein zweistufiger Wasserfall, dessen Stufen rechtwinklig zueinander stehen. In den Sommermonaten stürzt dort ein gewaltiges Wasservolumen von 130m^3 pro Sekunde hinunter. Durch den immerwährenden Nebel, der vom Wasserfall aufsteigt, wird die Umgebung an sonnigen Abenden in ein goldenes Licht getaucht – daher der Name Gullfoss.
Sie können den Wasserfall sowohl von oberhalb als auch von unterhalb, dort, wo das Wasser in die Tiefe stürzt, überblicken – ein spektakulärer Anblick.

J – Das Geothermalgebiet von Hveragerði

Eine schöne Wanderung führt von der Ortschaft Hveragerði hinauf in ein aktives geothermisches Gebiet. Überall auf den Hügeln sieht man Dampfschlote und entlang des Weges befinden sich Solfataren (kochende Schlammtöpfe). Das Besondere an Hveragerði ist der kleine Fluss, der sich wie ein dampfendes Band durch

Der dampfende Fluss Hveragerði. Zahlreiche heiße Quellen in den Hügeln erwärmen das Flusswasser und machen es zu einem wunderbaren Ort zum Baden.

das grasbewachsene Tal zieht. Das Wasser des Flusses ist warm genug zum Baden, da der Fluss von verschiedenen heißen Quellen in den Bergen gespeist wird.
Entlang des Weges treffen Sie auf viele der üblichen isländischen Watvögel, und zu den Wildblumen dort gehören Nordisches Labkraut, Behaarte Fetthenne und Nördliche Waldhyazinthe. Sehr hübsch sind auch die Stellen mit Arktischem Thymian, der auf den warmen Böden gut gedeiht.
Seien Sie sehr vorsichtig, nicht vom Weg abzukommen. An manchen Stellen ist der Boden buchstäblich kochend heiß!
Um zum Startpunkt zu gelangen, folgen Sie der Hauptstraße Breiðamörk durch die Stadt bis zum Golfplatz. Halten Sie sich auf der linken Seite des Flusses. Die Wanderung beginnt hier vom Parkplatz aus.
Hveragerði ist ein wichtiges Zentrum für den Gemüseanbau mit geothermischer Energie. Hier werden unter anderem Gurken und Tomaten gezüchtet.

K – Der Fluss Sog

Nähert man sich Þingvellir von Selfoss im Süden aus, fährt man am Fluss Sog entlang, der den Þingvallavatn entwässert. Sowohl der See als auch der Fluss beherbergen aufgrund des nährstoffreichen, quellgespeisten Wassers eine Vielzahl von Vögeln, seltene Arten im Süden, wie z. B. Eistaucher und Spatelente. Letztere ist eigentlich auf den See Mývatn beschränkt, doch einige wenige Paare brüten auch hier.

Der Fluss Sog ist neben dem See Mývatn der einzige Ort Islands, an dem die Spatelente regelmäßig brütet.

Obwohl die Chancen, diese Arten hier zu sehen, geringer sind als im Norden, stehen sie dennoch gut und ein Besuch ist ganz einfach. Wenn Sie auf der 36 zwischen Þingvellir und Selfoss unterwegs sind, biegen Sie einfach an der Ausfahrt zum Úlfljótsvatn ab, die zum Damm führt. Ein paar hundert Meter weiter halten Sie von der Brücke aus Ausschau nach diesen Vögeln auf dem Wasser und am Ufer.

L – Seljalandfoss

Einer der berühmteren Wasserfälle Islands ist der Seljalandfoss. Das Besondere an ihm ist der Weg, der zu einer untiefen Höhle hinter dem Wasserfall führt und einen Blick „hinter die Kulissen" ermöglicht.
Der Seljalandfoss liegt an der Straße 249 nach Þórsmörk, direkt an der Ringstraße 1. Vom Parkplatz aus ist es nur ein kurzer Weg zum Wasserfall. Ein Besuch lässt sich gut mit einem Ausflug zum Skogafoss verbinden. So kann man einen Nachmittag zum Thema „Wasserfall" verbringen.

M – Skogar und Skogafoss

Der Skogafoss ist einer der berühmtesten Wasserfälle Islands und mit 60m Höhe einer der höchsten. Die Klippen zu beiden Seiten des Wasserfalls werden ständig von dem herabstürzenden Wasser berieselt. Es ist erstaunlich, dass sogar hier – an einem der wenigen Orte auf der Welt, wo es immer regnet – Eissturmvögel brüten. Versäumen Sie nicht, die Stufen neben dem Wasserfall hinaufzusteigen, von wo aus Sie einen wunderbaren Blick auf den Wasserfall haben. Wenn Sie dem Wanderweg ein Stück weiter folgen, gelangen Sie in die Skogaheiði – ein wunderschönes Gebiet mit vielen interessanten Wildblumen, darunter Moor-Steinbrech, der an feuchten Stellen direkt neben dem Weg auf den ersten 100m wächst. In Skogar ist ein Besuch des historischen Museums, in dem alte Torfhäuser und eine alte Schule wunderschön renoviert sind, lohnenswert. Gleich dahinter liegt der Wald von Skogar – ein 10 ha großes Waldgebiet mit einer großen Vielfalt an Bäumen und vielen brütenden Birkenzeisigen.

Sowohl Skogar als auch der Skogafoss sind von der Ringstraße 1 aus gut ausgeschildert.

Der Skogafoss ist einer der beeindruckendsten Wasserfälle Islands. Beachten Sie die Menschen, die unten am Wasserfall stehen.

N – Sólheimajökull

30km westlich von Vík, am Ende der holprigen (aber glücklicherweise kurzen) Piste 221, die von der Ringstraße 1 abzweigt, liegt der Sólheimajökull, ein kleiner Gletscher, der von dem riesigen Plateaugletscher Mýrdalsjökull herunterfließt. Dieser Ort bietet die einfachste Möglichkeit in Westisland, um einem Gletscher nahe zu kommen. Obwohl er nur 4km von der wichtigsten Verkehrsstraße des Landes – der Ringstraße 1 – entfernt liegt, befinden Sie sich in der ruhigen und stillen Welt des Gletschers, mit Eisbergen, riesigen Felsbrocken und leerem, kargem Land, von dem sich das Eis rezent zurückgezogen hat.

Der Gletscher ist in 15 Minuten über einen einfachen Wanderweg zu erreichen, der am Parkplatz am Ende der 221 beginnt (Dort gibt es auch ein Café und ein Unternehmen, das Gletscherwanderungen anbietet).

Unterwegs werden Sie auf viele geologisch interessante Phänomene stoßen, die mit dem Rückzug der Gletscher in Verbindung stehen, wie zersplitterte Felsen, Kessellöcher und Moränen. Interessant ist auch, diese Wanderung als umgekehrte Sukzession zu betrachten: In der Nähe des Cafés ist die Vegetation die einer Hochlandheide, doch im Verlauf des Weges, wo das Land einer zunehmend kürzer werdenden eisfreien Zeit unterworfen war,

!

Versuchen Sie nicht, den Gletscher ohne einen professionellen Führer zu besteigen – es ist extrem gefährlich.

wachsen bald nur noch Pionierpflanzen (viel Einjährige Fetthenne), bis es gar keine Pflanzen mehr gibt.
(Warnung am Rande: Versuchen Sie bitte nicht, den Gletscher ohne einen professionellen Führer zu besteigen – es ist extrem gefährlich).

Die raue Landschaft von Þakgil

O – Þakgil

Östlich von Vík gibt es die Straße nach Þakgil, zu einem kleinen Campingplatz 14km nördlich der Ringstraße 1 inmitten der Berge, unterhalb des Gletschers Mýradalsjökull. Die Gegend ist landschaftlich herausragend. Tiefschwarze Lavafelsen sind stellenweise mit smaragdgrünen Moosen und Gras bewachsen. Die Berge sind zerklüftet und steil, aber von breiten Flusstälern und Tephraebenen des Myrdalsjökull durchzogen.
Es gibt hier verschiedene schöne, markierte Routen: 12,5km lang, 13,5km lang und eine schwere 17km lange. Aber auch wenn Sie keine längere Wanderung planen, ist allein die Fahrt dorthin (über eine holprige Piste) sehr lohnenswert. Die Aussichten auf die isolierte Berginsel Hafursey inmitten des Myrdalssandur mit seinen weit verzweigten Flüssen ist sehr eindrucksvoll.

P – F35 Die Hochlandroute Kjölur

Die Kjölur-Route ist die am leichtesten zu befahrende der beiden Pisten durch das Hochland im Landesinneren Islands. Sie ist auch die einzige, bei der man keine breiten Flüsse durchqueren muss und deren Befahrung daher auch mit normalem PKW (2-Rad-Antrieb) versucht werden kann.
Die F35 überquert das zentrale Plateau zwischen den Plateaugletschern Langjökull und Hofsjökull, über die man an klaren Tagen eine fantastische Aussicht hat. Im Geothermalgebiet von Hveravellir gibt es einen Campingplatz und eine Berghütte, hinter der eine interessante Hochlandvegetation wächst. An mehreren Stellen entlang der Strecke kommen Kurzschnabelgänse vor.

Q – F26 Die Hochlandroute Sprengisandur

Die Sprengisandur-Route (F26) ist die längere, schwierigere, weniger befahrene und interessantere der beiden Hochlandüberquerungen. Sie durchquert das Hochland zwischen den Plateaugletschern Hofsjökull und Vatnajökull. Wer diese Strecke befahren will, muss

Erfahrung mit Flussdurchquerungen haben. Der Höhepunkt ist Þjórsárver am Fuße des Hofsjökull – das größte Hochland-Sumpfgebiet Islands mit der höchsten Konzentration von Kurzschnabelgänsen in ganz Island. Hier wachsen zudem hervorragende Wildblumen des Hochlands.

R – Landmannalaugar

Das mit Lava gefüllte Tal von Landmannalaugar, umgeben von Rhyolithbergen, ist ein surrealer Ort. Das helle Rhyolithgestein, in Braun-, Rot-, Grau- und Grüntönen, steht in starkem Kontrast zu dem dunklen vulkanischen Glas und der Lava. Es gibt natürliche geothermische Pools, in denen man baden kann und zahlreiche Wanderwege. Die großartige Landschaft macht Landmannalaugar zu einem beliebten Wandergebiet, das für Wanderer, zusammen mit Þórsmörk (dem nächsten Ort), ein Höhepunkt Islands ist.

Landmannalaugar ist berühmt für seine surrealen, vielfarbigen Berge. Das Gestein besteht aus Rhyolith – einer sauren, sehr zähflüssigen Lavaart mit vielen verschiedenen Mineralien, die für die seltsamen Farben verantwortlich sind.

Am Rande des Lavafelds befinden sich eine Berghütte, ein Campingplatz, ein kleines Café und ein Laden. Sie alle kommen im Sommer nur schwer mit den vielen Besuchern zurecht.

Landmannalaugar liegt am Ende der F-208, einer 4x4-Piste, die mit einem normalen Auto bis zu einem Parkplatz etwa 500m vor dem Campingplatz befahrbar ist (Achtung: mit einem Mietwagen nicht erlaubt!). Es fahren täglich mehrere Busse von Reykjavík über Hveragerði, Selfoss und Hella nach Landmannalaugar. Für weitere Informationen siehe **www.landmannalaugar.net**.

S – Wandern in Þórsmörk

Versteckt zwischen den Plateaugletschern Eyjafjallajökull und Myrdalsjökull liegt Islands zweites beliebtes Wandergebiet: Þórsmörk. Obwohl es gar nicht so weit von der zivilisierten Welt entfernt liegt, handelt es sich um ein wunderbar wildes Gebiet mit hohen Bergen, großen Flusstälern, Gletschern und bemerkenswerten, ursprünglich isländischen Birkenwaldbeständen.

In Þórsmörk gibt es mehrere Berghütten und Campingplätze sowie eine Vielzahl von Wanderwegen, von denen der anstrengende Aufstieg zwischen den beiden Plateaugletschern und hinunter nach Skogar der beliebteste ist.

Die F249 nach Þórsmörk ist nur mit Allradantrieb befahrbar. Es gibt aber auch viele Busse von Reykjavík aus, die außerdem Hveragerði, Selfoss und Hella anfahren. Weitere Informationen finden Sie unter **www.re.is** oder **www.trex.is/thorsmork**.

Routen auf der Halbinsel Snæfellsnes

Südlich des großen Breiðafjörður liegt die große Halbinsel Snæfellsnes. Sie wird oft als Miniaturausgabe Islands bezeichnet, weil hier alle Landschaftstypen vertreten sind. Obwohl das nicht ganz der Wahrheit entspricht, bietet das Vorhandensein von Vulkanen, Lavafeldern, Küstenklippen und Schären, Fjorden und sogar einem kleinen Gletscher eine sehr vielfältige Landschaft auf kleinem Raum.

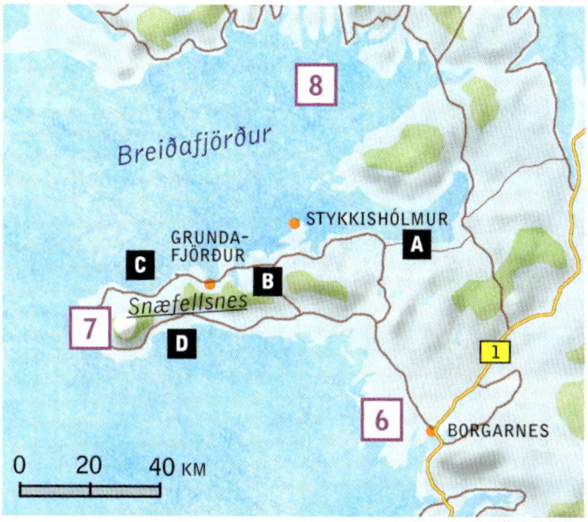

Die Halbinsel Snæfellsnes im Überblick. Die Zahlen beziehen sich auf die Routen der folgenden Seiten, die Buchstaben auf die auf Seite 159-160 beschriebenen Exkursionsziele.

Die Landschaft der Halbinsel ist spektakulär. Große Berge erheben sich aus U-förmigen Tälern auf Meeresspiegelniveau bis in die Wolken. Zahlreiche Wasserfälle stürzen Hunderte von Metern von den senkrechten Klippen hinunter. Ökologisch gesehen bildet die Halbinsel Snæfellsnes eine Einheit mit den Westfjorden. Eine Reihe von Vogelarten wie Eismöwe, Krähenscharbe, Kormoran und Wildblumen wie dem Arktischen Mohn, kann man nur in diesen beiden Gebieten beobachten.

Das Beste, was Snæfellsnes an Landschaft, Vögeln und Flora zu bieten hat, lässt sich bequem auf einem Rundweg (10) erkunden, während eine Reihe weiterer sehenswerter Orte (Ziele A bis D auf Seite 159-160) weiter im Osten liegen.

Auf der Fahrt zur Halbinsel kommt man nördlich von Borgarnes an dem wunderschönen Gebiet von Mýrar (Route 9) vorbei, das sehr reich an Wasser- und Moorvögeln ist. Ein Besuch der Halbinsel ist nicht komplett ohne eine Exkursion nach Flatey, wo man unter den vielen Vögeln Papageitaucher von nahem beobachten kann und die Chance hat, Thorshühnchen zu sehen.

Höhepunkte

- Spektakuläre Küstenklippen bei Snæfellsnes mit großen Seevogelkolonien.
- Schöne Fjordlandschaft mit steilen Bergen und stillen Buchten.
- Ausgezeichnete Möglichkeiten zur Walbeobachtung.
- Gute Chancen, eine Reihe begehrter Vögel wie Thorshühnchen, Seeadler, Eismöwe und Dickschnabellumme zu beobachten.
- Die bezaubernde Insel Flatey mit ihren vielen Papageitauchern und anderen Vögeln, die man aus nächster Nähe beobachten kann.

Route 6: Mýrar

4 STUNDEN
75 KM

Unberührtes Küstentiefland mit vielen Brut- und Zugvögeln.

Lebensräume: Küstenwiesen, sumpfige Tundra, Schlickwatt, Küstenlagunen
Charakteristische Arten: Uferschnepfe, Goldregenpfeifer, Regenbrachvogel, Alpenstrandläufer, Sanderling, Sterntaucher, Eistaucher, Schmarotzerraubmöwe, Ringelgans, Blässgans

!
Route führt ausschließlich über unbefestigte Straßen
–
Vorsicht vor Jungvögeln auf der Straße

Nördlich der Stadt Borgarnes liegt das große Küstentiefland von Mýrar. Torfiges Grasland und tundraähnliche Vegetation aus Seggen, Wollgras und Zwerg-Birken bedecken große Flächen, unterbrochen von Wiesen und Seen. Dies ist eines der wenigen großen, flachen, sumpfigen Tieflandgebiete und einer der wenigen Gezeitensümpfe Islands und daher von großer Bedeutung für sowohl Brut- als auch Zugvögel auf ihrer Route von und nach Grönland. Anfang Juni und Ende August bis September sind die Küstensümpfe voller Zugvögel, während uns im Juli die ansässigen Watvögel und ihre Küken in ihren Bann ziehen.

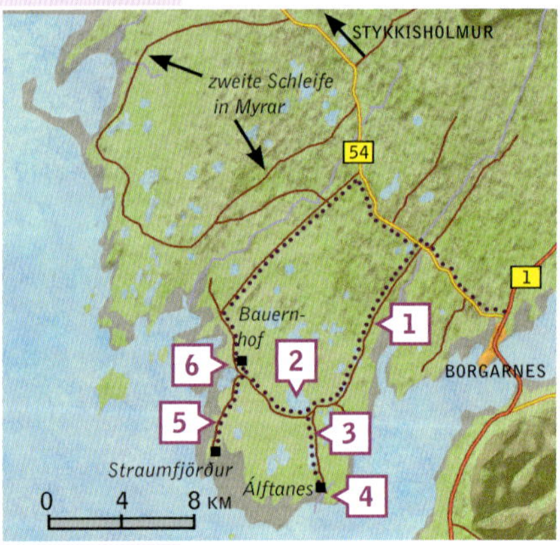

Startpunkt Borgarnes

Nördlich der Stadt nehmen Sie die 54 Richtung Ólafsvík und Stykkishólmur. Kurz hinter einer Brücke biegen Sie links ab auf die unbefestigte Straße nach Álftanes.

1 Anfänglich ist die Landschaft ziemlich buschig, nach einer kleinen Brücke wird das Gelände ebener und sumpfiger, mit vielen Watvögeln, darunter Rotschenkel, Uferschnepfe, Regenbrachvogel und Goldregenpfeifer. Regelmäßig fliegen Schmarotzerraubmöwen vorbei.

2 Der große See Hólsvatn zu Ihrer Rechten beherbergt eine große Anzahl von Graugänsen, denen sich während des Zugs andere Gänsearten anschließen. Auch haben wir hier ein Paar Eistaucher entdeckt.

In der Nähe des Sees teilt sich der Weg. Nehmen Sie die linke Abzweigung Richtung Álftaness.

3 Etwa 100m hinter der Abzweigung, kurz hinter einer Anhöhe, bietet sich Ihnen ein schönes botanisches Intermezzo. Auf dem wenig einheitlichen Gelände zu beiden Seiten der Straße wachsen Mondraute, Gewöhnliches Fettkraut, Sumpf-Herzblatt, Stängelloses Leimkraut, Nordisches Berufkraut, Behaarte Fetthenne und Nördliche Waldhyazinthe.

4 Weiter bei Álftanes (Kirche und Bauernhof) überblickt man eine Bucht mit einer kleinen Eiderentenkolonie. Dieser Ort kann während der Zugzeit sehr interessant sein.

Kehren Sie zum See Hólsvatn zurück und biegen Sie links ab, an der nächsten Kreuzung wieder links Richtung Straumfjörður und Knarrarness.

5 Auch auf dieser Strecke gibt es viele Watvögel. An einigen Stellen liegen Salzwiesen, die während der Zugzeit von Bedeutung sind. Küstenseeschwalben, Sandregenpfeifer und Eiderenten brüten hier – Gänse und Watvögel können zur Zugzeit zahlreich sein.

Kehren Sie zurück und biegen Sie links ab.

6 Hinter dem Bauernhof zu Ihrer Rechten überblicken Sie links eine große Gezeitenbucht, in der sich ebenfalls viele Watvögel aufhalten, sowohl im Sommer als auch während der Zugzeit.

Fahren Sie weiter, bis Sie wieder auf die 54 treffen, wo Sie rechts abbiegen und nach Borgarnes zurückkehren. Dort können Sie eine zweite Schleife durch die Mýrar-Sümpfe machen (siehe Karte). Sie führt durch ähnliches Gelände.

Die flache Seenlandschaft von Mýrar (unten) beherbergt zahlreiche Watvögel, wie z. B. Uferschnepfen (oben).

Route 7: Rund um Snæfellsnes

GANZTÄGIG
LEICHT–MITTELSCHWER

Eine der abwechslungsreichsten Routen ganz Islands. Reiche Flora und Vogelwelt, vor allem Klippen mit Seevögeln.

Lebensräume: Lavafelder, Küstenklippen, Felsbögen, Säulenbasalt, Geröllstrand
Geologie: Blocklavafeld, Säulenbasalte, erodierte Klippen, Felseninseln
Charakteristische Arten: Weißzüngel, Moor-Steinbrech, Stern-Steinbrech, Feld-Enzian, Bitterer Kranzenzian, Nordischer Fransenenzian* (*Gentianopsis detonsa*), Arktischer Mohn, Schottischer Liebstöckel, Schwertwal, Trottellumme, Dickschnabellumme, Tordalk, Basstölpel, Dreizehenmöwe, Eismöwe, Sterntaucher, Odinshühnchen, Küstenseeschwalbe

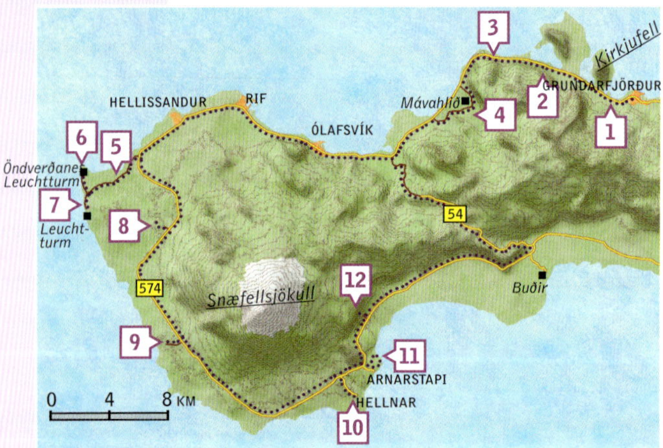

In den Broschüren wird Snæfellsnes häufig als eine Miniaturausgabe von Island angepriesen, eine gute Zusammenfassung einer Route um die Spitze der Halbinsel herum, denn fast alle landschaftlichen Merkmale Islands sind dort vorhanden: atemberaubende Fjordlandschaften, massive Klippen, an denen Wasserfälle hinabstürzen, ausgedehnte Lavafelder, Explosionskrater, Felseninseln und Klippen voller Seevögel. Über all dem erhebt sich der Gletscher von Snæfellsnes. Diese Route gibt einen Vorgeschmack auf all diese Naturphänomene. Bei jedem Halt können Sie einen kurzen Spaziergang durch eine andere Landschaft mit ihren speziellen geologischen Merkmalen, Pflanzen und Vögeln machen.

Startpunkt Grundarfjörður

Verlassen Sie das Dorf in westlicher Richtung und parken auf dem Parkplatz, der von einem auffälligen Berg überragt wird.

1 Dies ist der Kirkjufell oder Kirchenberg, ein kathedralenartiger Berg, der auf allen Seiten von Fjorden umgeben und nur durch eine kleine Landbrücke mit dem Festland verbunden ist. Man sagt, er sei Islands meistfotografierter Berg. Im Süden erheben sich steile Berge mit Wasserfällen – ein wahrhaft majestätischer Anblick. Die Berge haben die für Gletschererosion typische Form: flache Gipfel und steile Flanken, die in eine sanft abfallende Basis und einen flachen Talboden übergehen.
Im Grundarfjörður lebt im Winter und Frühjahr eine Gruppe Orcas. Halten Sie im Fjord Ausschau nach ihren langen, schwertartigen Rückenflossen. Eismöwen und Eissturmvögel sind in dieser Bucht häufig anzutreffen, was für einen Großteil dieser Route gilt.

2 Sie passieren zwei Lagunen, die sich hervorragend für Vögel wie Bergente, Odinshühnchen und Sterntaucher eignen.

3 Hinter diesen Lagunen führt die Straße an steilen Hängen entlang. Halten Sie am Parkplatz mit Aussichtspunkt an der Straße. Von hier aus hat man einen schönen Blick auf den Breiðarfjörður. Viel interessanter sind jedoch die feuchten Klippen auf der anderen Seite der Straße, wo man zwischen den Moosen viel Moor- und Stern-Steinbrech finden kann. Fahren Sie weiter und biegen nach 4km links auf eine holprige Piste nach

Das typische Kalenderbild von Snæfellsnes: der Kirkjufell mit Orcas in der Bucht.

Mávahlið ab. An der T-Kreuzung geht es nach rechts ab. Dieser Weg trifft wieder auf die Straße 574.

4 Zwischen der Piste und der Hauptstraße liegen eine Reihe von Sümpfen, die für die oben erwähnten Vögel ergiebig sein können.

Fahren Sie weiter auf der 574, durch Ólafsvík und danach durch Rif. Kurz hinter Rif führt die Straße durch eine sehr große Küstenseeschwalbenkolonie, angeblich die größte Islands, bevor sie Hellissandur erreicht. Nach weiteren 4,5km hinter Hellissandur biegen Sie rechts auf einen Schotterweg nach Öndverðarnes ab.

5 Der Weg führt durch ein Lavafeld, das mit Moosen, Silberwurz und verschiedenen Heidepflanzen bewachsen ist. Die eigentliche Attraktion liegt in den Rissen und Spalten der Lava. An diesen geschützten Stellen findet sich eine reiche Flora mit verschiedenen Farnen, Weißzüngel, Geflecktem Knabenkraut, Wald-Storchschnabel und der (auf Island seltenen) Einbeere.
Es lohnt, sich Zeit zu nehmen und durch das Lavafeld zu streunen, denn auf dem Weg sind immer wieder neue Pflanzen zu entdecken. In den exponierteren Heidestücken wachsen Feld- und Schnee-Enzian und Bitterer Kranzenzian. Es ist eigentlich egal, wo auf dieser Strecke Sie für Ihre Erkundungen anhalten. Der Parkplatz am Skarðsvík ist so gut wie jede andere Stelle.

Fahren Sie weiter und biegen Sie an der Kreuzung rechts ab. Parken Sie am kleinen Leuchtturm von Öndverðarnes.

6 Folgen Sie dem Weg nach Brunnurinn Fálki und schauen Sie aufs Meer hinaus. Dies ist ein hervorragender Ort, um nach Schwertwalen Ausschau zu halten, die um das Kap herumziehen. Auch Basstölpel und verschiedene Alken lassen sich hier beobachten. Seien Sie vorsichtig auf den Basaltfelsen, die glitschig sein können!

Kehren Sie zur T-Kreuzung zurück und gehen Sie jetzt geradeaus zum nächsten Leuchtturm.

7 Der Leuchtturm steht auf einem hohen Basaltfelsen. Dies ist ein großartiger Ort. Sowohl nördlich als auch südlich des Leuchtturms sind die Klippen voll mit Seevögeln. Es gibt viele Tordalke, Dickschnabel- und Trottellummen, letztere sowohl in der normalen als auch in der „gezügelten“ Form, mit einer dünnen weißen Linie um das Auge herum und hin zum Hals. Auch Dreizehenmöwen und Eissturmvögel sind da, und alle zusammen erzeugen eine Kakophonie von Rufen und Schreien. Suchen Sie die Felsen unten am Meer nach Gryllteisten, Kormoranen und Krähenscharben, die in geringerer Zahl vorkommen, ab. Ab Mitte Juli kann man auch Kragenenten sehen – die Erpel haben dann die Brutgewässer entlang der Flüsse im Landes-inneren Islands verlassen und halten sich an den Felsküsten auf.

Kehren Sie zur Straße 574 zurück und biegen rechts ab, nach 6,5km wieder rechts ab nach Sáxholl und auf den Parkplatz.

8 Ein kurzer Gang bringt Sie hinauf zum Kraterrand des Vulkans Sáxholl. Achten Sie auf das Gewicht des Tuffsteins – er ist mit Gasblasen gefüllt, weshalb das Gestein so leicht ist. Vom Gipfel aus hat man einen großartigen Blick auf die umliegenden Lavafelder und verschiedene andere Explosionskrater in der Gegend.

!

Der Klippenrand ist instabil, kommen Sie nicht zu nahe

Die Klippen von Svörtuloft (oben; Punkt 7) beherbergen eine gemischte Kolonie von Dreizehenmöwen, Trottellummen und Dickschnabellummen. Die Vögel auf dem Foto (unten) sind Dickschnabellumen – erkennbar an der weißen Linie entlang des Schnabels.

9 Der nächste Halt ist Holaholar. Der Weg führt Sie direkt in einen Explosionskrater. Das ist weniger spannend, als es sich anhört, doch entlang des Weges finden Sie eine Reihe interessanter Wildblumen: Im Juni blühen Alpen-Pechnelken in großer Zahl und einen Monat später Feld-Enziane.

10 Nächster Halt ist das Dorf Hellnar, in dem sich ein Informationszentrum des Nationalparks Snæfellsnes befindet. Von dem kleinen Café am Hafen aus führt ein beliebter Wanderweg hinüber zum nächsten Dorf Arnarstapi. Es ist zwar eine schöne Wanderung, doch die attraktivsten Sehenswürdigkeiten befinden sich in Arnarstapi, sodass Sie, um Zeit zu sparen, auch dorthin fahren können.

Eismöwen brüten nur auf Snæfellsnes und in den Westfjorden.

11 In Arnarstapi sollten Sie auf dem Parkplatz mit der auffälligen dunklen Steinskulptur parken. Die Skulptur stellt den Troll Barður dar, der hier in den frühen Tagen der Besiedlung gelebt haben soll und in der lokalen Folklore eine wichtige Rolle spielt.

Wandern Sie in Richtung der Küstenklippen und folgen Sie dann der Küstenlinie in südlicher Richtung. Die Basaltklippen sind atemberaubend. Nicht nur die sechseckige Struktur des Gesteins selbst verleiht der Landschaft ihren fremdartigen Charakter, sondern auch die vielen Bögen und Spalten, die bis zum Meeresspiegel hinunterreichen, schaffen eine einzigartige Küstenlinie.
Dreizehenmöwen brüten überall entlang der Klippen, und auf den Grasflächen von Arnarstapi hat sich eine große Küstenseeschwalbenkolonie angesiedelt. Im Juli wächst auf der dünnen Grasnarbe in der Nähe der Klippen eine große Population von *Gentianopsis detonsa* – einer nördlichen Enzianart – und dem schönen, aber viel weiter verbreiteten Feld-Enzian. Achten Sie auf den Felsen auf Schottischen Liebstöckel und Rosenwurz.

Fahren Sie weiter und parken Sie nach 3,5km auf dem Parkplatz auf der linken Seite der Straße. Gehen Sie den Wanderweg hinauf zur engen Schlucht.

12 Dieser letzte Halt lohnt sich wegen der sehr andersartigen Landschaft und einer weiteren Reihe neuer Wildblumenarten. Der Weg führt durch eine sehr enge und moosbewachsene Schlucht, durchschnitten von einem kleinen Flüsschen. Man kann die Schlucht betreten, indem man dem Flüsschen folgt, doch ist sie kaum mehr als schulterbreit, während die Felswände auf beiden Seiten mehrere hundert Meter hoch aufragen. Ein ebenso spektakuläres wie klaustrophobisches Erlebnis.
Am Eingang der Schlucht wachsen mehrere interessante Pflanzenarten, darunter der Steinbrech *Saxifraga rivularis* und Stern-Steinbrech sowie Felsen-Ehrenpreis. Suchen Sie in der Nähe des Parkplatzes nach den blassgelben Blüten des Arktischen Mohns.

Fahren Sie weiter und biegen Sie nach 13,5km links ab auf die 54 zurück nach Grundafjörður.

Route 8: Flatey

6 STUNDEN
LEICHT

Kleine Insel mit hübschem Dorf und einer reichen Vogelwelt aus nächster Nähe. Beste Chance auf Island, um Thorshühnchen zu finden.

Lebensräume: felsige Küste, Fjord, Salzwassertümpel, Süßwassertümpel
Charakteristische Arten: Weißschnauzendelfin, Zwergwal, Gryllteiste, Papageitaucher, Odinshühnchen, Thorshühnchen, Seeadler, Schneeammer

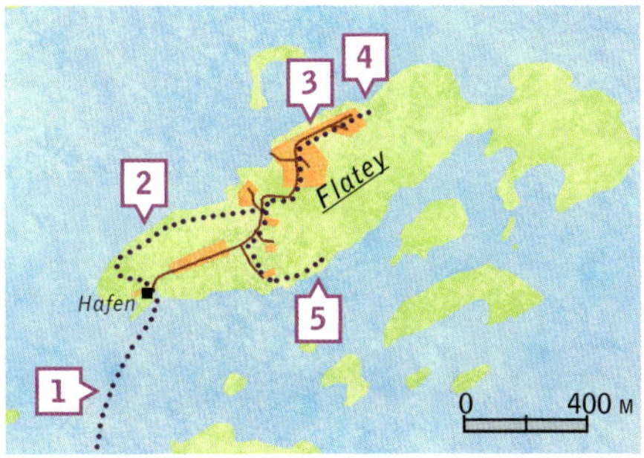

Ein Besuch der Insel Flatey inmitten des Breiðafjörður ist automatisch inbegriffen, wenn Sie die Fähre zwischen Stykkishólmur (Snæfellsnes) und den Westfjorden nehmen. Aber auch wenn Sie nicht die ganze Überfahrt machen wollen, ist ein Besuch von Stykkishólmur aus sehr zu empfehlen. Die vielen Vögel, die man aus geringer Entfernung beobachten kann, sind unvergesslich, das Dorf charmant, die Bootsfahrt wunderschön und vor allem hat man gute Chancen, Thorshühnchen im Sommergefieder (Islands seltensten Watvogel), Seeadler und Weißschnauzendelfine zu sehen.
Für diesen Ausflug empfiehlt sich ein windstiller Tag, da man dann vom Boot aus leichter Wale entdecken kann.

Startpunkt Hafen von Stykkishólmur

1 Mit der Fähre kommen Sie an einigen der unzähligen Inseln des Breiðafjörður vorbei. Genießen Sie die vielen Papageitaucher und halten Sie Ausschau nach Seeadlern, für die der Breiðafjörður Islands Hauptbrutgebiet ist. An ruhigen Tagen kann man Weißschnauzendelfine und mit etwas Glück auch Zwerg- und Schwertwale sehen.

2 Vom Hafen aus folgen Sie dem Pfad, der am Nordufer von Flatey entlangführt. Hier lärmen zahlreiche Rotschenkel und Küstenseeschwalben, die man aus der Nähe beobachten kann. Suchen Sie die kleinen Tümpel sorgfältig ab. Dort kommen häufig Odinshühnchen vor, aber auch Thorshühnchen können sich zeigen. Vor der Küste halten sich viele Gryllteisten auf.

In Flatey besteht die Chance, das Thorshühnchen in seinem schönen Brutkleid zu sehen.

3 Der Pfad mündet in die Hauptstraße des Dorfes. Selbst mitten im Dorf wimmelt es von Vögeln. Suchen Sie die Hausdächer nach Schneeammern ab.

4 Am Ende der Straße führt der Pfad weiter zu einigen niedrigen Klippen, wo Papageitaucher aus nächster Nähe beobachtet werden können. Suchen Sie die Ufer der Tümpel nach Thorshühnchen ab. Im Gegensatz zum Odinshühnchen besteht sein bevorzugter Lebensraum aus salzhaltigen Tümpeln und Uferzonen.

Außerhalb der Brutzeit können Sie die Insel umrunden. Während der Brutzeit kehren Sie zurück und an der schönen Kirche von Flatey vorbei zur Küste.

5 Suchen Sie das Ufer erneut nach Watvögeln und insbesondere Thorshühnchen ab (ein Spektiv ist hier sehr nützlich). Von hier aus ist zu sehen, dass Flatey eigentlich eine Ansammlung von kleinen Inseln mit flachen Buchten ist.

Achten Sie darauf, rechtzeitig zur Fähre zurückzukehren.

Zusätzliche Hinweise

Die Fähre fährt (im Sommer) um 9:00 und 15:45 Uhr von Stykkishólmur und kehrt um 13:00 und 20:00 Uhr von Flatey zurück. Die Überfahrtszeit beträgt 2,5 Stunden. Weitere Einzelheiten finden Sie unter **www.seatours.is** auf der Seite der Fähre Baldur.

Flatey – Blick auf den Hafen.

Weitere Exkursionsziele im Westland und auf Snæfellsnes

A – Die Straße 54 von Buddardalur nach Grundafjörður

Der Straßenabschnitt zwischen Buddardalur und Grundafjörður ist ein Erlebnis für sich. Sie führt durch tundraähnliches Grasland und felsige Gebiete, überquert Flüsse, passiert Seen und bietet dabei immer wieder wunderbare Ausblicke auf den Breiðafjördur. Es gibt zahlreiche Vögel, vor allem Sterntaucher und Odinshühnchen und andere Watvögel. Im Alftafjörður, übersetzt „Schwanenfjord", halten sich in den Sommermonaten viele Singschwäne auf. Außerdem stehen die Chancen gut, an der Küste Seeadler zu sehen.

B – Berserkjahraun

Das Lavafeld (hraun), bekannt als das Berserker Hraun, klingt, als sei es direkt einer Trollgeschichte entsprungen. Und so ist es auch! Die Geschichte stammt aus der Eyrbyggja-Saga und erzählt von zwei Berserkern (Kreaturen, in diesem Fall Trolle, die, wenn sie wütend werden, übernatürliche Kräfte besitzen), die bei einem Bauern am Rande des Hraun in Dienst waren.

Blick von der Straße 54 über den Breiðafjörður.

Als einer von ihnen mit der Tochter des Bauern liebäugelte (ein fester Bestandteil jeder spannenden Volkserzählung), wollte der Bauer sie loswerden. Er zermürbte ihre Kräfte, indem er ihnen befahl, eine Straße durch das Lavafeld anzulegen und bevor sie wieder zu Atem kommen konnten, tötete er sie.

Die fantastischen Zackenmützenmoose bedecken das Berserkjahraun.

Dank dieser beiden Berserker kann man heute auf einem guten Schotterweg durch diesen faszinierenden, aber immer noch schwer zu erforschenden Lebensraum wandern. Die scharfen Felsen sind wunderschön mit Zackenmützenmoos bewachsen, das hier und da durch Flechten und die üblichen Heidepflanzen ergänzt wird. Mit etwas Glück trifft man auf ein Alpenschneehuhn oder eine Schneeammer, aber es ist vor allem die Landschaft, die hier fasziniert.

Wenn Sie von Grundafjörður kommen, nehmen Sie den Schotterweg rechts nach Berserkerjahraun, kurz vor der Abzweigung der 56 nach Borgarnes.

Walbeobachtung im Winter – das Boot ist umgeben von Weißschnauzendelfinen.

C – Walbeobachtung von Olafsvik aus

Eine der lohnendsten, obwohl am wenigsten gebuchten Walbeobachtungstouren startet im Sommer von Ólafsvik und im Winter von Grundafjörður aus. Die Touren werden von kompetenten Mitarbeitern von Laki Tours durchgeführt und bieten die einmalige Chance, Schwertwale und manchmal sogar Pottwale zu sehen – zwei Arten, die an anderen Walbeobachtungsorten selten sind.
Das gleiche Unternehmen bietet auch Ausflüge zur Beobachtung von Papageitauchern und Seevögeln an. Für weitere Informationen und Buchungen siehe **www.lakitours.com**

Im Sommer findet man in den Lavafeldern von Buðir häufig Feld-Enziane.

D – Buðir

Von dem einstigen Handelsposten sind heute nur noch ein kleines Hotel und eine charmante alte Kirche am Rande eines großen Lavafeldes übrig. Die Kirche von Buðir an der Südküste der Halbinsel Snæfellsnes ist aber auch Ausgangspunkt für eine schöne Wanderung durch das Lavafeld zu einem Krater.
Die Lavaspalten weisen eine reiche Vegetation mit Farnen, Orchideen und Einbeere auf, während auf der moosigen Heide an der Oberfläche eine Reihe von Enzianen wachsen. Die Wanderung ist wunderschön, relativ leicht und dauert etwa 3 Stunden.

Routen und Sehenswürdigkeiten in den Westfjorden

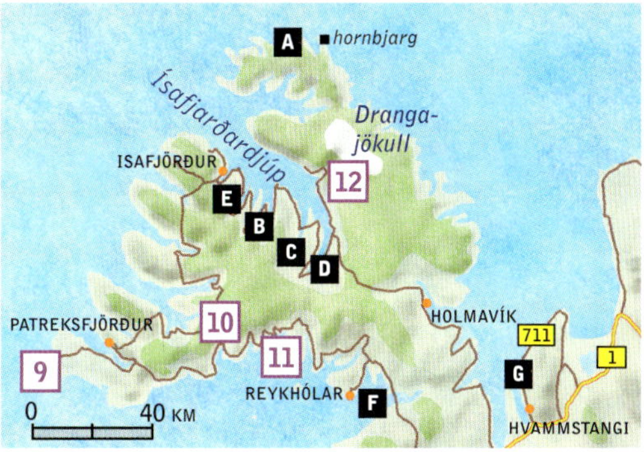

Die Westfjorde im Überblick. Die Zahlen verweisen auf die Routen der folgenden Seiten und die Buchstaben auf die auf Seite 172-175 beschriebenen Exkursionsziele.

Die Westfjorde gehören zu den abgelegensten und am dünnsten besiedelten Regionen Islands und bleiben daher von den meisten Erstbesuchern unerforscht. Nicht nur, weil sie recht weit von der Ringstraße 1 entfernt sind, sondern auch, weil die langen, gewundenen Straßen entlang der Fjorde eine lange Fahrerei erfordern. Man besucht die Westfjorde nur, wenn man Zeit hat. Die Gegenleistung für diese Mühe ist jedoch großartig. Nicht wenige wiederkehrende Islandreisende haben ihr Herz an die wilden Berge und spiegelglatten Buchten der Westfjorde verloren.

Das Hochland ist mit einer spärlichen Tundravegetation bedeckt, die über schroffe Klippen steil zum Meer abfällt. Tiefland gibt es wenig, es beschränkt sich auf einen schmalen Streifen an der Küste und die Areale, wo die Flüsse in die Fjorde münden. Die Fjorde (Route 11 und 12 und Ziele C und D) weisen eine reiche Vogelwelt auf, mit Tauchern, Enten und der Spezialität der Westfjorde, dem Seeadler. Das Hochland (Route 10 und 11) ist wenig erschlossen, bietet aber eine spärliche arktische Flora und Fauna.

Die drei größten Vogelfelsen Islands befinden sich in den Westfjorden. Látrabjarg (Route 9) ist der größte und am leichtesten zu besuchende. Hornbjarg und Hælavíkurbjarg liegen beide auf der Halbinsel Hornstrandir (Ziel A auf Seite 172), die auch der beste Ort ist, Polarfüchse zu sehen. Hornstrandir ist vom Festland durch den Gletscher Drangajökull getrennt, dessen Rand man bei einer Wanderung durch das Tal Kaldalón (Route 12) bewundern kann, ein Gebiet mit einer wunderbaren Flora. Die Täler im südlichen Teil der Westfjorde sind weniger karg als die im Norden und beherbergen wichtige Überreste des Kjarr – der isländischen Birkengehölze (Route 10 und 11).

Höhepunkte
- Wunderbare einsame Fjordlandschaft mit einer reichen Vogelwelt.
- Islands größte Seevogelkolonien und ein Großteil der Seeadler des Landes.
- Reiche Flora mit vielen arktischen Arten und Gebirgsarten.

Route 9: Látrabjarg

4 STUNDEN
LEICHT–MITTELSCHWER

Massive Klippen mit einer der größten Seevogelkolonien Europas.

Lebensräume: Küstenklippen, Trockenrasen
Charakteristische Arten: Eiderente, Papageitaucher, Trottellumme, Dickschnabellumme, Tordalk, Dreizehenmöwe, Eissturmvogel, Schneeammer

!

Vorsicht, steile Klippen!

Auf den etwa 4km langen Klippen von Látrabjarg brüten zwischen 1 und 2 Millionen Vögel, was diese Kolonie zur größten Vogelkolonie Islands macht. Látrabjarg ist ein besonders wichtiger Brutplatz für Tordalken – etwa 75 % der isländischen Population brüten hier, die weltweit größte Kolonie dieser Art. Auch Trottel-, Dickschnabellummen und Papageitaucher sind in großer Zahl anzutreffen – tatsächlich brüten hier alle isländischen Alkenarten.
Die Abgeschiedenheit (Látrabjarg ist die westlichste Spitze Islands), die Höhe der Klippen und die enorme Anzahl von Vögeln machen dies zu einem majestätischen Ort. Beachten Sie, dass die Vögel Anfang August die Klippen verlassen.

Startpunkt Leuchtturm Bjargtangaviti am Ende der Straße 612. Wahrscheinlich entdecken Sie die ersten Papageitaucher bereits vor dem Verlassen des Autos.

1 Der erste Abschnitt der Wanderung führt durch das Reich der Papageitaucher – erste Exemplare könnten bereits vom Parkplatz aus

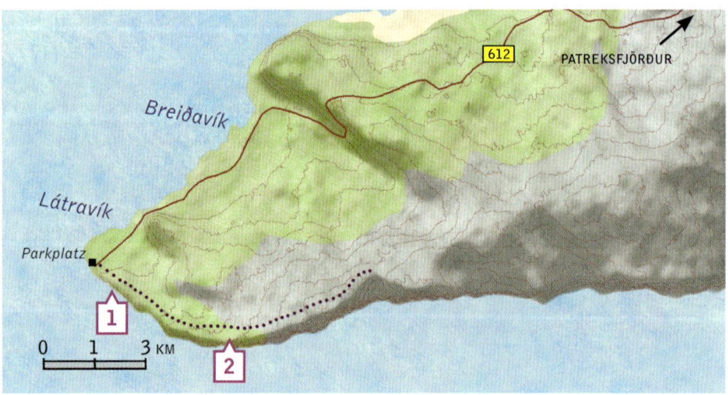

zu sehen sein. Sie brüten in Höhlen in den grasbewachsenen Hängen oben auf den Klippen. Man kann ihnen ziemlich nahe kommen, tun Sie dies aber bitte sehr vorsichtig. Die Höhlen sind nicht immer leicht zu erkennen, und es kann leicht passieren, dass man die Eier oder Jungen zertritt. Außerdem macht die lockere Grasnarbe die Begehung des Randes gefährlich.
Die Aussichten hier und im weiteren Verlauf sind atemberaubend. Sie befinden sich am westlichen Ausläufer Islands und nach den Azoren am westlichsten Punkt Europas.

Obwohl Látrabjarg die größte Alkenkolonie beherbergt, darunter 75 % aller Tordalken des Landes, ist es der Papageitaucher, der auf dem ersten Teil des Weges die Show stiehlt.

2 Während der Wanderweg allmählich ansteigt, bieten sich immer spektakulärere Ausblicke auf die Klippen. Der höchste Punkt liegt über 400m über dem Meeresspiegel. An manchen Stellen kann man die Vogelfelsen mit ihren Tausenden von Tordalken, Dreizehenmöwen, Trottel- und Dickschnabellummen überblicken.
Obwohl die meisten der Millionen Vögel außer Sicht sind, sind immer noch viele zu sehen. Nehmen Sie sich die Zeit für dieses besondere Erlebnis, sie am Rande der Klippen zu beobachten. An den Hängen auf der anderen Seite kommen Steinschmätzer und Schneeammern vor.

Zusätzliche Anmerkungen

Selbst der Weg nach Látrabjarg ist schon für die Vogelbeobachtung interessant. Halten Sie in den Buchten von Látravík und Breiðavík Ausschau nach Tauchern und Watvögeln. Der nahe gelegene, leere, rote Strand (aus rötlichen Muscheln) von Rauðasandur eignet sich wunderbar für einen Spaziergang. In Breiðavík gibt es einen Campingplatz und ein Gästehaus.

Route 10: Das Waldgebiet von Flókalandur

3-4 STUNDEN
MITTELSCHWER

Wunderschöne Wanderung durch Wald- und Heidegebiete.

Lebensräume: Moorbirkenwald, Seen, Heidelandschaft
Charakteristische Arten: Geflecktes Knabenkraut, Alpen-Pechnelke, Eichenfarn, Echte Bärentraube, Wald-Storchschnabel, Seeadler, Eistaucher, Sterntaucher, Isländischer Zaunkönig

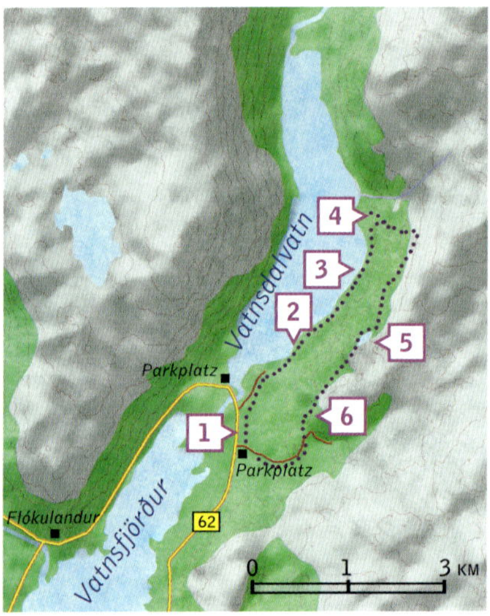

Auf diesem Rundweg wird eine der Besonderheiten der südlichen Westfjorde erkundet: der *Kjarr* oder ursprüngliche Birkenwald – eine Art buschiger Wald, der früher im gesamten Tiefland verbreitet war, heute aber auf wenige Areale beschränkt ist. Entlang der Route gibt es eine Reihe interessanter Pflanzen und Vögel, die größte Attraktion ist jedoch die Waldlandschaft selbst.
Die Route erfordert eine einfache Kondition und hat nur einen kurzen Anstieg. Der Pfad ist manchmal allerdings schmal bzw. gar nicht erkennbar, und an manchen Stellen muss man sich den Weg über Felsbrocken und durch Dickicht suchen. Der Weg ist mit roten Stöcken markiert.

Startpunkt Wanderweg Parkplatz

Anreise Von Flókalandur aus fahren Sie nach Osten, überqueren den Fluss und biegen nach 400m links auf einen Schotterweg ab, der mit einem Wanderzeichen markiert ist. Parken Sie in einer der Parkbuchten. Laufen Sie zurück zur Straße und biegen Sie rechts auf den Wanderweg ab, der entlang der Straße verläuft.

Ein Sterntaucherpaar auf dem See Vatnsdalvatn.

1 Auch wenn dies nicht der schönste Abschnitt ist, halten Sie nach Alpen-Pechnelke und Echter Bärentraube Ausschau.

Folgen Sie dem Weg entlang des Sees, der eher unauffällig mit roten Pfosten markiert ist. Er geht bald in einen manchmal schmalen Pfad über.

2 Suchen Sie den See nach Tauchern ab. Es kommen sowohl Eis- als auch Sterntaucher vor.

3 Allmählich wird der Wald dichter und höher und entwickelt das dafür typische Unterholz. Die auffälligste Blume ist der hübsche Wald-Storchschnabel, doch den Großteil der Vegetation machen Beeren aus: Krähen-, Heidel-, Rauschbeere und Echte Bärentraube.
Ziemlich häufig anzutreffen ist Alpen-Frauenmantel, während stellenweise zarter Eichenfarn, Nickendes Wintergrün, Geflecktes Knabenkraut und Silberwurz auftauchen. Die Vogelwelt besteht aus Rotdrosseln und Wiesenpiepern – und das in großer Zahl.

Der Weg führt auf zwei kleine Schluchten zu. An einer Weggabelung führt die Route nach rechts bergauf, aber erst gehen wir ein Stückchen nach links.

4 Der Wald ist hier besonders schön. Die größten Bäume sind übrigens keine Birken, sondern Ebereschen – eine Baumart, die in den Wäldern des gemäßigten Europas viel kleiner ist und nur im Unterholz vorkommt.

Kehren Sie dann zurück und nehmen Sie den Weg bergauf. Nach einem kurzen, anstrengenden Anstieg (mit einer weiten Aussicht als Belohnung) führt er nach rechts.

Geflecktes Knabenkraut ziert die Heidelandschaft von Flókulandur.

5 Etwa auf halber Strecke kommen Sie an einen einsamen See. Halten Sie Ausschau nach Sterntauchern. Die Vegetation wird wieder üppiger, mit Geflecktem Knabenkraut, Eichenfarn und Kleinem Wintergrün.

6 Ein Stück weiter erreichen Sie ein kleines Areal mit angepflanzten Nadelbäumen. Lauschen Sie hier nach dem Isländischen Zaunkönig. In der Umgebung gibt es Geflecktes Knabenkraut in großen Mengen.

Im weiteren Verlauf mündet der Wanderweg in den Fahrweg, der uns nach rechts zum Ausgangspunkt zurückführt.

Zusätzliche Anmerkung

Wenn Sie noch mehr wandern möchten, gibt es einen weiteren Wanderweg, der hinter dem Hotel Flókalandur beginnt. Der Fjord ist Teil des Reviers eines Seeadlerpaares.

Der offene Birkenwald (Kjarr) mit dem farbenprächtigen Wald-Storchschnabel ist eine üppige Oase in der kargen Landschaft der Westfjorde.

Route 11: Reise durch die südlichen Westfjorde

2-3 STUNDEN
60 KM

Beeindruckende Fjordlandschaft und reiche Vogelwelt. Lässt sich gut mit einem Besuch von Látrabjarg und Flókulandur kombinieren.

Lebensräume: Hochlandtundra, Fjorde, natürlicher Birkenwald, Wiesen, Heidelandschaft, Klippen
Charakteristische Arten: Arktischer Mohn, Nördliche Waldhyazinthe, Seeadler, Gerfalke, Eistaucher, Kragenente, Mittelsäger, Isländischer Zaunkönig

Die stark zerklüftete Küstenlinie des südlichen Teils der Westfjorde bietet eine wunderbare Kulisse für eine Fahrt nach oder von Látrabjarg (Route 9), Flókulandur (Route 10) oder der Fähre nach Flatey (Route 8). Steuert man diese Orte an, so nimmt man zwangsläufig diese Straße, doch da es in ihrem Verlauf so viel zu sehen gibt, kann sie genauso gut zu einer eigenen Route „aufgewertet" werden.
Die Sehenswürdigkeiten werden von Osten nach Westen beschrieben und bieten gute Möglichkeiten zur Vogelbeobachtung in wunderbarer Landschaft. Die Tour lässt sich auch mit einem Besuch von Reykhólar (Ziel F auf Seite 174) verbinden.

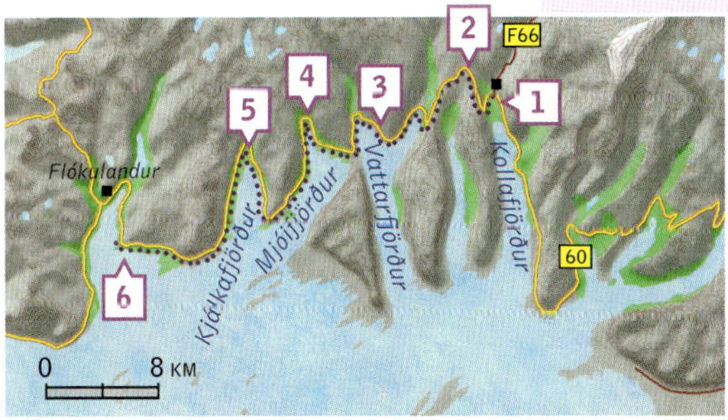

Startpunkt Kollafjörður

1 Halten Sie an diesem und allen anderen Fjorden nach Vögeln Ausschau. Zu den wahrscheinlichen Arten gehören hier Eismöwe, Eistaucher, Sterntaucher, Eiderente, Singschwan und verschiedene Watvögel, an felsigen Ufern der Meerstrandläufer Seeadler sind an der gesamten Küste recht häufig und können überall auftauchen. In der Nähe der Fjordmündung befindet sich ein kleiner dampfender Wasserfall mit heißem Quellwasser.

2 Die Straße führt hinauf zur Wetterstation Klettshals. Rund um die Wetterstation wachsen Arktischer Mohn und eine Reihe anderer Hochlandpflanzen. Auf den kleinen Seen sind Berg- und Eisenten anzutreffen. In dieser Gegend brütet auch die Schneeammer. Achten Sie auf den (in der Regel) immensen Wetterunterschied zwischen dem Hochland hier und der Küste. Das Klima hier oben kann zu Recht als arktisch bezeichnet werden.

Die größte Seeadlerpopulation findet sich in den südlichen Westfjorden.

3 Der nächste Fjord ist der Vattarfjörður. Am Straßenrand ist Arktischer Mohn weit verbreitet. Kragenenten sind regelmäßig am Fluss und an der Mündung des Fjords anzutreffen. Man beachte, dass das Tal in diesem Fjord immer noch von Ackerland dominiert wird.

4 Der nächste Fjord ist der Mjóifjörður. Hier verleihen die schönen Kjarr-Birkenwälder dem Fjord ein üppiges (oder zumindest weniger raues) Aussehen. Diese Wälder sind ein typisches und wertvolles Merkmal der Täler der südlichen Westfjorde. Wer genau hinschaut, kann entlang der Straße Nördliche Waldhyazinthe und Geflecktes Knabenkraut in großer Zahl entdecken.

5 Die nächste Station ist der Kjálkafjörður, ein Fjord, der vielleicht noch schöner ist als der vorherige. Der wunderschöne Wasserfall Skiptárfoss donnert das mit Birken bewachsene Tal hinunter. Halten Sie auf den steilen Klippen an der Mündung des Fjords Ausschau nach Gerfalken.

Der Arktische Mohn (oben) ist eine häufige Straßenrandpflanze entlang der Straße 60 (unten).

6 Am Vatnsfjörður schließlich beginnt die Wanderung zum Flókulandur (Route 10). Der Aussichtspunkt auf der rechten Straßenseite an der Fjordmündung (kurz bevor die Straße nach rechts zum Flókulandur abbiegt) überblickt einige Felseninseln, auf denen häufig Seeadler zu sehen sind.

Route 12: Kaldalón

5-6 STUNDEN
MITTELSCHWER

Schöne Wanderung zu einem Auslassgletscher des Drangajökull. Sehr reiche Flora mit entsprechender Vogelwelt.

Lebensräume: Spärlich bewachsener Boden, Heidelandschaft, Küstenmarschland
Geologie: Fjord, Gesteinstrümmer, Moräne, Kessellöcher, Gletscher
Charakteristische Arten: Roter Steinbrech, Rasen-Steinbrech, Alpenazalee, Nördliche Waldhyazinthe, Korallenwurz, Hohlzunge, Arktischer Mohn, Moosige Schuppenheide, Alpen-Flachbärlapp, Keulen-Bärlapp, Meerstrandläufer, Mittelsäger, Eistaucher, Eismöwe, Odinshühnchen, Merlin, Gerfalke, Seeadler

!

Flüsse zu Fuß durchwaten

Kaldalón ist ein kleiner Fjord im nördlichen Teil der Westfjorde. Sein Name bedeutet „Kalte Lagune", da der Auslassgletscher des Plateaugletschers Drangajökull hinunter in den Fjord fließt. Ziel dieser Route ist eine Wanderung über die kurze Distanz zwischen dem Meer und dem Gletscher. Die Wanderung ist landschaftlich wunderschön, denn sie führt von grünem Küstengrasland zu riesigen Felsblöcken und Gletschereis – Neuland ohne jegliche Vegetation. Die Entfernung zwischen diesen beiden Extremen beträgt nur 5km und der Anstieg nicht mehr als 80m.

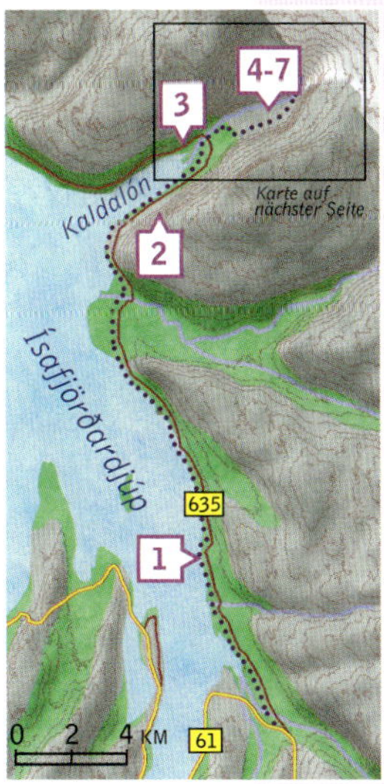

Entlang des Weges wachsen zahlreiche nordische Wildblumen. Botanisch gesehen handelt es sich um eine der besten Routen Islands. Beachten Sie, dass die Wanderung zwar nicht sehr anstrengend ist, aber durch ein Gelände führt, in dem Hunderte von Bächen und Flüssen die Durchquerung an manchen Stellen zu einer Herausforderung machen. Nehmen Sie geeignetes Schuhwerk zum Durchwaten von Flüssen mit, oder gehen Sie barfuß (siehe Seite 236). Im zweiten Teil des Tals gibt es keinen eindeutigen Pfad, doch Steinhaufen weisen den Weg in einem U-förmigen Tal, in dem es keine andere Möglichkeit gibt, als vorwärts oder wieder zurück zu gehen.
Da es nur eine Möglichkeit gibt, nach Kaldalón zu fahren, haben wir die Straße hier oben in die Routenbeschreibung aufgenommen.

Startpunkt Kreuzung der 61 mit der 635.

Der Meerstrandläufer ist einer der vielen Watvögel in der Kaldalón-Bucht. Halten Sie zwischen den mit Algen bewachsenen Felsen am Fjordufer Ausschau nach ihm.

1 Die Straße folgt dem Fjord Isafjarðardjúp und kommt ihm an mehreren Stellen so nahe, dass er gut zu sehen ist. Eiderenten und Mittelsäger sind sehr häufig, aber auch Eis- und Sterntaucher, Papageitaucher, Graugänse, Kormorane und Eismöwen kommen regelmäßig vor.

Wo sich die Straße dem Ufer nähert, sollte man nach Meerstrandläufern Ausschau halten. Entlang der Straße gibt es viele interessante Wildblumen. Die meisten von ihnen werden Sie auch auf der Wanderung antreffen, nicht aber den Arktischen Mohn, der hier, meist auf kargen oder rezent gestörten Böden, entlang der Straße wächst.

2 Wenn Sie sich der Bucht von Kaldalón nähern, halten Sie Ausschau nach Greifvögeln. Alle drei isländischen Arten – Merlin, Gerfalke und Seeadler – brüten in dieser Gegend und könnten sich zeigen.

3 An der Mündung des Flusses in den Fjord, wo Meer- und Gletscherschmelzwasser aufeinandertreffen, dominieren grasbewachsene Sümpfe und Tümpel. Im Frühsommer sind hier zahlreiche Watvögel anzutreffen, darunter Rotschenkel, Uferschnepfe, Bekassine, Odinshühnchen, Austernfischer, Alpenstrandläufer, Gold- und Sandregenpfeifer. An den trockeneren Wegesrändern wachsen Hunderte von Nördlichen Waldhyazinthen.

Vor der Hauptbrücke biegen Sie rechts ab und parken auf dem Parkplatz vor der Moräne, die den weitesten Punkt markiert, den der Gletscher in kälteren Zeiten erreichte.

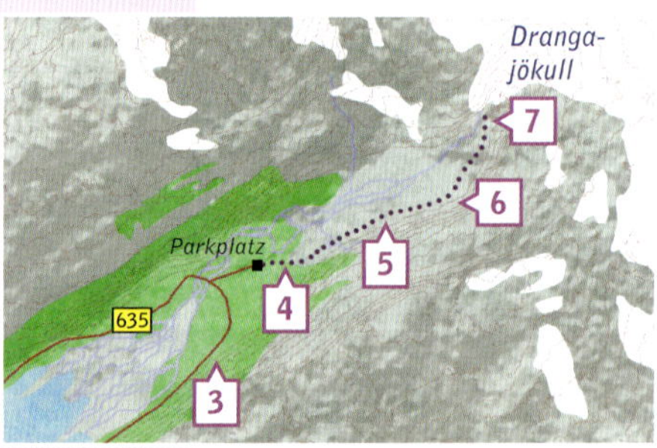

4 Folgen Sie entweder dem Weg, der rechts um die Moräne herumführt, oder gehen Sie über die Moräne, um Geflecktes Knabenkraut zu finden. In beiden Fällen kann man auf den ersten hundert Metern Nördliche Waldhyazinthe, Alpenazalee, Silberwurz, Rasen-Steinbrech und Stängelloses Leimkraut finden. Sandregenpfeifer und

Alpenstrandläufer brüten hier, aber auch Gerfalke oder Merlin können beobachtet werden.

5 Im nächsten Abschnitt folgt die Route der Südseite des Tals. Es gibt zahlreiche Pflanzen zu entdecken, doch da oft kein eindeutiger Weg vorhanden ist, ist eine genaue Standortangabe nicht möglich. In den spärlich bewachsenen Bereichen sollte man auf Korallenwurz, Roten Steinbrech, Rasen-Steinbrech, Alpenazalee und Alpen- und Gemeinen Flachbärlapp achten, während Hohlzunge, Alpen-Frauenmantel, Alpenhelm und Alpen-Ehrenpreis recht häufig in den üppigeren Bereichen (meist etwas hangaufwärts) zu finden sind. Stern-Steinbrech und verschiedene Weidenröschen wachsen ziemlich häufig an den Bachufern, die ansonsten von hellgrünen Moosen gesäumt sind.

Wenn man links des Weges schaut, sieht man ein Gebiet mit vielen Mulden (die bis zum Frühsommer mit Schnee gefüllt sind). Dabei handelt es sich um Kessellöcher, in denen lange Zeit Gletschereisbrocken im Boden verblieben, bevor sie schmolzen und eine Mulde hinterließen.

6 Das letzte Stück vor dem Gletscher ist offensichtlich erst seit kurzem eisfrei. Hier gibt es nur wenig Vegetation, in der Nähe von Bächen findet man jedoch oft Ansammlungen der winzigen Moosigen Schuppenheide, einer arktischen Art mit kleinen weißen Glöckchen. Auch stößt man auf zertrümmerte Steine – eine Folge des wiederholten Gefrierens von Wasser, das in Risse im Gestein sickerte.

7 Der Gletscher markiert das Ende des Weges. Lassen Sie sich nicht dazu verleiten, ihn zu besteigen – das ist äußerst gefährlich. Kehren Sie auf demselben Weg zurück.

Das Kaldalón-Tal ist ein hervorragender Ort für arktische Wildblumen. Um sie zu finden, muss man jedoch ihre Größe zu schätzen wissen: Die Korallenwurz ist weit verbreitet, aber winzig. Die Pflanze auf der Nahaufnahme ist dieselbe wie die Blume auf dem großen Foto gleich rechts neben dem Fernglas.

Weitere Exkursionsziele in den Westfjorden

A – Hornstrandir

Die unbewohnte Halbinsel Hornstrandir ist der nördlichste Teil der Westfjorde und ein wunderbarer Ort für einen Besuch. Sie ist nicht auf dem Landweg zu erreichen, da der Drangajökull den Zugang versperrt, doch von Ísafjörður aus lässt sich leicht eine Bootsüberfahrt organisieren. Erkundigen Sie sich bei der Touristeninformation nach Einzelheiten. Auf Hornstrandir gibt es mehrere kleine Campingplätze. Es lohnt sich, dort ein paar Tage zu verbringen (die Abholung mit der Bootsgesellschaft vereinbaren).

Hornstrandir, ein Naturschutzgebiet, ist aus mehreren Gründen ein besonderes Gebiet Islands. Erstens ist es grün und voller Wildblumen. Alle Bauern verließen das Gebiet 1964 mit ihren Schafen. Heute erholt sich die Vegetation wieder. Es gibt keine Straßen, und obwohl die Bauernhöfe noch da sind, von denen einige jetzt als Sommerhäuser dienen, werden sie nicht dauerhaft bewohnt. Abgesehen von der Ruhe und Stille lebt auf Hornstrandir die größte Population von Polarfüchsen ganz Islands. Die Tiere sind relativ leicht zu sehen. Anders als im übrigen Island stehen Polarfüchse hier unter Naturschutz. Ein weiterer Anziehungspunkt sind die hohen Klippen von Hornbjarg und Hælavíkurbjarg, die (nach Látrabjarg) zweit- und drittgrößten Seevogelklippen des Landes.

Der vielleicht beste Ort für einen Aufenthalt ist Hornvík, die Bucht, die beide Vogelfelsen voneinander trennt und in der auch Polarfüchse anzutreffen sind. Dort gibt es zwei einfache Campingplätze und ein Hostel, in dem man mit eigenem Schlafsack übernachten kann.

Weißschnauzendelfine sind in den Westfjorden recht häufig. Auf dem Weg hinüber nach Hornstrandir hat man gute Chancen, sie zu sehen.

B – Die Straße 61 nach Isafjorður

Die Straße nach Isafjordur folgt der stark gegliederten Küstenlinie um die große Bucht von Ísafjarðardjúp. Sie ist lang und kurvenreich, an einem ruhigen Sommerabend ein fast meditatives Erlebnis. Die Strecke eignet sich auch hervorragend zur Vogelbeobachtung. Auf den Fjorden sind häufig Eistaucher, Eismöwen, Mittelsäger und Schmarotzerraubmöwen anzutreffen, während Eis- und Kragenenten, Papageitaucher (die auf Vigur brüten) und Singschwäne lokaler vorkommen. Auf kleinen Tümpeln entlang der Straße halten sich Odinshühnchen und Sterntaucher auf. Gerfalken sind in diesem Gebiet ziemlich häufig und können jederzeit auftauchen. Seehunde liegen oft in den geschützten Fjorden zwischen den Felsen. Sogar Wale werden in den Fjorden gesichtet.

Der Weg entlang des Isafjords bei Reykjanes.

Der Nachteil dieser Straße ist, dass es trotz des geringen Verkehrsaufkommens nicht immer sicher ist, anzuhalten. Es sind nur wenige Parkbuchten oder Seitenwege vorhanden, und alle interessanten Vögel scheinen sich einen Spaß daraus zu machen, sich genau an den anderen Orten aufzuhalten.
Die nächsten drei Exkursionsziele liegen an dieser Straße.

C – Reykjanes

Der Isafjord ist der östlichste und größte der Fjorde, die sich entlang des Ísafjarðardjúp erstrecken. Er hat eine außergewöhnliche Vogelwelt, mit allen Arten, die unter B aufgeführt sind. In Reykjanes haben Sie jedoch die Möglichkeit, am Fjord entlang zu wandern. Hinter dem Hotel und dem Thermalbad führt ein Schotterweg für 3km am Fjord entlang, bis er auf die 61 stößt. An einem Abend Ende Juni sahen wir, oft aus nächster Nähe, Schmarotzerraubmöwen, Eismöwen, Odinshühnchen, Bekassinen, Rotschenkel, Alpenstrandläufer, Steinschmätzer, Eiderenten, Eis- und Sterntaucher, Kragenenten und Seehunde.

D – Heydalur-Campingplatz

Das Gästehaus und der Campingplatz von Heidalur liegen am Ende der Bucht des Mjóifjörður. Der Campingplatz wird regelmäßig von seinem „Haustier“ besucht, einem Polarfuchs, der durch Jäger verwaist und von einem örtlichen Bauern aufgezogen wurde. Er ist hier leicht zu sehen. Vom Campingplatz aus führen Wanderwege in die Berge, und es gibt hier ein schönes natürliches Thermalbecken.

Die Westfjorde beherbergen die größte Anzahl von Polarfüchsen Islands.

E – Das Polarfuchszentrum

In Súðavík, nicht weit von Isafjörður, befindet sich das Polarfuchszentrum, das sich ganz der Erforschung dieses Tieres widmet. Es gibt eine gute Ausstellung zu Polarfüchsen und hinter dem Gelände sind regelmäßig wilde Füchse zu beobachten. Auch kommen verwaiste Tiere vor, deren Eltern von Jägern erschossen wurden. Sie werden im Zentrum aufgezogen, um dann wieder ausgewildert zu werden.

F – Vögel und Pflanzen in Reykhólar

Das kleine Dorf Reykhólar und die umliegenden Sümpfe liegen am Südufer der Westfjorde, eingeschlossen zwischen den hohen Klippen des Reykholarfells und des Breiðafjorður. Altes Ackerland ist zu Sumpfland geworden und das Dorf wirbt damit, ein Paradies für Vogelbeobachter zu sein. Obwohl dies von Vogelbeobachtern (noch) nicht wahrgenommen wurde, ist es tatsächlich wahr! Alpenschneehuhn, Sterntaucher, Eisente, Ohrentaucher und verschiedene Watvögel sind hier sehr häufig und lassen sich relativ leicht fotografieren.

Vom Campingplatz und dem Thermalpool aus führt ein (blau) markierter Wanderweg ins Sumpfgebiet und zu einem See mit einer Vogelbeobachtungshütte (einer der wenigen Islands) – eine vielleicht 200m lange Strecke, auf der all diese Vögel zu sehen sind. Die Schneehühner besuchen sogar nachts den Campingplatz.

Der gleiche Weg führt an heißen Quellen mit einigen sehr interessanten wärmeliebenden Pflanzen vorbei. Halten Sie Ausschau nach der sehr seltenen Azoren-Natterzunge (direkt neben der heißen Quelle) und Moor-Steinbrech. Denken Sie daran, dass die Vegetation und die Vogelwelt sehr empfindlich sind – weichen Sie nicht vom Weg ab und halten Sie sich nicht in der Nähe von Vögeln auf, die unruhig werden.

Wenn Sie die Hauptstraße des Dorfes hinunterfahren, gelangen Sie zum selben See (ebenfalls mit guter Aussicht) und zum Hafen, von dem aus man Papageitaucher und Gryllteisten sehen kann.
Außerdem befindet sich die Bucht im Revier eines Seeadlerpaares, und auf dem See, an der Biegung der Straße 60 in Richtung Reykholar, lebt ein Paar Eistaucher.

Obwohl Robben in den Westfjorden weit verbreitet sind, hat sich die Halbinsel Vatnsnes als „Hauptstadt der Robben" einen Namen gemacht. Es gibt verschiedene Beobachtungspunkte. Von dort aus sind sie leicht zu sehen.

G – Robben und Seevögel von Vatnsnes

Im Gegensatz zu den anderen Orten im Nordwesten Islands erfordert die Halbinsel Vatnsnes keinen großen Umweg weg von der Ringstraße 1. Die kleine Stadt Hvammstangi liegt am Anfang der Halbinsel. Hier befindet sich ein Robbenzentrum mit Ausstelllungen (einschließlich Café und Laden mit einer guten Auswahl an naturkundlichen Büchern). Von hier aus werden auch Touren zur Robbenbeobachtung angeboten. Auf der Straße 711, die um die Halbinsel herumführt, kommt man an drei Ruheplätzen von Robben vorbei. Sie sind an der Straße gut ausgeschildert, und es gibt Parkplätze und Wege zu den entsprechenden Aussichtspunkten am Meer.
Der erste Aussichtspunkt ist Svalbard, der trotz seines vielversprechenden Namens auf den am wenigsten interessanten der drei Ruheplätze ausblickt. Es gibt hier nur wenige Robben, manchmal gar keine. Am zweiten Ruheplatz halten sich meistens mehr Robben auf und der Weg zum Aussichtspunkt ist besonders schön, da er am Rande einer großen Küstenseeschwalbenkolonie verläuft. Außerdem kann man auf den Schären aus nächster Nähe zahlreiche Gryllteisten sehen. Die dritte Beobachtungsstelle ist landschaftlich sehr reizvoll. Dort gibt es zwei kurze Wanderwege. Der rechte führt zu einem Aussichtspunkt mit Blick auf einen Sander, wo sich die Robben aufhalten. Der linke führt Richtung Hvítserkur, der auffälligen Felseninsel mit Bögen, auf der Dreizehenmöwen und Eissturmvögel brüten.
Die Halbinsel Vatnsnes selbst atmet die melancholische Atmosphäre eines kleinen Bauerndorfes, das seine besten Zeiten hinter sich hat. Entlang der Straße sehen Sie zahlreiche schöne Bauernhöfe und verlassene Kirchen.

In der Nähe der heißen Quellen von Reykhólar wachsen Gewöhnliche Braunelle, Arktischer Thymian, Sumpf-Herzblatt und massenweise die sehr seltene Azoren-Natterzunge.

Routen im Nordosten Islands und bei Akureyri

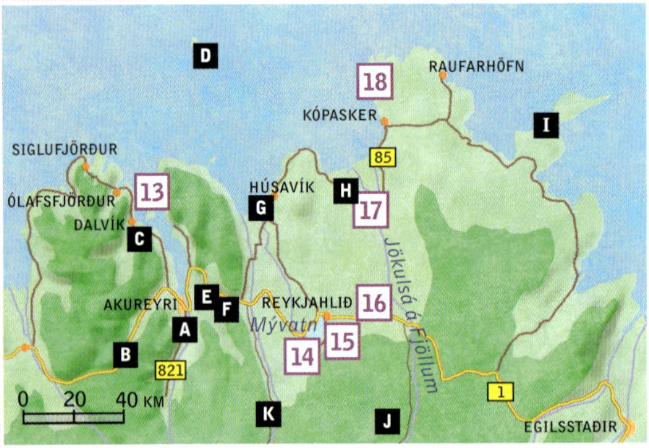

Nordost-Island im Überblick. Die Zahlen beziehen sich auf die Routen der folgenden Seiten und die Buchstaben auf die auf Seite 201-206 beschriebenen Exkursionsziele.

Akureyri, die zweitgrößte Stadt Islands, liegt im Norden des Landes in der Bucht des Eyjafjörður, einem der größten Fjorde inmitten spektakulärer, schneebedeckter Berge, einige davon über 1500m hoch. Östlich davon biegt die Ringstraße 1 ins Landesinnere ab und durchquert eine große Lavaebene mit Seen und Vulkanen. Dies ist die theatralische Kulisse Nordislands: weitläufig, leer, imposant und für viele Reisende, ob Naturforschende oder nicht, der Höhepunkt ihres Islandaufenthalts. Für Naturforschende ist der See Mývatn (Route 14) der große Anziehungspunkt dieses Landesteils – ein See mit einer einzigartigen Vogelwelt. Er ist seicht, nährstoffreich und hat eine stark gegliederte Uferlinie, die Tausenden von Enten und anderen Wasservögeln Nistplätze bietet, darunter fast allen isländischen Spatelenten und zahlreichen Kragenenten. Der See liegt direkt an der Grenze der beiden tektonischen Platten. Seine Umgebung ist voller imposanter Vulkane, geothermischer Gebiete und anderer vulkanischer Phänomene, die Teil der Routen 15 und 16 sind. Vervollständigt wird das landschaftliche Spektakel durch zwei der spektakulärsten Wasserfälle Islands, den Dettifoss (Route 16) und den Goðafoss (Ziel F auf Seite 203).

Fährt man von Mývatn aus nach Norden, kommt man an der Walbeobachtungsstadt Húsavík (Ziel G auf Seite 204) vorbei, es sei denn, man nimmt die holprige, etwa 50km lange Schotterstraße 864 über das Ostufer des Flusses Jökullsá a Fjöllum. Die große Attraktion des Nordens ist Ásbyrgi (Route 17), ein seltsam hufeisenförmiges Tal, das von steilen Klippen umgeben ist, die an die „Mauer" in der beliebten Serie „Game of Thrones" erinnern (tatsächlich wurde die Mauer und das „Land nördlich der Mauer" in der Region Mývatn gedreht).

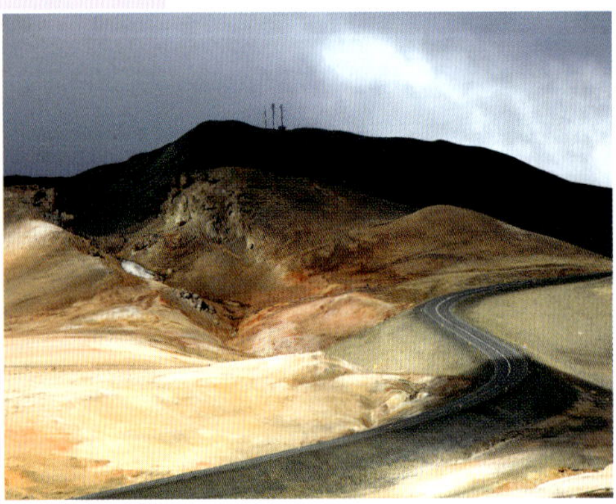

Ásbyrgi hat eine überraschend üppige Vegetation und eine der schönsten Waldlandschaften Islands. Nördlich davon liegen die Mündung des Öxafjörður und die Tiefebene Melrakkaslatta (Route 18) mit dem nördlichsten Punkt des isländischen Festlands. Auch diese Region ist sehr vogelreich, mit einigen hervorragenden Seevogelkolonien an der Küste von Melrakkaslatta (Route 18).

Als einer der berühmtesten Orte Islands wird das Mývatn-Gebiet stark von Touristen angesteuert. Wenn Sie etwas mehr Ruhe suchen, sollten Sie einige Tage in der Gegend von Akureyri verbringen. Die schöne Landschaft und die Wandermöglichkeiten in der Nähe von Dalvík (Ziel C auf Seite 202), und die reizvolle Insel Hrísey, mit ihren vielen Schneehühnern und Walen inmitten der atemberaubenden Fjordlandschaft, sind relativ wenig besucht. Die Bucht von Eyjafjörður ist die wohl vielfältigste Wildblumenregion des Landes. Obwohl viele der Spezialitäten an sehr schwer zugänglichen Stellen wachsen, gibt es immer noch viel zu entdecken (Ziele A, B, C und E auf Seite 201-203).

Der Eyjafjörður nördlich von Akureyri bietet eine der spektakulärsten Fjordlandschaften Islands. Dies hier ist die Insel Hrísey (Route 13).

Höhepunkte

- Mývatn, der mythische Fliegensee mit seinen vielen Gerfalken und Wasservögeln ist der beste Ort zur Vogelbeobachtung auf Island.
- Surreale leere Hochlandlandschaften mit zahlreichen Vulkanen, Lavafeldern, Pseudokratern, Tafelbergen und geothermischen Gebieten.
- Die Stadt Akureyri und das fruchtbare Tal des Eyjafjörður – ein Hauch von Zivilisation, wunderbare botanisch interessante Orte in einer spektakulären Hochgebirgslandschaft.
- Walbeobachtung in Husavík.
- Basstölpel und Alken auf den Vogelfelsen von Rauðinúpur.
- Wanderungen durch die üppigen Wälder von Ásbyrgi und Voglaskogur.

Gegenüberliegende Seite: Aktive vulkanische Zone bei der Krafla (Route 16). Das Innere Nordislands ist reich an heißen Quellen, Vulkanen und jungen Lavafeldern.

Route 13: Hrísey

3 STUNDEN
LEICHT–MITTELSCHWER

Angenehme Wanderung über eine kleine Insel inmitten eines atemberaubenden Fjordes.
Attraktive Vogelwelt und Flora und die Chance, Wale zu sehen.

Lebensräume: Fjord, Heidelandschaft, See
Charakteristische Arten: Alpenazalee, Nördliche Waldhyazinthe, Hohlzunge, Alpen-Flachbärlapp, Nordischer Fransenenzian* (*Gentianopsis detonsa*), Schweinswal, Zwergwal, Regenbrachvogel, Uferschnepfe, Goldregenpfeifer, Odinshühnchen, Gryllteiste, Eissturmvogel, Küstenseeschwalbe, Schmarotzerraubmöwe, Alpenschneehuhn, Birkenzeisig, Schneeammer

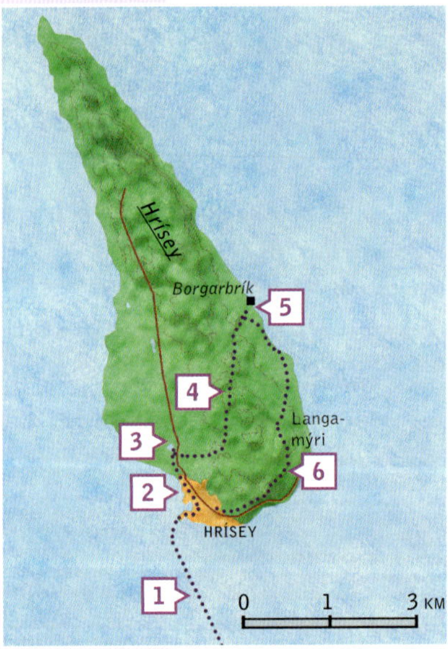

Die charmante und zum Entspannen einladende Insel Hrísey liegt zwischen den schneebedeckten Bergen am Rande des Eyjafjörður. Abseits der ausgetretenen Touristenpfade gelegen, ist es dort im Vergleich zum Mývatn wunderbar ruhig. Da die Jagd und die Schafzucht aufgegeben wurden, gibt es auf der Insel eine reiche Vogelwelt. Vor allem Gryllteiste, Alpenschneehuhn und verschiedene Watvögel sind hier häufig anzutreffen. Es gibt eine Reihe interessanter Wildblumen und an einem ruhigen Tag hat man gute Chancen, Wale zu sehen.
Die Fähre bringt Sie in nur 20 Minuten zur Insel, und die Rückfahrt 2,5 Stunden später gibt Ihnen genügend Zeit, die Wanderung zu genießen. Das gemütliche Dorf Hrísey hat eine Bar, ein Restaurant und einen Supermarkt. Wählen Sie für diese Tour einen windstillen Tag, um eine bessere Chance zu haben, Wale zu entdecken.

Startpunkt Hafen Árskógssandur

Zum Zeitpunkt der Verfassung des Buches fuhr das Boot im Sommer um 7.20 Uhr und 9.30 Uhr ab und dann alle zwei Stunden bis 23.00 Uhr. Die Rückfahrt erfolgte alle zwei Stunden, beginnend um 7.00 Uhr morgens. Die Fahrpläne sind online zu finden (**www.hrisey.net**).

1 Halten Sie während der Überfahrt Ausschau nach Gryllteisten, Schmarotzerraubmöwen, Eissturmvögeln und Sturmmöwen! Dies ist einer der wenigen Orte auf Island, an denen die Sturmmöwe vorkommt. An ruhigen Tagen sollten Sie die Gewässer im Osten (auf der Fahrt nach Hrísey) nach den kleinen Schweinswalen absuchen. Sie können ihre Rückenflossen kurz aus dem Wasser auftauchen sehen. Manchmal ist der größere Zwergwal zu sehen. Beide Arten sind vor der Südostküste von Hrísey am häufigsten.

2 Halten Sie im Dorf Ausschau nach Schneeammern, die von den Dächern singen. Vom Hafen aus gehen Sie nach links und gelangen so auf den einzigen Weg, der die Insel in nördlicher Richtung durchquert.

Unmittelbar außerhalb des Dorfes ist der Wanderweg deutlich als Abzweigung nach rechts auf einen Fahrweg zwischen einigen Fischtrockengestellen gekennzeichnet. Bevor Sie ihm folgen, gehen Sie einige Meter auf dem Hauptweg weiter und biegen dann links zur Beobachtungshütte ab (einem kleinen Holzgebäude, das vom Weg aus sichtbar ist).

3 Von der Beobachtungshütte aus überblickt man einen kleinen See, an dem Enten (Reiher- und Pfeifente) und Odinshühnchen brüten. Wahrscheinlich haben Sie inzwischen auch Bekassine, Goldregenpfeifer, Regenbrachvogel und Birkenzeisig entdeckt.

Hrísey ist eine ziemlich flache, heidebedeckte Insel, eingebettet in eine spektakuläre Fjordlandschaft. Die Insel erhielt ihren Namen von Hrís – der isländischen Bezeichnung für die Zwerg-Birke, die in der Heidelandschaft weit verbreitet ist.

Kehren Sie zu dem Weg zwischen den Trockenfischgestellen zurück und folgen Sie ihm. Ein Stück weiter gabelt er sich. Nehmen Sie den linken Abzweig.

4 Sie wandern bergauf zwischen einigen kleinen Bäumen und einer schönen Heidelandschaft. Seit der Einstellung der Schafbeweidung im Jahr 1974 hat sich die Vegetation hier sehr gut erholt. Nördliche Waldhyazinthe und Hohlzunge wachsen in großer Anzahl. Achten Sie auch auf Alpen-Flachbärlapp und Alpenazalee – zwei von mehreren arktisch-alpinen Arten, die hier vorkommen und von den arktischen Bedingungen in diesem Gebiet zeugen. Ein weiteres Zeichen sind die vielen Frosthügel – die gesamte Vegetation wächst hier hügelig. Es gibt viele Vögel. Küstenseeschwalben, Regenbrachvögel und Goldregenpfeifer sind besonders laut und auffällig, aber auch Alpenschneehühner sind häufig. Auf Hrísey findet sich sogar eine der höchsten Konzentrationen von Schneehühnern Islands. Auch Schmarotzerraubmöwen brüten hier in großer Zahl.

Zwei häufige Vögel auf Hrísey: Die Gryllteiste (oben) hält sich regelmäßig im Hafen auf, während das Alpenschneehuhn (unten) ein Bewohner der Heidelandschaft ist.

5 Auf der anderen Seite der Insel kommt man zu einer auffälligen Felsformation, dem Borgarbrík, einem landschaftlich sehr reizvollen Ort. Suchen Sie das Meer nach Vögeln und Walen ab. Halten Sie ab Mitte Juli Ausschau nach Kragenenten, die sich nach dem Verlassen ihrer Brutgebiete in der Nähe von Klippen wie diesen aufhalten. Zu dieser Zeit blüht zudem eine kleine Population des Enzians *Gentianopsis detonsa*.

6 Der Weg folgt den Klippen auf der Ostseite und bietet schöne Ausblicke auf die schneebedeckten Berge auf der gegenüberliegenden Fjordseite. In der Nähe von Langamýri und später zurück im Dorf sollten Sie gute Aussichtspunkte nutzen, um nach Walen Ausschau zu halten.

Route 14: See Mývatn

GANZTÄGIG
50 KM

Islands beste Vogelbeobachtungsplätze.
Atemberaubend schöne Landschaft mit vielen geologischen Besonderheiten
„Rauchschwaden" von Millionen von Fliegen.

Lebensräume: Flacher, quellgespeister, nährstoffreicher See, Lavafelder, Heidelandschaft, Grasland
Geologie: Lavafelder, Pseudokrater, Stratovulkane, Stricklava
Charakteristische Arten: Schnee-Enzian, Feld-Enzian, Bitterer Kranzenzian, Fieberklee, Bergente, Pfeifente, Schnatterente, Eisente, Trauerente, Spatelente, Kragenente, Ohrentaucher, Merlin, Gerfalke, Sumpfohreule

Ein Ausflug zum Mývatn ist einer der Höhepunkte eines Islandbesuchs. Mývatn bedeutet „Fliegensee", denn das flache und nährstoffreiche Wasser des Sees bietet Lebensraum für Milliarden kleiner Fliegen (die nicht stechen! – wichtig zu wissen), die die Grundlage für ein reiches Ökosystem bilden. Die Larven der Fliegen sind die Nahrung zahlreicher Fische und Wasservögel.

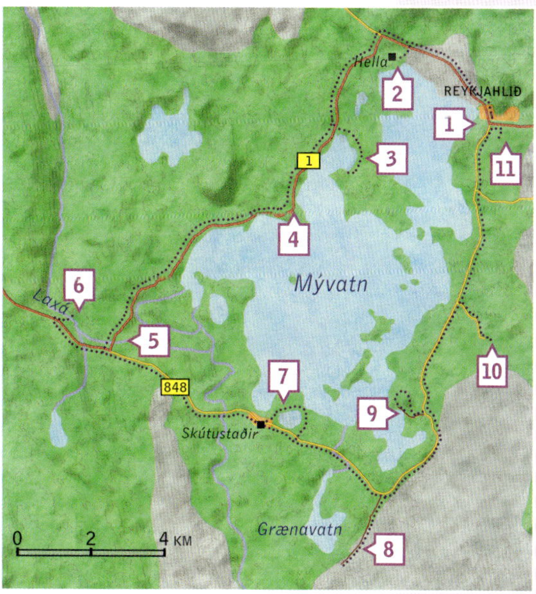

Von Mai bis August wimmelt es auf dem See von Tausenden von Enten, die nicht weniger als 16 verschiedenen Arten angehören! Der Mývatn und der Fluss Laxá, der den See entwässert, beherbergen eine hohe Dichte an Kragenenten und fast alle isländischen Spatelenten – zwei Arten, die in Europa ausschließlich auf Island vorkommen. Die Berge rund um den See beherbergen auch die höchste Dichte eines anderen Vogels, der das Herz eines jeden Vogelbeobachters höher schlagen lässt: des Gerfalken.
Dies macht den Mývatn zu einem hervorragenden Vogelschutzgebiet. Doch das ist noch nicht alles. Der Mývatn

Der See Mývatn – eingebettet in eine atemberaubende Landschaft.

grenzt an ein sehr aktives Vulkangebiet und in der beeindruckenden Landschaft rund um den See sind viele Spuren des jungen Vulkanismus sichtbar.
Diese Route beschreibt eine Schleife um den See und führt zu den besten Stellen bezüglich Vogelbeobachtung, Landschaft, Geologie und Flora. Der Rundweg besteht aus verschiedenen Sehenswürdigkeiten und drei kurzen Wanderungen. Er kann mit dem Auto oder Fahrrad zurückgelegt werden. Fahrräder können in Reykjahlíð gemietet werden.
Eine Warnung vorweg: Ein großer Teil der Küstenlinie ist in Privatbesitz oder zum Schutz von Brutvögeln gesperrt. Halten Sie sich an diese Einschränkungen – die öffentlich zugänglichen Stellen bieten alles, was man sich am Mývatn wünscht.

Startpunkt Besucherzentrum Reykjahlíð

1 Reykjahlíð war ursprünglich ein Bauernhof, hat sich aber zu einer kleinen Siedlung mit Einrichtungen für Besucher des Mývatn entwickelt. Es gibt einen Laden, Hotels, einen Campingplatz und ein Informationszentrum mit einer guten Ausstellung über die Ökologie und Geologie der Region sowie Wanderkarten zum Verkauf.
Überqueren Sie die Straße und werfen Sie einen ersten Blick auf den See, wo Pfeifenten, Reiherenten, Bergenten und Ohrentaucher beobachtet werden können. Achten Sie hier, wie überall auf dieser Tour, auf Gerfalken. Mehrere Paare brüten in den Bergen östlich, südlich und nördlich des Sees, von wo sie regelmäßig zum See hinunterfliegen, um zu jagen. Meist tauchen sie ziemlich plötzlich auf und fliegen in einer geraden Linie vorbei.

Fahren Sie weiter auf der 1 in nordwestlicher Richtung. Sie überqueren zunächst ein Lavafeld. Gleich dahinter biegen Sie links zum Dörfchen Hella ab und parken am Rande des Fahrweges.

Der Mývatn bietet die besten Chancen, den majestätischen Gerfalken zu sehen – den größten Falken der Welt, der ausschließlich in der Arktis brütet.

2 Von hier aus kann man leicht die Lava betreten. Es gibt einige schöne Beispiele von Stricklava. Auf den Feldern um Hella halten sich manchmal Sumpfohreulen auf.

Fahren Sie weiter und biegen Sie links ab (der 1 folgend) in Richtung Akureyri. Die Straße führt durch ein reizvolles, mit Seen übersätes, heidebedecktes Lavagebiet. Biegen Sie nach links Richtung Fuglasafn ab, um sich dieses Gebiet näher anzusehen.

3 Halten Sie auf diesem Weg, der zu einer Vogelausstellung und einem Restaurant führt, Ausschau nach Wasservögeln an den kleinen Seen auf der linken Seite und am Ufer des Mývatn auf der rechten Seite. Diese Strecke lässt sich am besten zu Fuß erkunden. Odinshühnchen, Sterntaucher, Trauerenten, Ohrentaucher, Spatel- und Pfeifenten sind regelmäßig zu sehen, aber auch seltenere Vogelarten wie Spießente, Schnatterente und Löffelente sind hier zu finden.

Kehren Sie zur Straße zurück und biegen Sie links ab.

4 Auf dieser Strecke hat man eine gute Aussicht auf den See. Gelegentliche Parkbuchten bieten Möglichkeiten zum Anhalten. Abhängig von den Windverhältnissen kann man hier viele Vögel beobachten, vor allem Reiherenten und Bergenten. Spatelenten können vorkommen.

Fahren Sie weiter und parken Sie kurz vor der Brücke und der Kreuzung mit der Straße 848 auf der linken Seite. Gehen Sie am Ufer des Flusses Laxá entlang.

5 Der obere Teil der Laxá ist ein idealer Lebensraum für Kragen- und Spatelenten. Von Ende Mai bis Mitte Juli sollten sie leicht zu finden sein und sind oft nicht scheu.

6 Für eine weitere Erkundung des Flusses Láxa biegen Sie an der Kreuzung rechts ab, Richtung Akureyri. Gleich nach der Brücke gibt es auf der linken Seite eine Parkbucht. Parken Sie hier und überqueren Sie die Straße zu einem kurzen Weg, der Sie zum Fluss führt.

Sowohl die Kragenente (oben) als auch die Spatelente (unten) halten sich recht häufig am Fluss Laxá auf (Punkte 5 und 6). Vor allem im (frühen) Juni sind besonders schöne Beobachtungen dieser seltenen Enten fast garantiert.

Dann kehren Sie zur Kreuzung zurück und fahren geradeaus auf die 848. Nach 5km erreichen Sie das Café/Hotel/Tankstelle von Skútustaðir. Von hier aus folgen Sie, auf der gegenüberliegenden Seite der Straße, dem Wanderweg entlang der Krater von Skútustaðir, um den See Stakhólstjörn herum (1 Stunde, leicht).

7 Die Krater sind Pseudokrater, die entstanden, als heiße Lava über einen großen See (einen Vorgänger des Mývatn) floss. Der Dampf, der nicht entweichen konnte, suchte sich Schwachstellen in der Lava und brach heftig aus, wobei er diese Krater hinterließ.
Suchen Sie den See nach Vögeln ab. Odinshühnchen, Ohrentaucher, Singschwäne, Reiherenten, Eisenten, Pfeifenten und Bergenten kommen hier vor und bieten im richtigen Licht großartige Möglichkeiten fürs Fotografieren.
An warmen Sommertagen ist dies auch ein guter Ort, um zu erleben, was das „My" in Mývatn ausmacht – die Fliegen. Überall auf den sumpfigen Wiesen steigen Fliegenschwärme auf. Wenn Sie ein paar Meter durch die Vegetation am Wegesrand laufen und sich dann ins Gras legen, ist das Ergebnis überwältigend (atmen Sie durch die Nase, oder noch besser: atmen Sie gar nicht!). Das funktioniert auch bei kälterem Wetter.
Der letzte Teil der Wanderung, vom See zurück zur Straße, ist im Sommer wegen der vielen Enziane attraktiv. Neben Schnee- und Feld-Enzianen, die entlang des gesamten Weges wachsen, findet man hier auch die Enzianarten *Gentianella aurea, Gentianopsis detonsa* und Bitteren Kranzenzian, wobei der Letztere im August blüht. Im Juni können aufmerksam Beobachtende die winzige Korallenwurz ausmachen. Der letzte Abschnitt des Weges führt einfach an der Straße entlang. Hier gibt es Ruten-Schöterich in großen Mengen.

Fahren Sie weiter und biegen Sie rechts ab zum Grænavatn.

8 Die kurze Piste (weniger als 2 km) nach Grænavatn führt über landwirtschaftliche Flächen. Suchen Sie die Pfosten nach Greifvögeln ab. Mit etwas Glück können Sie einen Gerfalken, Merlin oder eine Sumpfohreule entdecken. Es gibt viele Watvögel, der Hof hier hat ein schönes Grasdach, und der See beherbergt einige Wasservögel, wenn auch lange nicht so viele wie der Mývatn.

Kehren Sie zurück und setzen Sie die Schleife fort. Nach 3km biegen Sie links nach Kálftaströnd ab. Parken Sie auf dem Parkplatz und gehen Sie den Rundweg, der ein Stück weiter abzweigt (Wegweiser „Klasar“).

9 Diese leichte Wanderung (45 Minuten) durchquert eine mit Flechten bewachsene Heidelandschaft hin zu seltsamen Lavasäulen im See. Der Wanderweg führt an einer abgelegenen Bucht des Mývatn entlang, in der sich viele Spatelenten aufhalten. Dies ist auch ein guter Platz für Eistaucher. Gerfalken fliegen regelmäßig vorbei und auch Birkenzeisige sind zahlreich.
Viele der oben genannten botanischen Arten sind hier zu finden: Schnee-Enzian, *Gentianella aurea* und Bitterer Kranzenzian, Hohlzunge und – im Juni und Anfang Juli – die winzige Moosige Schuppenheide, eine typische Tundraart der Schneemulden.

Fahren Sie weiter und biegen Sie rechts nach Dimmuborgir ab.

10 Dimmuborgir ist eine chaotische Landschaft mit hohen und fantasievollen Lavaformationen: Lavasäulen, Bögen, Löchern und Höhlen, die ein natürliches Labyrinth bilden. Mehrere kurze und leichte (für Rollstuhlfahrer geeignete) Wege führen durch Dimmuborgir, die alle hinter dem Café beginnen. Es ist ein beliebter Ort. Im Sommer kann er überfüllt sein. Hier gibt es eine Reihe interessanter Wildblumen (z. B. Hohlzunge und Weißzüngel). Auch Birkenzeisig und Isländischer Zaunkönig kommen vor.

Fahren Sie weiter zur Ringstraße 1 und biegen Sie rechts ab, um den Rundweg zu beenden.

11 Es bleibt ein Ort, den Sie nicht verpassen sollten. Da er ziemlich genau in Reykjahlíð liegt, kann er Teil dieser Route sein oder auf Route 15 und 16 besucht werden. Dieser Punkt ist als Punkt 1 der nächsten Route beschrieben. Sie erreichen ihn, indem Sie rechts auf die Ringstraße 1 abbiegen und direkt nach der Abzweigung rechts parken.

Rauch am Seeufer

Wenn die Bedingungen stimmen (oder nicht, je nach Sichtweise), kann man sie in Schwaden vertikaler Wirbel über den Wiesen und Sümpfen entlang der Uferlinie sehen: Milliarden winziger Fliegen der Gattungen *Chironomid* und *Simulium genera*. Was man sieht, sind die Männchen, die auf der Suche nach den Weibchen in dichten Gruppen über der Vegetation „tanzen". Diese Fliegen sind völlig harmlos. Beachten Sie aber, dass es in manchen Jahren auch einige stechende Kriebelmücken gibt, die sich jedoch von den *Chironomiden* stark unterscheiden. Die Fliegen des Mývatn, genauer gesagt ihre Larven, sind eine Schlüsselart des Ökosystems des Sees, denn sie dienen den vielen Spatel- und Kragenenten als Nahrung. Die Fliegenwolken sind ein Spektakel für sich. Nicht oft trifft man Tiere in derartigen Mengen an, dass sie die Landschaft buchstäblich verhüllen.

Der massive Flug der Fliegen ist nicht immer zu sehen. Wie bei vielen isländischen Arten unterliegen auch die Fliegen zyklischen Schwankungen – in manchen Jahren gibt es mehr als in anderen. In der ersten Junihälfte und wieder im August erreicht die Anzahl ihren Höhepunkt. Auch das Wetter spielt eine wichtige Rolle: Ist es kalt, bleiben die Fliegen in der Vegetation versteckt. Bei Wind lösen sich die Wolken auf.

Am Ufer des Mývatn (unten), wörtlich übersetzt „Fliegensee", steigen riesige Wolken von *Chironomiden*-Fliegen auf. Die Fliegen (Detail) sind harmlos.

Route 15: Wanderung von Reykjahlíð nach Dimmuborgir

6 STUNDEN
MITTELSCHWER–ANSTRENGEND

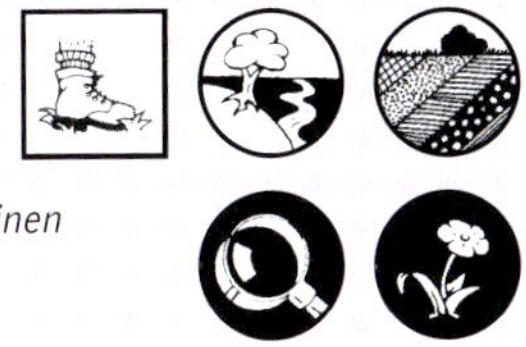

Schöne Wanderung durch Waldgebiete und auf einen Stratovulkan.

Lebensräume: Lavafelder und -spalten, Tephrawüste, Birkenwälder
Geologie: Lavafeld, Tephra, Stratovulkan, Spalten
Charakteristische Arten: Weißzüngel, Hohlzunge, Kleines Wintergrün, Echte Bärentraube, Eichenfarn, Einbeere, Birkenzeisig, Isländischer Zaunkönig, Gerfalke

Am Ostufer des Mývatn gibt es mehrere Wanderrouten. Die hier beschriebene verbindet mehrere von ihnen zu einer einzigen Strecke, die lang genug ist, um sowohl der Lust zum Wandern gerecht zu werden als auch den Besucherströmen auszuweichen.
Der Höhepunkt dieser Route ist zweifellos der Hverfall – ein großer Vulkan mit einer atemberaubenden Aussicht auf das umliegende Land. Außerdem ist das Labyrinth aus Lavafelsen und -spalten, von schönem Birkenwald bewachsen, ein hervorragendes Ausflugsziel. Unterwegs können Sie sich an der Flora erfreuen und vielleicht einen Gerfalken zu Gesicht bekommen. In der Umgebung brüten mehrere Paare.

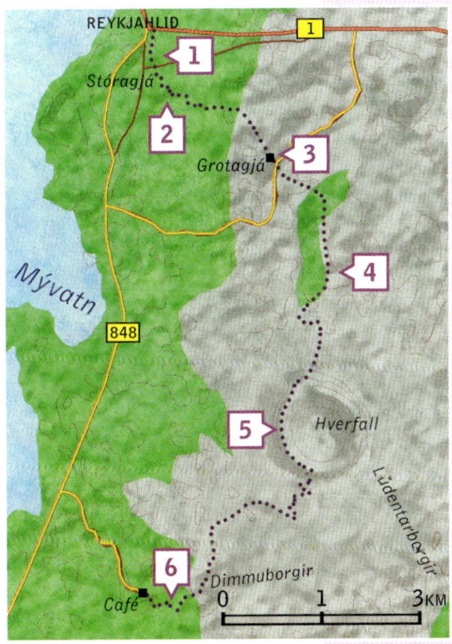

Startpunkt Reykjahlíð

Gehen Sie in Richtung der Kreuzung der Ringstraße 1 mit der 848. Der Wanderweg beginnt etwa 20m von dieser Kreuzung entfernt in Richtung Egilsstaðir auf der südlichen (rechten) Seite der Straße. Folgen Sie dem Schild „Stóragjá“.

1 Nur wenige Meter von der Straße entfernt sehen Sie auf der rechten Seite große Spalten. Dies ist die Stóragjá-Verwerfung an der Grenze zwischen der nordamerikanischen und der eurasischen tektonischen

Platte. Die Spalten sind durch das Auseinanderdriften der Platten entstanden. Es gibt kleine Pfade über die schmalen Grate zwischen den Spalten, aber seien Sie sehr vorsichtig, denn die Spalten sind tief! Ein Stück weiter können Sie über eine Treppe in eine dieser Spalten hinabsteigen. Beachten Sie, wie anders die Flora an diesen abgelegenen Stellen ist: Es gibt viele Pflanzen, die nährstoffreiche Bedingungen in abgeschiedener Lage bevorzugen, z. B. Wald-Storchschnabel, Hahnenfuß, Wald-Frauenfarn, Gewöhnlicher Buchenfarn und die auf Island seltene Einbeere.

Wenn die Erdkruste durch das Auseinanderdriften der tektonischen Platten aufbricht, entsteht entlang der Verwerfungslinie eine fremdartige Landschaft aus Spalten und Basaltgraten.

Folgen Sie weiter dem markierten Wanderweg. Er erreicht einen Fahrweg und führt auf der anderen Seite weiter (etwas zwischen den Bäumen versteckt).

2 Sie durchqueren nun ein wunderschönes, unwegsames Gelände mit Lavafelsen und Hügeln, dann wieder tiefen Mulden und Spalten mit dem ursprünglichen isländischen Birkenwald. Hier gibt es viele interessante Wildblumen, darunter Hohlzunge, Weißzüngel und Nördliche Waldhyazinthe in großen Anzahlen sowie Kleines Wintergrün.
Lauschen Sie dem Gesang von Rotdrossel, Birkenzeisig und Isländischem Zaunkönig – den drei vorherrschenden Vogelarten der isländischen Birkenwälder.

3 In der Nähe der Straße nach Vogar überquert der Wanderweg eine weitere tiefe Felsspalte, in der sich das Thermalbecken Grótagjá verbirgt. Es liegt in einem abgelegenen Teil der Spalte und kann mit etwas Vorsicht besichtigt werden. Lange Zeit war es eine beliebte Badestelle mit einer optimalen Temperatur von etwa 40 °C. In den späten 70er Jahren, nach einer Reihe von Erdbeben, fand das Grundwasser einen direkteren Weg in die darunter liegende Magmakammer und die Temperatur stieg plötzlich auf 60 °C. Das Baden ist verboten.

Der Wanderweg führt auf der anderen Seite der Vogarstraße weiter.

4 Dieser Abschnitt des Weges führt zum Fuß des Kraters Hverfell und ist etwas öde. Allmählich wird der Boden trockener, da die Lava durch Tephra ersetzt wird. Die artenreiche Heide- und Waldlandschaft wird immer gleichförmiger, bis nur noch Sträucher der Echten Bärentraube übrig bleiben.

5 Am Parkplatz am Fuße des Vulkans Hverfall angekommen, haben Sie die Wahl. Der leichte Wanderweg führt am Fuße des Vulkans entlang, während ein wesentlich anspruchsvollerer zum Kraterrand führt, den Sie hinauf- und auf der anderen Seite wieder hinabsteigen können.
Beide Varianten bieten wenig Artenvielfalt, die Aussicht vom Kraterrand ist jedoch unvergesslich.
Der Hverfell ist ein großer Explosionskrater, entstanden bei einer Eruption vor etwa 2500 bis 3000 Jahren. Vom Kraterrand auf der Südseite sieht man kurz vor dem Abstieg zum Wanderweg, der nach Dimmuborgir führt, eine große Spalte in Richtung Süden – die Kraterreihe des Lúdentarborgir. Aus dieser Spaltlinie floss die Lava der soeben überquerten Lavafelder. Es handelt sich um viel jüngeres Material als die Tephra, die der Hverfell produzierte.

6 Der letzte Teil der Route führt durch das Lavafeld Dimmuborgir – ein Gebiet mit besonders großen und skurrilen Formationen. Dimmuborgir ist der Rest eines großen, halb erstarrten „Lavapools“. Das Becken entleerte sich plötzlich und hinterließ die halb erstarrten, halb zusammengebrochenen Felsen, die Sie heute sehen. Eine seltsame Struktur sehen Sie schon von weitem: ein großes natürliches Loch in einer Felswand, durch das der Weg führt. Hinter dem Loch biegen Sie rechts ab, und nach 5 Minuten erreichen Sie das Café von Dimmuborgir.

Kehren Sie auf demselben Weg zurück, den Sie gekommen sind, oder auf der Straße.

Der Explosionskrater Hverfell (oben) hat riesige Mengen an Tephra produziert. An seinen Hängen kann man den Lúdentarborgir erkennen – eine Eruptionsspalte, die die Lava hervorbrachte, durch die der Weg führt (unten).

Route 16: Mývatns vulkanisches Gebiet und der Dettifoss

6 KM, LEICHT
52 KM (EINE RICHTUNG)

Surrealistische Mondlandschaft mit Vulkanen, Dampfschloten und kochenden Schlammpools.
Islands größter Wasserfall.

Lebensräume: Geothermische Gebiete, Lavafelder
Geologie: Solfataren, Fumarolen, junge Lavafelder, Explosionskrater, Tafelberg

Östlich des Sees Mývatn verlaufen von Süden nach Norden die Spalten zwischen der eurasischen und der nordamerikanischen Platte. Es ist ein surrealistisch anmutendes Gebiet mit einer Vielzahl vulkanischer Phänomene: Explosionskratern, Spalten, Dampfschloten, babyblauen Seen, kochenden Schlammtöpfen, Tafelbergen und riesigen Lava- und Tephraflächen. Diese Autoroute mit mehreren Stopps und kurzen, leichten Wanderungen ist ein außergewöhnlicher Ausflug in die Welt des Vulkanismus. Seien Sie sich bewusst, dass es sich um eine klassische Exkursion handelt, in Kombination mit einer Reihe anderer isländischer Highlights – im Sommer werden Sie das Erlebnis also mit vielen anderen teilen.

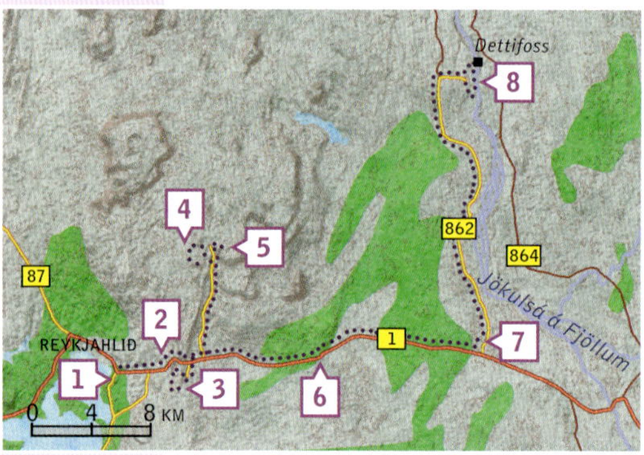

Startpunkt Besucherzentrum Reykjahlíð

Folgen Sie der Ringstraße 1 in östlicher Richtung (Egilsstaðir). Gleich nach der Kreuzung parken Sie rechts und folgen dem Wanderweg in Richtung Stóragjá.

1 Dieser Punkt ist derselbe wie Punkt 1 der Route 15 und Punkt 10 der Route 14, aber es lohnt sich, ihn im Rahmen dieser Exkursion zu besuchen. Folgen Sie dem Wanderweg ein paar Dutzend Meter, dann sehen Sie auf der rechten Seite mehrere Spalten. Dies ist einer der „Dehnungsstreifen" der Erde. Bewegen sich die Platten auseinander, wird die Belastung der Erdkruste zu groß und sie reißt auf. Entlang solcher Risse ist der größte

Teil der isländischen Lava an die Oberfläche gelangt.

Fahren Sie auf der Ringstraße 1 weiter und parken Sie neben dem bemerkenswerten babyblauen See.

Die seltsame babyblaue Farbe des warmen Wassers bei Námaskarð (oben; Punkt 2) wird auf Cyanobakterien zurückgeführt. Auf dem Weg zur Krafla kommt man – einsam und verloren stehend in der öden Landschaft – an einer Dusche vorbei, deren geothermisch erhitztes Wasser unaufhörlich läuft.

2 Die seltsame Farbe des Wassers wird auf Cyanobakterien (die eigentlich keine Bakterien, sondern eine Algenart sind) im Wasser zurückgeführt. Sie gedeihen in warmen, ruhigen Gewässern, genau wie die (giftigen) Cyanobakterien im gemäßigten Europa, wo sie in kleinen, eutrophierten Seen in heißen Sommern das Baden unmöglich machen.
Die Cyanobakterien hier sind von einer anderen Art und ungiftig. Grund dafür, warum man hier nicht schwimmen darf, ist dass das Wasser von der riesigen geothermischen Anlage im Hintergrund genutzt wird. Im Mývatn-Naturbad (der „Blauen Lagune des Nordens") können Sie in ähnlichem Wasser baden, wenn Sie dem Weg auf der gegenüberliegenden Seite der Straße folgen.
Die Tephra-Felder auf beiden Seiten der Straße zum Naturbad sind als Standort für verschiedene seltene Arten der Traubenfarne bekannt.

2,5km weiter auf der Ringstraße 1 biegen Sie rechts nach Hverir ab.

3 Hverir liegt rechts von einem vulkanischen Hotspot. Die kahlen Hügel mit ihren höllischen Farbtönungen und dem fauligen Schwefelgeruch wirken fast gespenstig. Ein Rundweg (1 Stunde, leicht bis mittelschwer) führt Sie durch diese außergewöhnliche Landschaft. Hverir ist ein beliebtes Ausflugsziel und der Eintritt ist kostenpflichtig.

Fahren Sie weiter und biegen Sie links Richtung Krafla ab.

4 Die Straße führt am Geothermalkraftwerk vorbei zum geothermischen Gebiet von Leirhnjúkur. Auf dem Weg dorthin kommt man an Islands berühmtester Dusche vorbei. Sie steht dicht an der Straße, einsam in der Landschaft, und ihr warmer, nach Schwefel riechender Wasserstrahl, läuft unaufhörlich.
Wie bei Hverir gibt es auch bei Leirhnjúkur eine Rundtour (leicht, 1-2 Stunden) durch die wundersame und farbenfrohe junge Erde mit zahlreichen Solfataren (kochenden Schlammtöpfen) und Fumarolen (Dampfschloten).
Krafla war Schauplatz mehrerer rezenter Ausbrüche, zuletzt der „Krafla-Feuer", die sich zwischen 1975 und 1984 ereigneten. Auf dem Rundweg können Sie über Lava laufen, die in dieser Zeit entstanden ist – das Gestein hier ist also jünger als viele von denen, die darüber gehen! Der Boden ist noch warm.
Die Erdbeben, die mit den Krafla-Feuern einhergingen, hatten Auswirkungen auf weite Teile Nordislands und schufen im Mündungsgebiet des Öxarfjörður sogar einen völlig neuen See (siehe Ziel H).
Die Wanderung auf dem Leirhnjúkur-Rundweg ist gebührenpflichtig.

5 Wenn Sie schon einmal hier sind, sollten Sie auch einen kurzen Blick auf den Viti-Explosionskrater werfen, der nur ein Stück weiter an der gleichen Straße liegt. Sie können den Kraterrand, der bei einem Ausbruch im 18. Jahrhundert entstanden ist, leicht zu Fuß umrunden.

Fahren Sie die 1 zurück und biegen Sie links ab.

6 Die Straße führt Sie durch eine dramatische Landschaft in Islands Landesinnerem. Zu Ihrer Rechten (Süden) sehen Sie den Búrfell und weiter in der Ferne den ikonischen Hèrdubreið – zwei auffällige Tafelberge in der ansonsten relativ flachen Landschaft. Beide sind durch subglaziale Eruptionen entstanden, bei denen das vulkanische Material im Eis eingeschlossen wurde und als Tafelberg erhalten blieb.
In der näheren Umgebung sind sowohl Tephrawüsten als auch das Lavafeld Búrfellshraun zu sehen, da die Straße grob dem Rand beider Zonen folgt. Insgesamt ist dies eine beeindruckende Strecke, die unterwegs leider nur wenige Möglichkeiten zum Anhalten bietet.

Biegen Sie links ab auf die 862 Richtung Dettifoss.

7 Die Gegend um die Abzweigung und vor allem die ersten Kilometer der 862 führen durch eine andere Art von Lavafeld – viel glatter, manchmal fast wie Asphalt und mit der schönen Riffelstruktur der Stricklava. Diese Lava war ursprünglich viel dicker als die raue Oberfläche der anderen Hrauns. Geologen bezeichnen diese dicke und glatte Lava als Poehaha, während die herkömmlichen Hrauns aus Lava des Aa-Typs bestehen. Diese seltsamen Namen stammen aus der hawaiianischen Sprache, wo der Vulkanismus intensiv erforscht wurde, da Hawaii, ähnlich wie Island, ebenfalls an einem Grabenbruch entstanden ist, bei dem zwei Platten auseinanderdriften.

Fahren Sie weiter und parken Sie auf dem Dettifoss-Parkplatz. Wandern Sie das kurze Dreieck zum Dettifoss und dem flussaufwärts gelegenen Gulfoss (20 Minuten, leicht).

8 Der Dettifoss ist einer der beeindruckendsten Wasserfälle Islands. Mit einer Breite von 100m und einer Höhe von 44m stürzen durchschnittlich 193 m^3 Wasser pro Sekunde aus dem Fluss Jökulsá á Fjöllum in die Tiefe, was ihn zum volumenmäßig größten Wasserfall Europas macht. Das Wasser ist durch die schwebenden Tonpartikel grau. Der Fluss trägt jedes Jahr 5 Millionen Tonnen Material ins Meer hinunter. Der Dettifoss markiert den Beginn der längsten Schlucht Islands, die bis nach Ásbyrgi hinunterführt.
Vom Parkplatz des Dettifoss aus können Sie zu einem weiteren Wasserfall, dem Hafragilsfoss, wandern. Es ist eine schöne Wanderung (2 Stunden, mittelschwer), auf der man die Chance hat, Gerfalken zu sehen und (im Sommer) Arktische Saumnarbe* (*Lomatogonium rotatum*) zu entdecken.

Der Dettifoss ist der volumenmäßig größte Wasserfall Islands. Das Wasser ist grau von Schwebstoffen, die der Fluss Jökulsá á Fjöllum mit sich führt.

Route 17: Ásbyrgi

5 STUNDEN
LEICHT–MITTELSCHWER

Zwei landschaftlich reizvolle Wanderungen durch Wälder und Basaltgestein.
Islands Klimaxvegetation, viele Wildblumen und eine faszinierende Geologie.

Lebensräume: Birkenwald, Heidelandschaft, Klippen, Flüsse
Geologie: Säulenbasalt, Phänomene der Gletscherläufe
Charakteristische Arten: Nickendes Wintergrün, Weißzüngel, Hohlzunge, Korallenwurz, Arktisches Weidenröschen, Isländischer Zaunkönig, Birkenzeisig, Gerfalke

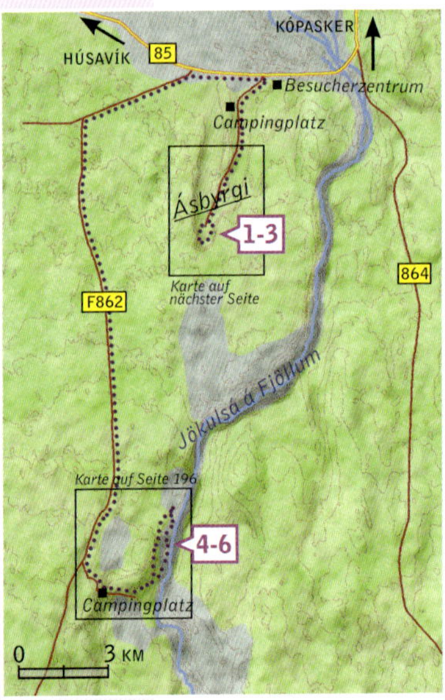

Das Gebiet von Ásbyrgi ist eine der trockensten und sonnigsten Gegenden des Landes. Im gedämpften Licht der Mitternachtssonne ist es ein außergewöhnlicher Ort.
Ásbyrgi ist ein seltsamer, hufeisenförmiger Canyon in ansonsten eher flachem Land. Der Mythos, der sich um diese seltsame Form rankt, besagt, dass es sich um einen phänomenalen Fußabdruck des achtbeinigen Pferdes des Gottes Odin handelt. Geologen haben eine andere Erklärung gefunden: Ein gewaltiger Gletscherlauf des Vatnajökull hat diese seltsame Form in nur wenigen Tagen geformt. Vor 2.000 bis 5.000 Jahren gab es in der Nähe des Vatnajökull große Seen. Ein großes Erdbeben brach den Eisdamm, der das Wasser zurückhielt und löste eine gewaltige Sturzflut den Fluss hinunter aus.
Diese Route besteht aus zwei kurzen Wanderungen, die zusammen einen guten Eindruck der Gegend vermitteln. Sie führen durch einige wunderschöne Gebiete mit natürlichem Wald als Klimaxvegetation, Heidelandschaft und skurrilen Basaltformationen. Entlang des Weges wächst eine interessante Flora, die besonders reich an Orchideen ist.
In der Gegend von Ásbyrgi gibt es noch viele weitere markierte Wanderwege. Im Besucherzentrum sind Karten mit den Routen erhältlich.

Startpunkt Besucherzentrum Ásbyrgi

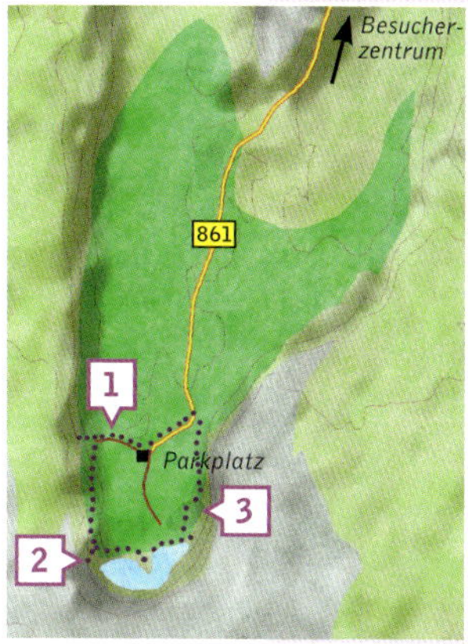

Wanderung 1 1 Stunde – leicht
Folgen Sie der Straße 861 am Campingplatz vorbei bis zum Parkplatz im Hufeisen von Ásbyrgi. Parken Sie und folgen dem Wanderweg nach rechts.

1 Sie wandern durch die ursprüngliche Vegetation eines Großteils des isländischen Tieflands: ein Waldgebiet, in dem die Moorbirke dominiert, gemischt mit Teeblättriger Weide und Eberesche. Aufgrund der milden Bedingungen in der Schlucht kann der Wald hier üppiger wachsen. Halten Sie Ausschau nach Birkenzeisig, Rotdrossel und Isländischem Zaunkönig.

2 Ein Stück weiter erreicht der Weg die senkrechte Wand. Auf den Klippen brüten Kolkrabe und Eissturmvogel. Manchmal kann man hier Gerfalken sehen. Von der Wand aus überblicken Sie einen kleinen, abgelegenen See. Es ist ein malerischer Ort, auf den ein japanischer Gartengestalter neidisch wäre. Auf dem See können interessante Vögel, wie Spatelente und Odinshühnchen, zu sehen sein.

Folgen Sie dem Wanderweg hinunter zum See, den Sie von Aussichtsplattformen aus überblicken können.
Folgen Sie dem Weg weiter und ignorieren Sie Seitenwege, die zum Parkplatz zurückführen.

Es gibt nur wenige Orte, an denen die isländische Klimaxvegetation der Birkenwälder so schön und gut entwickelt ist wie in Ásbyrgi.

3 Verschiedene Schilder informieren Sie über die Flora. Botanisch gesehen beginnt das Beste hinter der Tafel über das Nickende Wintergrün. Dahinter finden Sie Nördliche Waldhyazinthe, Weißzüngel und Hohlzunge sowie Kleines und – wie angekündigt – Nickendes Wintergrün.

Wo der Weg auf die Straße trifft, biegen Sie links ab, um zum Parkplatz zurückzukehren.

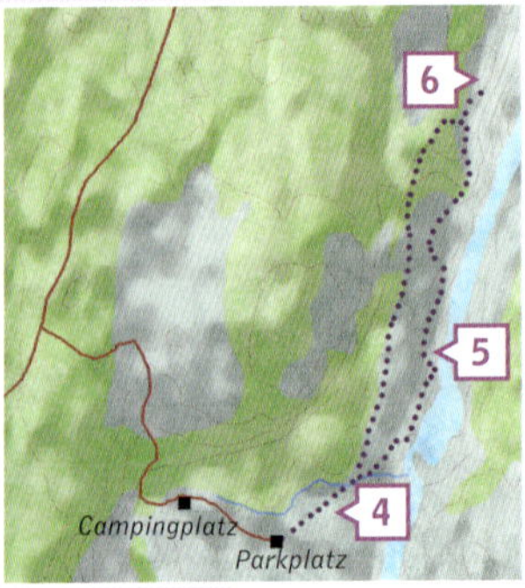

Wanderung 2 3-4 Stunden – mittelschwer
Folgen Sie der 85 in westlicher Richtung und biegen Sie links auf die 862 nach Hlóðaklettar ab. Folgen Sie dieser und biegen dann nach 12km links zum Campingplatz ab. Parken Sie auf dem Parkplatz hinter dem Campingplatz und nehmen den Wanderweg in nördlicher Richtung.

4 Der erste Abschnitt führt durch eine Heidelandschaft zum Fluss Jökulsá á Fjöllum. Hier gibt es viele Orchideen, vor allem Nördliche Waldhyazinthe, Weißzüngel und Hohlzunge, aber achten Sie auch auf die kleine Korallenwurz.

In der Nähe des Flusses folgen Sie dem Weg nach rechts und halten sich an den folgenden Abzweigungen stets rechts, in Flussnähe bleibend.

Drei sehr häufige Orchideen in Hjlóðaklettar: Hohlzunge (links), Nördliche Waldhyazinthe (mitte) und Weißzüngel (rechts).

5 Vor sich sehen Sie den ersten einer Reihe seltsamer Monolithe aus säulenförmigem Basalt, bekannt als Hlóðaklettar. Eine besonders schöne Basalthöhle ist die Kirkjan. Sie ist am Wegrand ausgeschildert. Die bereits erwähnten Orchideen sind entlang des Weges immer noch sehr häufig.

6 Der letzte Abschnitt führt auf den Rauðhólar, den „roten Hügel“, der aus schwarzer und samtroter Tephra besteht. Vom Rauðhólar aus hat man einen schönen Blick auf den Fluss, die Küste und zurückschauend auf die Hlóðaklettar-Basalte. An den Hügelhängen blüht das Arktische Weidenröschen.

Der Rückweg ist Richtung Parkplatz ausgeschildert.

Route 18: Rauðinúpur und Melrakkasletta

5 STUNDEN, LEICHT
68 KM (EINE RICHTUNG)

Leere Tundra und Seevogelkolonien.

Lebensräume: Meeresklippen, Tundra, Seen
Geologie: Meeresklippen, Felseninseln, Sander
Charakteristische Arten: Gold-Enzian* (*Gentianella aurea*), Schnee-Enzian, Polarfuchs, Seehund, Basstölpel, Tordalk, Trottellumme, Dickschnabellumme, Papageitaucher, Gerfalke, Eisente, Bergente, Sterntaucher, Eistaucher, Schmarotzerraubmöwe, Skua, Meerstrandläufer, Schneeammer

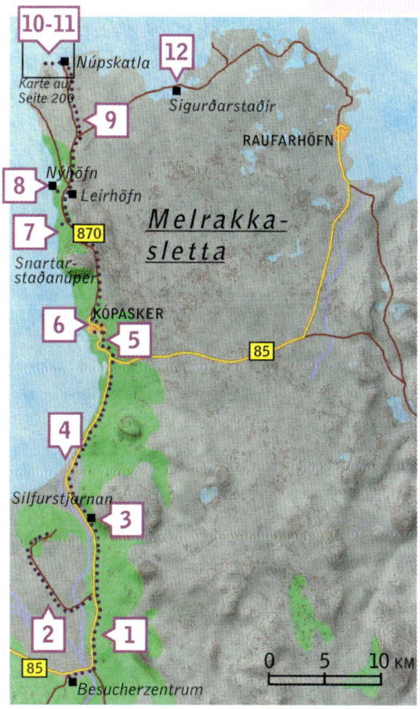

Die nördliche Halbinsel Melrakkasletta ist wild und einsam. Dieser Teil des Landes hat große Ähnlichkeit mit einer arktischen Tundra – eine relativ flache, mit Seen durchsetzte Heidelandschaft mit einer reichen Vogelwelt.
Der Höhepunkt dieser Route ist der Vogelfelsen von Rauðinúpur. Nur einen Steinwurf vom Polarkreis entfernt stehen Sie Auge in Auge mit Basstölpeln, Papageitauchern und Trottellummen. Obwohl diese Route für die Vogelbeobachtung prädestiniert ist, wird sie jeden Naturliebhaber begeistern.

Startpunkt Ásbyrgi

Nehmen Sie die Straße 85 in Richtung Norden nach Kópasker.

1 Die Straße führt am Rande der Flussmündung entlang, mit Wiesen und niedrigem Birkengestrüpp auf der rechten Seite, wo es viele Watvögel gibt. Achten Sie auf Sumpfohreulen, die hier brüten.

2 Vom Besucherzentrum aus biegen Sie nach 10km links ab und folgen der Beschilderung nach Austursandur. So gelangen Sie auf die östliche Hälfte des Sanders Öxarfjördur. Halten Sie hinter der Brücke Ausschau nach Schmarotzerraubmöwen und Skuas, beide brüten hier.

3 Kehren Sie zur 85 zurück und biegen links ab. Halten Sie an der Fischfarm von Silfurstjarnan, um einen besseren Blick auf die Flussmündung zu haben. Es gibt hier einen Möwenschlafplatz auf den Kieselbänken im Fluss, wo im Sommer regelmäßig Polarmöwen zu sehen sind.

Fahren Sie weiter. Dort, wo die Straße zu einem kleinen Kap an der Mündung des Flusses ansteigt, biegen Sie links auf einen nicht ausgeschilderten Fahrweg ab und gleich hinter dem Weg nach rechts, ausgeschildert mit „Daðastaðir“. Parken Sie und gehen Sie bis zum Rand des Kaps.

4 Von hier aus haben Sie eine großartige Aussicht auf die Flussmündung und das, was einigen Quellen zufolge das Nordpolarmeer ist. An diesem Aussichtspunkt kann man viele Vögel beobachten, darunter verschiedene Watvögel (u.a. Sanderling und Knutt im Frühjahr und Spätsommer), Sterntaucher und Gruppen von Eiderenten. Dies ist auch einer der Orte, an denen man regelmäßig Prachteiderenten beobachten kann. Suchen Sie die Eiderentengruppen ab, in deren Mitte sie in der Regel anzutreffen sind.

5 Kurz vor Kópasker kommen Sie an mehreren kleinen Seen vorbei, auf denen sich viele Sterntaucher aufhalten. Zu den anderen Vögeln hier gehören Bergente, Eisente und manchmal Ohrentaucher. An einem Parkplatz erhalten Sie Informationen über die Erdbeben in dieser Gegend.

6 Das Dorf Kópasker ist wegen seiner felsigen Küste sehenswert. Hier können Eiderenten und verschiedene Watvögel beobachtet werden. Im

Die Schneeammer ist in Melrakkasletta zahlreich vertreten.

Entlang der Küste von Melrakkasletta gibt es Hunderttausende von Gold-Enzianen.

Spätsommer kann man nach Eismöwen, Polarmöwen und Kormoranen Ausschau halten. Achten Sie auch auf eventuelle Robben und Taucher weiter draußen auf dem Meer.

Auf den Grasflächen blühen im Sommer viele Gold-Enziane* (*Gentianella aurea*). Diese Art wird das botanische Thema dieser Route sein, denn sie ist an jedem Halt in großer Zahl zu finden.

Weiter geht es auf der 870, die jetzt in eine Schotterstraße übergeht. Suchen Sie Pfähle und Felsvorsprünge nach der Silhouette des Gerfalken ab.
Der Weg umrundet den Berg Snartarstaðanúper. Auf der anderen Seite, in der Nähe einer Bauernhofruine, führt ein Weg zu einem kleinen Kap.

7 Die Küste in der Nähe des Kaps (das bei Flut eine Insel wird) bietet eine weitere Gelegenheit für die Meeresbeobachtung. Halten Sie Ausschau nach Robben und womöglich Prachteiderenten. Im Sommer blühen hier neben den vielen Gold-Enzianen* (*Gentianella aurea*) auch Feld- und Schnee-Enziane.

Auf dem Weg zum Hof Núpskatla, inmitten einer großen Küstenseeschwalbenkolonie. Erwarten Sie keinen herzlichen Empfang. Halten Sie sich einen Stock über den Kopf gegen die Angriffe!

8 Der nächste Halt ist der Leirhöfn, ein weiterer See mit Sterntauchern und Enten. Biegen Sie links ab nach Nyhöfn. Hier haben Sie erneut die Möglichkeit, Seevögel und Robben zu beobachten.

9 Auf dem nächsten Streckenabschnitt wechselt die Landschaft in die für die Melrakkasletta typische Umgebung: endloses hügeliges Tiefland mit auf Frosteinwirkungen zurückzuführenden büscheligen Tundra Heideflächen, dominiert von Zwerg-Birke, Silberwurz und Krähenbeere. Regenbrachvogel, Goldregenpfeifer und Schmarotzerraubmöwe sind hier die üblichen Vögel.

Biegen Sie links nach Nupskatla ab und parken auf dem Parkplatz in der Nähe des Bauernhofs der mitten in einer Küstenseeschwalbenkolonie liegt. Tragen Sie deshalb eine Kopfbedeckung oder nehmen Sie einen Stock mit, den Sie über den Kopf halten können, um sich vor Angriffen zu schützen.
Folgen Sie dem Wanderweg über den Geröllstrand (passen Sie dabei auf, dass Sie sich nicht den Knöchel verstauchen).

10 Die Kieselsteine des Geröllstrandes haben ihre runde Form durch das ständige Rollen in der Brandung erhalten – Sie können diesem Prozess tatsächlich lauschen, wenn Sie sich dem Meer nähern.
Halten Sie auf der Lagune Ausschau nach Stern- und Eistauchern und Eisenten, und am felsigen Ufer nach Meerstrandläufern und Schneeammern. Von den nahe gelegenen Vogelfelsen ziehen ständig Eissturmvögel und Dreizehenmöwen vorbei.

!
Vorsicht am Rande der Klippen

11 Auf der anderen Seite führt der Wanderweg hinauf zur Klippe. Hier sollten Sie die ersten Papageitaucher sehen können. Weiter geht es zum Leuchtturm, von dem aus man zwei große Felseninseln mit vielen Basstölpeln, Papageitauchern, Dreizehenmöwen, Eissturmvögeln und Trottellummen überblicken kann. Es gibt einige Dickschnabellummen und Tordalke, die meisten brüten auf der vertikalen, linken Seite der östlichen (rechten) Felseninsel – unterhalb der Basstölpelkolonie. Gehen Sie hinter dem Leuchtturm noch ein Stück weiter, um noch mehr Papageitaucher aus geringerer Entfernung zu sehen.
Halten Sie auf der Rauðinúpur-Klippe Ausschau nach Gerfalken, die plötzlich jagend auftauchen können. Interessant zu wissen ist auch, dass Sie sich sehr nahe am Polarkreis befinden. Dies ist fast der nördlichste Punkt des isländischen Festlandes (Rifstangi, 15km weiter östlich, liegt nur ein wenig nördlicher), und der Polarkreis liegt nur ein paar Kilometer weiter nördlich.

12 Wer von dieser Waschbrettpiste noch nicht genug durchgeschüttelt wurde, kann sich überlegen, weiter auf die Halbinsel Melrakkasletta zu fahren. Bei Sigurðarstaðir gibt es weitere Seen mit Enten und Watvögeln.

Kehren Sie auf dem Weg zurück, den Sie gekommen sind.

Basstölpel und Papageitaucher auf den Felseninseln von Rauðúnipur.

Weitere Exkursionsziele im Nordosten Islands

A – Rund um Akureyri

Die lebendige Stadt Akureyri liegt im beeindruckenden Eyjafjörður. Hier kann man Bergwanderungen und Vogelbeobachtung mit einem Hauch städtischer Zivilisation verbinden. Die Umgebung von Akureyri ist außerdem reich an Wildblumen, darunter mehreren Arten, die im übrigen Land entweder selten oder gar nicht vorkommen. Da die Region Akureyri weitaus weniger touristisch ist als der Mývatn, können ein paar Tage in der Umgebung dieser sympathischen Stadt im Norden eine willkommene Abwechslung zu den Touristenströmen sein.
Südlich von Akureyri, rund um den Flughafen, liegt an der Mündung des Flusses Eyjafjarðará ein großes Sumpf- und Wiesengebiet. Ein markierter Wanderweg durchquert das Sumpfgebiet und folgt einer Schotterstraße, die früher die Hauptstraße durch das Tal war. Sie beginnt 700m südlich der Einfahrt zum Flughafen und ist der 2. Weg auf der linken Seite (von Akureyri aus), zu erkennen an einer Informationstafel. Entlang des Weges können Sie viele Watvögel und Enten beobachten, die in dicht bewachsenen Sümpfen zu Hause sind, wie Krickenten, Schnatterenten und Löffelenten. Erkunden Sie im Sommer die Seitenwege nach Enzianen, darunter *Gentianopsis detonsa* und sogar die seltene Arktische Saumnarbe* (*Lomatogonium rotatum*), eine der wenigen amerikanischen Arten der isländischen Flora.
Ein besserer Standort für die letztgenannte Art befindet sich etwas weiter südlich an der 821. Gleich hinter dem Dorf Hrafnagil biegen Sie links nach Laugaland ab und erkunden das schlammige Sumpfgebiet auf der Nordseite der Straße kurz vor der Brücke. Hier gibt es *Lomatogonium rotatum* in großer Zahl. Beachten Sie, dass sie erst Ende Juli blühen.
In Akureyri ist der botanische Garten einen Besuch wert, der viele Wildblumen, darunter viele auf Island heimische Arten, beherbergt.

B – Ringstraße 1 zwischen Varmalið und Akureyri

Wenn man auf der Ringstraße 1 von Westen her kommt, folgt man dem Fluss Herarðsvötn bis zu seiner Quelle, bevor man entlang des Ufers des Flusses Hörgá talabwärts fährt. Dies ist ein spektakulärer Streckenabschnitt, der einige Pausen verdient. Entlang des Flusses Herarðsvötn sind zwei Vogelarten zu beobachten, die auf Island nicht so leicht zu finden sind: der Gänsesäger und die Kurzschnabelgans. Der Gänsesäger brütet hauptsächlich in der Laxá-Gegend, während die Kurzschnabelgans etwas Besonderes ist, da dies einer der wenigen Orte im Tiefland ist, an dem sie während der Brutzeit zu finden ist.
Beide Flüsse sind breite, verzweigte Flüsse, deren Kiesbänke sich im Sommer durch die vielen blühenden Arktischen Weideröschen rosa färben. Entlang der Straße gibt es viele Gelegenheiten zum Anhalten.

C – Dalvík

Das kleine, gemütliche Fischerdorf Dalvík liegt eingekeilt zwischen schneebedeckten Bergen und dem Eyjafjörður und überblickt die Insel Hrísey. Eine schönere Lage ist kaum vorstellbar. Gleich südlich des Dorfes liegt die Mündung des Flusses Svarfaðardalsa, wo Sie gut Singschwäne, Odinshühnchen und Sterntaucher beobachten können. Von Dalvík und den nahegelegenen Tälern aus lassen sich mehrere schöne Wanderungen unternehmen, darunter die auf Hrísey (Route 13). Das Wetter ist im Allgemeinen besser als in Akureyri, sodass die Hotels oder der Campingplatz in dieser Gegend eine attraktive Alternative zu Akureyri darstellen. Die Fähre nach Grímsey verkehrt von Dalvík aus.

Sterntaucher brüten an vegetationsreichen Seen, von denen es rund um Dalvík viele gibt.

D – Grímsey

Die kleine Insel Grímsey ist Islands nördlichste Insel. Der Polarkreis verläuft quer über die Insel, was bedeutet, dass die Sonne in den Mittsommernächten nie untergeht, sondern in einem goldenen Sonnenuntergang am nördlichen Horizont erstarrt, bevor sie dann wieder aufgeht.

Abgesehen von der Lage ist die Insel ein Platz reich an Seevögeln. Papageitaucher sind am häufigsten anzutreffen, aber auch alle anderen Lummenarten brüten hier. Grímsey war der letzte Ort Islands, an dem Krabbentaucher nisteten. Der Bestand ist bis in die 1980er Jahre auf eine Handvoll Paare geschrumpft. Inzwischen ist er als Brutvogel völlig verschwunden.

Etwa 80 Menschen leben hier in dem Dorf auf der Insel, die mit der Fähre von Dalvík (ca. 3 Stunden) oder mit dem Flugzeug von Akureyri (25

Minuten) aus zu erreichen ist. In den Sommermonaten verkehrt die Fähre montags, mittwochs und freitags. Zum Zeitpunkt der Buchverfassung war der Fahrplan so, dass man die kleine Insel als Tagesausflug besuchen konnte. Man hatte 4 Stunden Zeit, um sie zu Fuß zu erkunden. Weitere Informationen finden Sie unter **www.akureyri.is/grimsey**.

E – Vaglaskogúr

Wenn Sie sich nach einem Hauch von üppiger grüner Vegetation sehnen, besuchen Sie Vaglaskogúr, östlich von Akureyri, direkt an der Ringstraße 1. Mit etwa 300 ha ist dies der zweitgrößte natürliche Birkenwald Islands. Es ist ein hübsches Gebiet mit mehreren Wanderwegen, die durch den Birkenbestand mit schönem Unterwuchs von Wald-Storchschnabel führen. Rotdrossel, Birkenzeisig und Isländischer Zaunkönig – das klassische Trio des isländischen Birkenwaldes – kommen hier häufig vor.

Um von Akureyri aus hierher zu gelangen, folgen Sie der 1 in östlicher Richtung und biegen am ersten Weg hinter dem Fluss Fnjóská rechts ab. Nach etwa 3km beginnt kurz hinter der Fußgängerbrücke über den Fluss ein markierter Wanderweg durch den Wald. Ein Stück weiter an demselben Weg ist ein Picknickplatz.

Der Birkenwald von Vaglaskógur – das zweitgrößte Waldgebiet Islands.

F – Goðafoss

Der Goðafoss ist ein weiterer berühmter großer Wasserfall Islands, der oft in Büchern, Broschüren und auf Postkarten abgebildet ist. Trotz seiner bescheidenen Höhe (12 m) ist er ein sehr schöner und breiter Wasserfall, in einem Halbkreis gelegen und durch einen großen Felsen in zwei Teile geteilt.

Goðafoss bedeutet „Wasserfall der Götter", denn nachdem das AlÞing im Jahr 1000 das Christentum angenommen hatte, warf der örtliche Grundbesitzer alle Statuen und Gegenstände, die den heidnischen Göttern geweiht waren, in diesen Wasserfall.

Der Goðafoss liegt direkt an der Ringstraße 1 auf halbem Weg zwischen Mývatn und Akureyri und ist gut ausgeschildert.

Etwas östlich des Goðafoss, in der Gegend von Laugar, können Botaniker nach dem seltenen Großblütigen Wintergrün suchen, das sowohl nahe der Straße 847 als auch der 1 wächst.

Der Fjord von Húsavík

G – Husavík und Tjörnes

Das hübsche Städtchen Húsavík hat sich zur Hauptstadt für die Walbeobachtung gekrönt. Von hier aus fahren mehrere Walbeobachtungsunternehmen in die Bucht hinaus, um Weißschnauzendelfine, Schweinswale, Zwergwale und – manchmal – Buckelwale und Blauwale zu beobachten.

Eine solche Tour eignet sich auch hervorragend zur Beobachtung von Seevögeln. Papageitaucher sind besonders häufig, da viele Paare auf der kleinen Insel Lundey brüten, was wörtlich übersetzt Papageitaucherinsel bedeutet.

Die Straße hinauf nach Húsavík ist für Vogelbeobachter interessant. Beim Bauernhof Kalbaldur, südlich der Stadt, liegt ein kleiner See, an dem sich oft Eistaucher zeigen. Weiter südlich, wo die Straße den Fluss Láxa überquert, kann man erneut nach Eistauchern Ausschau halten. Trauerente und Eiderente sind ebenfalls regelmäßig anzutreffen. Seien Sie außerdem aufmerksam bezüglich des seltenen Thorshühnchens, das sich manchmal auf den Tümpeln zwischen Laxá und Húsavík aufhält.

Walbeobachtung in der selbsternannten „Walbeobachtungshauptstadt Europas": Húsavík (links). Die Erfolgsquote der Fahrten liegt bei weit über 90 %. Eine der regelmäßig gesichteten Walarten ist der Buckelwal (rechts).

H – Das Mündungsgebiet des Öxarfjörður

Das große Mündungsgebiet und der Sander nördlich von Ásbyrgi sind der letzte Abschnitt des längsten isländischen Flusses, des Jökulsá á Fjöllum, der dort in das Polarmeer mündet. Es ist ein hervorragendes Gebiet für Vögel, unter anderem für viele Stern- und Eistaucher, Odinshühnchen, eine Vielzahl von Enten und Watvögeln, Schmarotzerraubmöwen und in geringerer Anzahl auch Skuas sowie Islands größte Konzentration an Ohrentauchern. Leider ist das Gebiet ziemlich schwierig zu erkunden, denn die meisten Seen liegen entweder nicht in der Nähe öffentlicher Wege oder aber nahe an der Hauptstraße, wo es schwierig ist, anzuhalten.

Die besten Beobachtungsstellen sind:

1 Etwa 7km westlich von Ásbyrgi kommt man an zwei kleinen Seen vorbei – auf jeder Seite der Straße einem. Sie können an einem holprigen Weg auf der linken (südlichen) Seite der Straße, direkt westlich des Sees, anhalten.

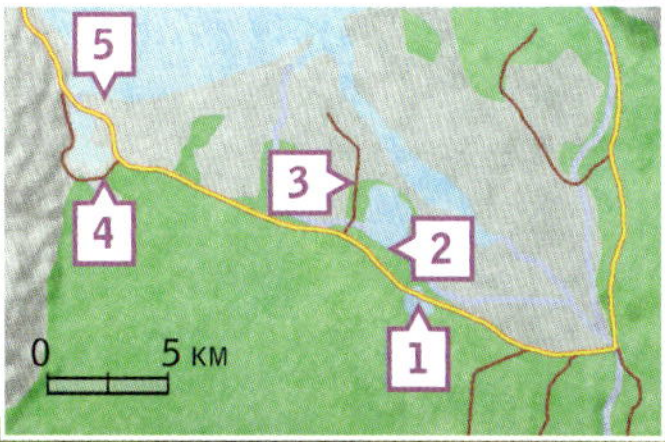

2 Nach weiteren 2,5km biegen Sie nach rechts (Norden) ab, der Weg ist mit „Tjarnarleitisrétt“ ausgeschildert. Er führt zu einem Schafspferch, hinter dem man einen guten Blick auf den Skálftavatn hat. Ein Spektiv ist hier kein Luxus. Der Skálftavatn selbst hat eine interessante Geschichte. Er entstand 1974 als Folge der Eruptionen und Erdbeben der Krafla (Route 16). Innerhalb weniger Tage sank das Land am Skálftavatn entlang der Spalte um 2m ab und es bildete sich ein neuer See.

Eine der größten Populationen von Ohrentauchern auf Island lebt am Öxarfjörður.

3 Nach weiteren 1,5km biegen Sie nach rechts (Norden) ab, ausgeschildert mit Vestursandur. Der Weg führt an zwei kleinen Seen mit vielen Vögeln vorbei.

4 10km weiter biegen Sie rechts (Süden) nach Lón ab. Der Weg führt nahe am Südufer des Sees Lón vorbei.

5 Nachdem die Straße 85 die Brücke passiert hat, befindet sich rechts ein kleiner Parkplatz. Erkunden Sie hier das Nordufer des Sees Lón.

I – Langanes

Die nordöstlichste Halbinsel Islands, Langanes, ist ein wilder, verlassener Ort, der aufgrund seiner isolierten Lage kaum besucht wird. Zu Beginn des 20. Jahrhunderts gab es hier viele Bauernhöfe und ein blühendes Fischerdorf, Skálar. Nach dem Zweiten Weltkrieg wurde das Dorf jedoch verlassen, als sich einige der Seeminen, die ins Meer gelegt worden waren, lösten und am Strand explodierten, wodurch ein Teil des Dorfes zerstört wurde. Heute prägen die Tundra-Landschaft, eine Küstenlinie voller Treibholz, verlassene Bauernhöfe hier und da, und Klippen voller Seevögel die Landschaft von Langanes.

Langanes ist ein schöner Ort zur Vogelbeobachtung. Entlang der 869 zwischen Saudaðanes und Ytra-Lon (wo es eine Unterkunft gibt) liegen verschiedene Seen mit Wasservögeln. Gelegentlich werden hier Raritäten wie Prachteiderente und Scheckente gesichtet. Weiter in Richtung Skoruvíkurbjarg befinden sich große Vogelfelsen mit zahlreichen Papageitauchern, Trottellummen, Dickschnabellummen und Tordalken sowie auf den vorgelagerten Felseninseln von Stóri-karl die größte Basstölpelkolonie in Nordisland. Leider ist die Piste dorthin ziemlich schlecht, für normale Mietwagen verboten und am besten mit Allradantrieb zu befahren.

Tordalke brüten bei Langanes. Eine Kombination aus Schnabelform und -färbung sowie die dunkle Färbung von Hals und Rücken unterscheiden ihn von der Trottel- und Dickschnabellumme.

J – Ausflüge zur Askja und ins Landesinnere von Island

Von Reykjahlíð aus bieten verschiedene Unternehmen Tagesausflüge ins Landesinnere Islands an, z. B. zum majestätischen, isoliert gelegenen Tafelberg Herðubreið und zum imposanten Vulkan Askja, der Apollo-Astronauten als Trainingsterrain für ihre Mondmission diente. Diese Ausflüge sind zwar teuer, doch wenn Sie keinen Allradwagen haben, ist es eine einmalige Gelegenheit, diesen wilden Landesteil zu besuchen.

Erkundigen Sie sich im Besucherzentrum, im Hotel oder auf dem Campingplatz in Reykjahlíð nach weiteren Einzelheiten.

K – F26 Die Gebirgsroute Sprengisandur

Die F 26 Sprengisandur durchquert Island zwischen den Plateaugletschern Hofsjökull und Vatnajökull und führt bis an die Südküste. Siehe Seite 147 für weitere Einzelheiten.

Routen in Ostisland

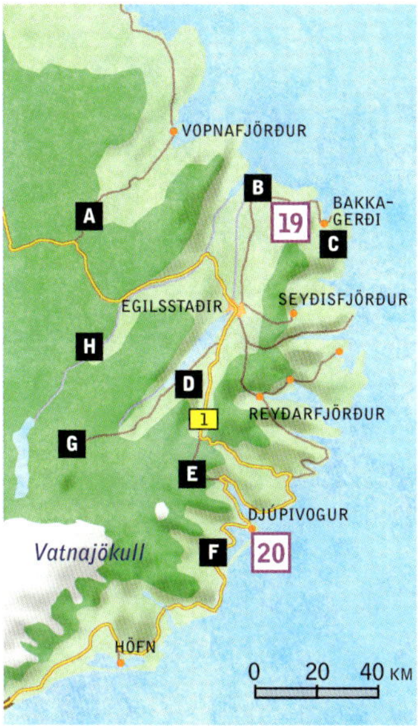

Ostisland im Überblick. Die Zahlen beziehen sich auf die Routen der folgenden Seiten und die Buchstaben auf die auf Seite 213-215 beschriebenen Exkursionsziele.

Ostisland wird von tiefen und langen Fjorden beherrscht, die durch hohe Gebirgszüge voneinander getrennt sind. Im nördlichen Teil gehen diese Gebirgszüge in das breite Herað-Tal über. An dessen Rand, auf etwa halber Strecke, liegt Egilsstaðir, der Hauptort der Region. Weiter südlich steigt das Land zum inneren Hochland an.

Ostisland ist nur dünn besiedelt, mit Ausnahme von Egilsstaðir und einigen kleinen Dörfern in den nahe gelegenen Fjorden Seyðisfjörður, Reydarfjörður und Breiðalsvik.

Obwohl Ostisland, wenn man nur eine begrenzte Zeit im Land verbringt, oft übersehen wird, hat es viel zu bieten. Im Herað-Tal und am Borgarfjörður (Route 19) gibt es hervorragende Vogelbeobachtungsplätze. Das Gebirge südlich von Bakkagerði bietet eine reiche Flora und wunderbare Wandermöglichkeiten für mehrere Tage (siehe Ziel C auf Seite 214). Südlich von Egilsstaðir liegt der größte Wald Islands (Ziel D). Eine Tour um die Fjorde zwischen Reydarfjörður und Djúpivogur mit ihren hohen Bergen, die durch weite U-förmige Täler voneinander getrennt sind, lässt Sie eine atemberaubende Landschaft erleben.

Alternativ können Sie auf Ihrer Reise nach oder von Süden her den Öxi-Pass (Ziel E auf Seite 214) mit seiner besonderen Flora und der Möglichkeit, Rentiere zu sehen, bis zum Dorf Djupivogur hinunterfahren. Die Sümpfe und Inselchen an der Küste sind ebenfalls gut für die Vogelbeobachtung geeignet (Route 20), ebenso wie die großen Küstenlagunen des Álftafjörður.

Höhepunkte

- Vogelbeobachtung in den spektakulären Ebenen von Herað und an der Küste bei Djupivogur (Routen 19 und 20)
- Ganztägige oder mehrtägige Wanderungen in den Rhyolithbergen bei Bakkagerði
- Dramatische Fjorde und weite, U-förmige Täler
- Papageitaucherkolonien von Bakkagerði und Papey
- Entspannte Wanderung durch Islands größten Wald

Route 19: Herað-Tal und Borgafjörður

GANZTÄGIG
80 KM (EINE RICHTUNG)

Schönes Flusstal mit sehr reicher Vogelwelt.
Beobachtung von Papageitauchern aus der Nähe.

Lebensräume: Wiesen, Heidelandschaft, Küstenklippen, Flüsse
Geologie: Sander, Strukturboden, Gesteinstrümmer, Rhyolith
Charakteristische Arten: Moosige Schuppenheide, Fetthennen-Steinbrech, Rosenwurz, Rundblättrige Glockenblume, Skua, Schmarotzerraubmöwe, Papagei-taucher, Dreizehenmöwe, Sterntaucher, Odinshühnchen, Sumpfohreule

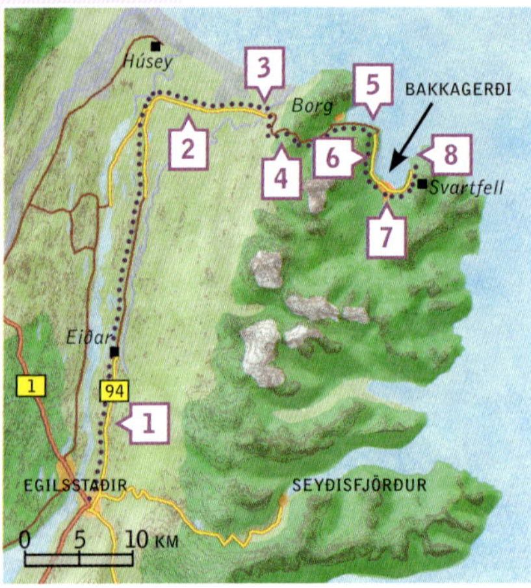

Im breiten Herað-Tal, nördlich von Egilsstaðir, fließen die drei großen Flüsse Jokulsá á Brú, Lagarfljót und Gilsá parallel zueinander. Zusammen bilden sie ein weites Gebiet niedriger Tundra-Heidelandschaft und Grasland mit vielen Seen, das für Vögel sehr attraktiv ist.

In Küstennähe führt die Straße 94 nach Bakkargerði, einem hübschen Dorf mit einer Papageitaucherkolonie. Bakkargerði ist auch der Ausgangspunkt für viele fantastische Wanderungen in den umliegenden Bergen – einem Gebiet, das unter isländischen Botanikern für seine artenreiche Flora, die man teilweise sonst nirgendwo im Land findet, berühmt ist (siehe Ziel C auf Seite 214).

Startpunkt Egilsstaðir
Von der Ortschaft aus folgen Sie der 94 nach Eiðar.

1 Der erste Abschnitt dieser Straße führt durch ein hügeliges Gebiet mit einigen Felsen und Heideflächen, das von Zwerg-Birken und Weiden dominiert wird. Nach 9km ab Eiðar kommt man in die Nähe des Flusses. Dies ist ein interessantes Gebiet, um nach Wildblumen wie Arktischem Weidenröschen, Sumpf-Herzblatt und Nördlicher Waldhyazinthe zu suchen.

2 Sie befinden sich nun in der Küstenebene mit Tundra-Heidelandschaft und vielen Seen. Sowohl die helle als auch die dunkle Form der

Schmarotzerraubmöwe sind hier sehr häufig. Auf den Moortümpeln treffen Sie mit großer Wahrscheinlichkeit auf Singschwan, Graugans, Sterntaucher und Odinshühnchen.

3 Nehmen Sie von der Brücke aus den Fluss ins Visier. Kragenente, Eisente, Sterntaucher und Odinshühnchen kommen hier regelmäßig vor.

4 Je höher Sie den Pass über den Berg erklimmen, desto spektakulärer werden die Ausblicke auf den Sander. Kurz vor der Passhöhe befindet sich zu Ihrer Rechten ein Aussichtspunkt, den Sie sich nicht entgehen lassen sollten. Man hat hier einen guten Blick auf die Flüsse und Seen in der Ebene und den dunklen Basaltsandstreifen des Sanders an der Küste.

Die Eisente (oben) ist ein häufiger Brutvogel der kleinen Seen im Herað-Tal (unten).

Machen Sie auf der Passhöhe auch einen Halt an der Wetterstation. Auf kurzer Strecke sind Sie nun vom Tiefland ins Hochland gelangt. An den meisten Tagen sind der Wind und die Kälte auf dem Pass spürbar – ein großer Unterschied zu den Bedingungen im Tiefland. Haben Sie jedoch einen der wenigen warmen Tage getroffen, an denen der Temperaturunterschied sich nicht bemerkbar macht, so können Sie die Zeichen anhand der Flora und des Gesteins lesen.

Wenn Sie um die Wetterstation herumgehen, finden Sie gemusterte Böden und zersplitterte Felsen – Anzeichen für wiederholte Frost-Tau-Zyklen. Auch die Flora ist die des Hochgebirges: Alpen-Pechnelke, Silberwurz, Moosige Schuppenheide, Alpenazalee, Stängelloses Leimkraut, Roter Steinbrech, Fetthennen- und Polster-Steinbrech (und noch einige andere) wachsen auf dem Pass.

See im Herað-Tal

5 Nachdem Sie das kleine Dorf Borg passiert haben, umrunden Sie den Hádegisfjall. Von einem Aussichtspunkt auf der Landzunge aus können Eissturmvögel, Dreizehenmöwen sowie Eiderenten und Kragenenten beobachtet werden. Mit etwas Glück sieht man auch eine Skua, die auf dem Sander brütet (siehe Ziel B).

6 Wenn Sie sich Bakkagerði nähern, beachten Sie den großen Lavastrom aus Rhyolith, der oberhalb des Dorfes aus dem Svartfell-Krater austritt. Die nördlichen Ostfjorde sind nach Landmannalaugar (siehe Seite 148) das zweitgrößte Rhyolithgebiet Islands.

7 Das Dorf Bakkagerði hat ein Informationszentrum und verschiedene Bars und Restaurants. Halten Sie in der Bucht Ausschau nach Eisente, Kragenente und Mittelsäger.
Von der Hauptstraße des Dorfes führt ein Wanderweg um den Alfaborgur (30 Minuten; leicht), einen Hügel in der Nähe des Campingplatzes. Es lohnt sich wegen der Flora, diesen kurzen Rundweg zu gehen. Was man antrifft, ist eine typisch isländische Heidelandschaft im besten Sinne des Wortes mit Arten wie Nördlicher Waldhyazinthe, Hohlzunge, Alpen-Wiesenraute, Nordischem Berufkraut und Alpenhelm, um nur einige zu nennen. Alfaborgur bedeutet Elfenstadt. Der Legende nach bewohnten Elfen diesen Hügel und wurden von den Bewohnern von Bakkagerði regelmäßig gesehen.
Östlich von Bakkagerði überqueren Sie einen Fluss. Hier bietet sich eine weitere Gelegenheit für interessante Erkundungen mit einer reichen Flora und vielen Dreizehenmöwen, die in der Flussmündung rasten und baden. In diesem Gebiet kann man sechs Möwenarten finden: Heringsmöwe, Mantelmöwe, Silbermöwe, Lachmöwe, Sturmmöwe und Dreizehenmöwe.

Roter Steinbrech gehört zu den frühesten Blumen im Hochland und blüht im Mai und Juni. Er ist einer von mehreren Steinbrechgewächsen, die auf dem Ósfjöll-Pass häufig vorkommen.

8 Das letzte Stück der Straße führt durch eine Küstenseeschwalbenkolonie, bevor man die Hafnarbjarg-Klippe erreicht, auf der viele Papageitaucher und Dreizehenmöwen sowie einige Eissturmvögel brüten. Von mehreren Aussichtsplattformen aus lassen sich diese Vögel aus geringer Entfernung beobachten. Häufige Wildblumen der Klippen sind Klippen-Leimkraut und Rosenwurz.

Kehren Sie auf demselben Weg zurück.

Route 20: Djúpivogur und Bulandsnes

4 STUNDEN
LEICHT

Küstenmarschland mit reicher Vogelwelt.

Lebensräume: Schlickwatt, Heidelandschaft, Süßwasserseen, Salzwiesen, Sanddünen
Charakteristische Arten: Austernpflanze, Hohlzunge, Behaarte Fetthenne, Seehund, Sterntaucher, Löffelente, Brandgans, Odinshühnchen, Schmarotzerraubmöwe, Ohrentaucher

Das Dorf Djúpivogur liegt wunderschön am Rande steiler Klippen auf der einen Seite und dem Tiefland von Bulandsnes auf der anderen. Diese Route führt Sie durch letzteres – ein Gebiet mit vielen Felseninseln, die durch Salzwiesen und Schlickflächen miteinander verbunden sind. Die Route ist größtenteils mit gelben Stöcken markiert, an manchen Stellen muss man sich jedoch den Weg suchen.

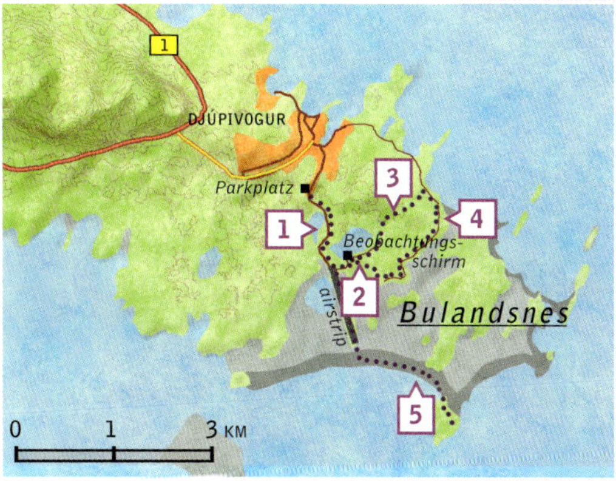

Startpunkt Djúpivogur

Fahren Sie in die Stadt hinein und biegen an der T-Kreuzung rechts ab. Vor dem Hotel Framtid geht es erneut rechts ab. Parken Sie nach dem letzten Haus auf dem Parkplatz mit einer Vogelinformationstafel. Weiter geht es zu Fuß.

1 Das erste Stück bis zur stillgelegten Landebahn eignet sich hervorragend für die Vogelbeobachtung. In der Nähe des Parkplatzes kann man Birkenzeisige beobachten. Auf den Seen tummeln sich Enten (darunter die auf Island seltene Löffelente), Ohrentaucher, Sterntaucher und Odinshühnchen. Entlang des Weges finden Sie zwischen den vielen Nördlichen Waldhyazinthen auch Korallenwurz.

2 Von der Landebahn aus folgen Sie dem Wanderweg durch das Sumpfgebiet bis zu einer Vogelbeobachtungshütte am Rande des Sees. Hier kann man ähnliche Vögel, aber auch Schmarotzerraubmöwen und Küstenseeschwalben beobachten.

3 Hinter der Beobachtungshütte folgen Sie einem manchmal schwer erkenntlichen Pfad entlang des Sees. In diesem Gebiet wachsen Hohlzunge und Behaarte Fetthenne in großer Zahl.

Am südlichen Ende des Sees steuern Sie auf die Lupinen vor Ihnen zu. Hier gibt es einen Fahrweg nach rechts, dem Sie bis zur Küste folgen, wo Sie auf den gelb markierten Wanderweg stoßen. Gehen Sie dort nach rechts.

Die Küstenebene von Djúpivogur wird von den dramatischen Klippen des nahen Fjordlandes überragt (oben). In den flachen Lagunen von Djúpivogur sind Odinshühnchen häufig anzutreffen (unten).

4 An der Küste wachsen viele Austernpflanzen – eine blau blühende Küstenpflanze mit auffälligen, blaugrünen Blättern.

Ein Stück weiter führt der Wanderweg über eine niedrige Klippe entlang einiger Schlickflächen, wo sich häufig Brandgänse aufhalten und verschiedene Watvögel vorkommen können. Vor allem im Frühjahr sind hier Sanderling, Knutt und Gänse auf dem Zug anzutreffen.

Am Ende des Weges sehen Sie auf der rechten Seite wieder die Vogelbeobachtungshütte. Suchen Sie sich den Weg dorthin zurück und zur Landebahn. Folgen Sie der Landebahn bis zur Küste und biegen dann am Strand links ab.

5 Halten Sie vom schwarzen Sandstrand aus Ausschau nach Robben und Papageitauchern der nahe gelegenen Kolonie von Papey (der Insel mit dem Leuchtturm). Am Ende können Sie einen Hügel erklimmen – Sandey. Auch hier eignen sich die Klippen gut zum Erspähen von Vögeln.

Kehren Sie auf dem Weg zurück, den Sie gekommen sind.

Zusätzliche Bemerkung Diese Route lässt sich gut mit einem Besuch der Insel Papey verbinden, auf der Papageitaucher und Trottellummen brüten. Vom Hafen Djúpivogur aus verkehrt täglich eine Fähre – erkundigen Sie sich im Hotel.

Weitere Exkursionsziele in Ostisland

A – Ringstraße 1 nach Mývatn

Wenn Sie keinen Geländewagen haben und nicht mit dem Bus ins Landesinnere fahren, ist der Abschnitt der Ringstraße 1 zwischen Egilsstaðir und Mývatn eine der wenigen Gelegenheiten, das wilde Landesinnere Islands kennenzulernen. Hier gibt es ausgedehnte Stein- und Tephrawüsten, von scharfkantigen Bergketten durchzogen. Die Pflanzendecke ist im Allgemeinen spärlich, aber an einigen Stellen, vor allem entlang der Flüsse, trifft man fleckenweise auf Tundra-Heidelandschaft.

Entlang der Straße gibt es ein paar (nicht viele) Anhaltemöglichkeiten, von wo aus man die Landschaft genießen kann. Hinter der Abzweigung zur 901 (von Osten kommend) durchqueren Sie ein Hochlandmoor, in dem die Kurzschnabelgans brütet. Parken Sie an der Brücke des Flusses Jökulsá á Fjöllum (auf der Ostseite). Auf der Südseite befindet sich ein großes Gebiet mit Weidengebüsch und Magerrasen, in dem Sumpf-Herzblatt, Alpen-Pechnelke und Arktisches Weidenröschen blühen.

Tephrawüste entlang der Ringstraße 1.

B – Húsey

Húsey liegt im Heraðssandúr, inmitten eines endlosen Flachlands zwischen den Mündungen der Flüsse Lagarflót und Jökulsá á Brú. Neben der völligen Einsamkeit sind es vor allem die Vögel und Robben, die einen Besuch lohnenswert machen. In der Tundra-Heidelandschaft leben Schmarotzerraubmöwen in großer Zahl, während die Sandflächen des Jökulsá á Brú eine ebenso große Kolonie von Skuas beherbergen. Neben diesen akrobatischen Vögeln bietet der Fluss auch Lebensraum für Sterntaucher und viele Seehunde, die auf den Sandbänken rasten. All dies ist von der Straße 926 in Richtung Húsey aus gut zu sehen. Auf den letzten 5km halten sich die Skuas und Seehunde zu Ihrer Linken auf den Sandbänken des Flusses auf, Schmarotzerraubmöwen dagegen überall.

Auch wenn Húsey am Ende der Welt liegt, ist dieser Hof heute eine Jugendherberge mit allen Annehmlichkeiten des modernen Lebens.

Um von Egilsstaðir hierher zu gelangen, fährt man auf der 1 nach Norden und biegt kurz vor der Brücke über den Jökulsá á Brú rechts auf die 925 ab, die man bis nach Húsey folgt. Achten Sie unterwegs auf Sumpfohreulen und Rentiere.

Schmarotzerraubmöwe an der ostisländischen Küste.

C – Wandern in den nördlichen Ostfjorden

Die nördlichen Ostfjorde, grob das Gebiet zwischen Bakkargerði im Norden und Seyðisfjörður im Süden, sind eine hervorragende Region für lange Tageswanderungen oder mehrtägige Touren. Es ist ein Gebiet mit vielen steilen, aber nicht übermäßig hohen Bergen (die meisten bis zu etwa 700m hoch), getrennt durch breite U-förmige Täler. Über die vielen Wandermöglichkeiten in der Gegend kann man sich im Besucherzentrum von Bakkargerði informieren.

Neben der atemberaubenden Landschaft und der guten Infrastruktur fürs Wandern ist die Region auch aufgrund ihrer Flora sehr interessant. Der Grund für diesen Reichtum ist nicht ganz klar, doch nur hier finden sich Arten wie Pyramiden-Günsel, Rosmarinheide und Fetthennen-Steinbrech (obwohl letzterer in den Ostfjorden weiter verbreitet ist). Diese Arten sind auf dem europäischen Festland weit verbreitet, auf Island jedoch selten.

D – Halormstaður

20 Autominuten von Egilsstaðir entfernt liegt der größte Wald Islands: Hallormstaður. Dieses 1800 ha große Gebiet besteht aus verschiedenen Arten angepflanzter Nadelbäume, gemischt mit natürlichem Birkenwald. Das Waldgebiet hat ein solches Ausmaß, dass man sich nicht auf Island wähnt, sondern irgendwo in den Alpen.

Verschiedene markierte Wanderwege gehen von Hallormstaður aus, und einer von der Straße 931 in Richtung Egilsstaðir. Der Wald ist ein guter Ort, um Wintergoldhähnchen, Isländischen Zaunkönig und Birkenzeisig zu finden, die alle hier brüten.

Der Strauß-Steinbrech ist einer der botanischen Höhepunkte des Öxi-Passes.

E – Öxi

Ist man zwischen Egilsstaðir und Höfn unterwegs, dann ist der Öxi-Pass (939) sowohl schneller als auch attraktiver als die Route 1 über Breiðavík. Der Pass ist für alle Fahrzeuge zugänglich und bietet spektakuläre Landschaften mit zahlreichen Wasserfällen. Der Öxi-Pass liegt ökologisch gesehen mitten im

Hochland und bietet daher die Möglichkeit, Wildblumen zu sehen, die man nicht an vielen Orten, die mit einem normalen Auto erreichbar sind, findet. Auch bietet sich die Chance, Rentiere zu sehen. Auf der anderen Seite des Passes können Sie den Fjord nach Robben und Vögeln wie Sterntaucher, Eisente und Mittelsäger absuchen.

F – Álftafjorður

Gleich westlich von Djúpivogur liegt der Álftafjorður. Er ist einer von mehreren Fjorden (siehe Ziele F und G auf Seite 228) im Südosten Islands, die insbesondere kurz vor und kurz nach der Brutzeit zahlreiche Vögel anziehen. In diesem Gebiet kommen sie im Frühjahr (größtenteils im Mai) auf Island an und versammeln sich hier auch vor ihrer Abreise in den Süden (größtenteils im August). Zu dieser Zeit kann man Tausende von Singschwänen und Weißwangengänsen antreffen, bevor sie zum Brüten nach Grönland weiterziehen. Die besten Plätze befinden sich vor allem im Süden der Bucht und sind von der Ringstraße 1 aus gut zu sehen.

Singschwäne tummeln sich zu Tausenden in den Lagunen von Álftafjörður.

Etwas weiter unten an der Ringstraße, westlich des Álftafjorður, befindet sich eine auffällige Felseninsel, auf der Gryllteisten und Eissturmvögel brüten. Eine Straße führt nahe an den Felsen heran und bietet gute Sicht. Eissturmvögel sind nicht auf diesen Ort beschränkt, sondern brüten sehr zahlreich auf allen Klippen in der Gegend.

G – Die 910 in Richtung Hochland

Die asphaltierte Straße 910 führt tief ins Hochland – ein umstrittenes Erbe des Baus des Kárahnjúkur-Damms nördlich des Gletschers Vatnajökull. Der Staudamm produziert Strom für die unaufhörlich energiehungrige Aluminiumschmelze von Reyðarfjörður. Der Stausee von Hálslón hat ein großes Gebiet im Hochland überflutet und droht Auswirkungen auf das gesamte Herað-Tal einschließlich des Deltas zu haben (Route 19 und Ziel B).

Von Egilsstaðir führt die 931 an Hallormstaðir (Ziel D) vorbei, bevor sie als 910 die Hochebene erklimmt. Auf der Hochebene liegen verschiedene Seen. Am isoliert gelegenen Felsen Laugafell biegt eine asphaltierte Straße nach links zum Eyjabakkafoss und zum See Kelduarlón ab. Dieses Gebiet ist reich an Vögeln der Hochgebirgssumpfgebiete, wie der Kurzschnabelgans.

Routen im Südosten Islands

Der riesige Vatnajökull dominiert den Südosten Islands. Er ist der größte Plateaugletscher des Landes und bedeckt mehr als 8 % der Landesfläche mit den höchsten Bergen Islands, liegt aber auch sehr nahe an der Küste. Zu beiden Seiten des Gebirges befinden sich riesige Sander oder Auswaschungsebenen.

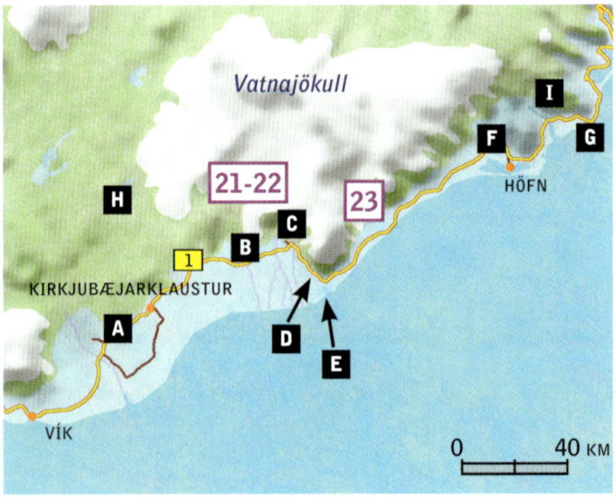

Südost-Island im Überblick. Die Zahlen verweisen auf die Routen der folgenden Seiten und die Buchstaben auf die auf den Seiten 226-229 beschriebenen Exkursionsziele.

Gletscher, hohe Berge, mit Eisbergen übersäte Küstenlagunen und weite Asche-ebenen – all dies macht den Südosten Islands zu einem der bemerkenswertesten Teile des Landes. Einzigartig sind hier die Eisbergseen – der berühmteste und schönste davon, der Jökulsárlón (Route 23), beherbergt eine reiche Vogelwelt und viele Robben. Dieses Gebiet bietet zudem die besten Mög-lichkeiten, den Gletschern nahe zu kommen und die bemerkenswerte Land-schaft zu bewundern (Route 22 und Ziel C auf Seite 227).

Viele Vögel sind in der Nähe der Küstenlagunen von Höfn und weiter östlich (Ziele F und G auf Seite 228) sowie auf den großen Sanderflächen anzutreffen. Auf den Letzteren hat sich die weltweit größte Kolonie von Skuas angesiedelt (Route 23 und Ziel B auf Seite 226).

Zwischen den kargen Sanderebenen und den Gletschern liegt der Nationalpark Skaftafell, eine erstaunlich grüne Oase aus Heide und Birkenwäldern mit einer wunderbar reichen Flora (Route 21 und 22). Hier stürzt auch der Svartifoss hinunter, ein Wasserfall mit einer bemerkenswerten Formation von Basaltsäulen.

Höhepunkte

- Gletscherlandschaften in der Nähe des größten Plateaugletschers Islands, des Vatnajökull.
- Die wunderschönen Eisberge in der Lagune Jökulsárlón.
- Weite Sanderebenen wie von einem anderen Planeten.
- Viele Watvögel, Schwäne, Sterntaucher, Kragenenten und Raubmöwen.
- Eine reiche Flora mit mehreren attraktiven Arten, die anderswo nicht vorkommen.

Route 21: Wanderung im schönen Skaftafell

4-5 STUNDEN
LEICHT–MITTELSCHWER

Wanderung in einer üppigen Landschaft mit Wäldern und Flüssen. Attraktive Flora und atemberaubende Panoramen über die Gletscher des Vatnajökull.

Lebensräume: Wasserfälle und Flüsse, Heidelandschaft, Wälder, Sander
Geologie: Gletscher, Säulenbasalt, Gesteinstrümmer, Sander
Charakteristische Arten: Strauß-Steinbrech, Nickendes Wintergrün, Weißzüngel, Kleines Zweiblatt, Arktisches Weidenröschen, Rotdrossel, Birkenzeisig, Isländischer Zaunkönig, Alpenschneehuhn

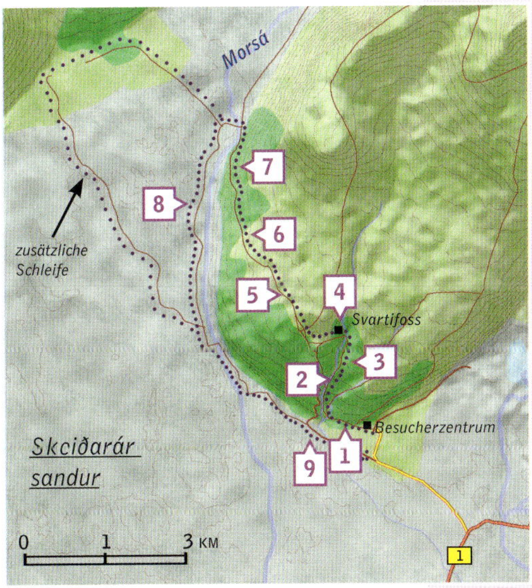

Unterhalb des großen Plateaugletschers Vatnajökull liegt ein überraschend grünes und üppiges Gebiet mit Wäldern und Flüssen. Dies ist der Skaftafell-Nationalpark, ein wunderbares Gebiet für Wanderer mit einem ausgedehnten Netz an Wanderwegen und guten Einrichtungen. Diese Route bietet einen Vorgeschmack auf Skaftafell, führt durch die sehenswertesten Waldstücke und bringt Sie zum Svartifoss – einem Wasserfall, der für seinen säulenförmigen Basalt berühmt ist. Die Wanderung ist vor allem wegen ihrer Flora und Landschaft attraktiv. Im Sommer lohnt es sich, früh aufzubrechen, um den Menschenmassen zu entgehen.

Startpunkt Skaftafell-Informationszentrum, nördlich der Ringstraße 1. Links vom Gebäude, am Anfang des Campingplatzes, beginnt ein Wanderweg, der mit „Svartifoss" ausgeschildert ist. An den weiteren Abzweigungen folgen Sie der Richtungsanweisung zum Svartifoss.

Spektakuläre Berglandschaft in Skaftafell (oben). Isländische Zaunkönige sind in den Birkenwäldern an den Hängen von Skaftafell weit verbreitet (unten).

1 Der erste Teil der Wanderung führt durch schönen, natürlichen Wald mit Teeblättriger Weide, Moor-Birke und gelegentlich Eberesche. Der immer hübsche Wald-Storchschnabel kommt häufig vor, ebenso wie Wilde Engelwurz, Krähenbeere, Echte Bärentraube und Rundblättrige Glockenblume. Letztere ist interessant, weil sie nur in Ostisland zu finden ist, und das in großer Zahl. Viele Rotdrosseln, Zaunkönige und Birkenzeisige sind hier zu sehen und zu hören. Halten Sie auch Ausschau nach Merlin und Alpenschneehuhn.

2 Sie kommen am Wasserfall Hundafoss vorbei, den Sie von oben betrachtet hinunterdonnernd erleben. An den Klippen (leider auf der anderen Seite) blüht der hübsche Strauß-Steinbrech. Auch dies ist eine Art mit einem begrenzten Verbreitungsgebiet – das südöstliche Island.

3 Der Weg führt weiter durch ein offeneres Gebiet mit – bei gutem Wetter – atemberaubenden Ausblicken auf den Hvannadalshnjúkur, den höchsten Berg Islands, der sich bis auf 2110m über dem Meeresspiegel erhebt. Im Süden sieht man die riesige Weite der größten isländischen Sanderebene, dem Skeiðarársandur, und im Westen den breiten Gletscher Skeiðarárjökull.

4 Der Weg führt Sie zum Svartifoss, einem für isländische Verhältnisse eher bescheidenen Wasserfall, berühmt jedoch für den auffälligen säulenförmigen Basalt seiner Felswand.

Gehen Sie den Weg weiter in Richtung Sjónasker.

5 Der Sjónasker ist ein abgerundeter Hügel mit freiem Blick auf die Berge, die Gletscher und den Sander im Süden. Er ist auch der höchste Punkt der Wanderung.

6 Der nächste Abschnitt wird von einem abfallenden Moor dominiert, das von kleinen Bächen durchzogen ist. Orchideen werden häufiger – kurz bevor Sie den Wald betreten, können Sie zwischen den allgegenwärtigen Nördlichen Waldhyazinthen auch Hohlzunge und Weißzüngel entdecken.

7 Hinter einem schönen Waldstück, in dem der zarte Eichenfarn sehr häufig wächst, kommt die Brücke über den Fluss Morsá in Sicht. Dieser Abschnitt bis zur Brücke ist ein hervorragendes Habitat für Wildblumen. Halten Sie Ausschau nach Nickendem Wintergrün und dem winzigen Kleinen Zweiblatt. Letztere Orchidee kommt an manchen Stellen sehr häufig vor, ist aber so klein, dass man sie leicht übersehen kann. Suchen Sie nach ihr auf moosbewachsenen Felsen in der Nähe Nickenden Wintergrüns. Auf den Felsen zu Ihrer Rechten finden Sie weitere Strauß-Steinbreche.

Gehen Sie weiter bis zur Brücke, wo Strand-Platterbse und Arktisches Weidenröschen wachsen. Hinter der Brücke können Sie nach links abbiegen, um zum Ausgangspunkt zurückzukehren, oder nach rechts, um eine weitere Schleife zu machen. Die zweite Möglichkeit führt in den Wald auf der anderen Seite der Sanderebene (siehe Karte), der stark mit eingeschleppten Lupinen übersät ist und aus naturkundlicher Sicht nicht viel zu bieten hat, außer einer landschaftlich schönen Wanderung.
Diese Beschreibung lässt Sie nach der Brücke links abbiegen.

Suchen Sie an Punkt 7 dieser Route nach dem Kleinen Zweiblatt, einer winzigen Orchidee.

8 Das westliche Flussufer, an dem Sie sich jetzt befinden, ist entschieden anders als das östliche. Auf der anderen Seite wächst der inzwischen vertraute Birkenwald, während Sie sich Ihren Weg durch eine mit Steinen unterschiedlichster Größe bedeckte Sanderebene bahnen. Beachten Sie die vielen zersplitterten Steine und Felsen, die durch wiederholte Frost- und Taueinflüsse zersprengt wurden (siehe Seite 28).

Überqueren Sie die Brücke und folgen Sie dem Weg am Waldrand entlang zurück zum Campingplatz.

9 Auf diesem letzten Stück überqueren Sie zwei Flüsse mit einer der üppigsten Landschaften Islands.

Route 22: Zur Gletscherzunge des Skaftafell

2 STUNDEN
LEICHT

Die Gletscherzunge aus nächster Nähe.

Geologie: Gletscher, Gesteinstrümmer, Moräne, Kessellöcher
Charakteristische Arten: Weißzüngel, Kleines Zweiblatt, Fetthennen-Steinbrech, Birkenzeisig

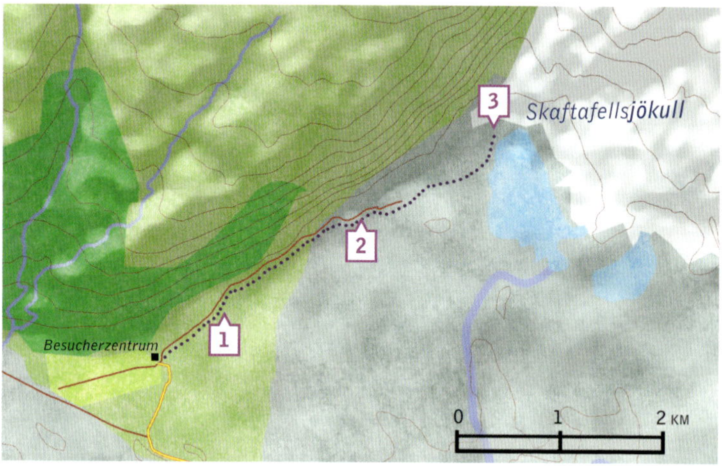

Diese kurze Route ist die einfachste Wanderung zu einer Gletscherzunge in ganz Island. Vom Besucherzentrum Skaftafell aus sind es nur 45 Minuten Fußweg, und unterwegs können Sie mitverfolgen, wie sich die Landschaft von einer grünen, buschigen Heide zu einem kargen Geröllfeld und schließlich hin zur beeindruckenden, zerklüfteten Gletscherzunge verändert.

Startpunkt Skaftafell-Besucherzentrum
Der Wanderweg beginnt auf der rechten Seite des Besucherzentrums und ist mit „Skaftafellsjökull" markiert.

1 Der erste Teil des Weges führt durch eine moosbewachsene Heidelandschaft mit vereinzelten Birken. In diesem Teil findet man das meiste Leben, darunter nicht weniger als vier Orchideenarten: Nördliche Waldhyazinthe, Weißzüngel, Hohlzunge und Kleines Zweiblatt.

2 Sie kommen an einer Moräne vorbei, die das weiteste Vordringen des Gletschereises in jüngster Zeit markiert und aus einem wirren Durcheinander von Material besteht, das vom Eis radikal nach vorne geschoben wurde. Hinter der Moräne gedeihen nur wenige Pionierpflanzen.

3 Hinter dem Nationalparkschild mit einigen Sicherheitshinweisen erreicht man Land, das erst seit kurzem eisfrei ist. Hier wachsen keine Pflanzen. Große Felsbrocken und Kessellöcher (siehe Seite 26) dominieren die Landschaft. Vor Ihnen liegt die schmutzige, mit Sand bedeckte Gletscherzunge.

Der Weg zum Gletscher (oben). Die Strand-Platterbse gehört zu den häufigsten Wildblumen auf dem ersten Abschnitt der Route (unten).

Route 23: Jökulsárlón – Die Eisberg-Lagune und ihre Umgebung

2-4 STUNDEN
LEICHT

Ein atemberaubend schöner See mit Eisbergen vom Gletscher. Schöne Fotografiermöglichkeiten, aber auch eine reiche Tierwelt.

Lebensräume: Gletschersee, sandige Küste, spärlich bewachsenes Land
Geologie: Sander, Moräne, Gletscher, Gletschersee, Eisberge
Charakteristische Arten: Seehund, Küstenseeschwalbe, Skua, Schmarotzerraubmöwe, Eiderente, Kragenente, Weißwangengans, Schneeammer

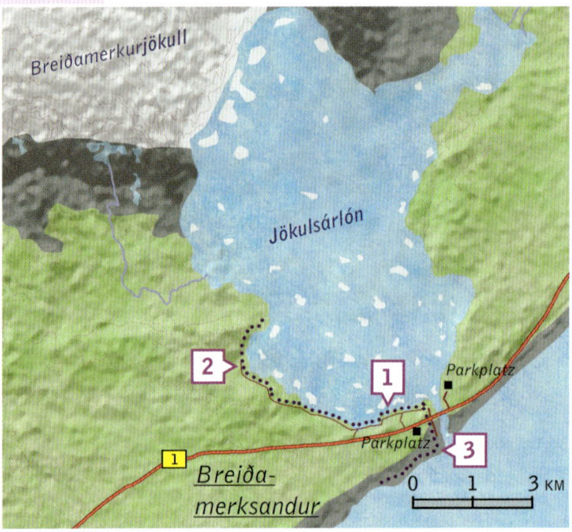

Der Jökulsárlón ist die berühmte, mit Eisbergen übersäte Lagune am Fuße des Breiðamerkurjökull, einem der ausgedehntesten Gletscher, die sich vom Plateaugletscher Vatnajökull herunterschieben. Vom See bis zur Küste ist der Gletscherfluss nur 50m lang.

Es ist ein fantastischer Ort – selbst die vielen Touristen, die diesen Ort besuchen, können die stille Atmosphäre, die über dem See liegt, nicht beeinträchtigen. Glücklicherweise gehen die meisten jedoch nicht den Wanderweg entlang des Sees, sodass man die Menschenmassen bald hinter sich lassen kann.

Die Mischung aus Gletscher- und Meerwasser beschert dem Jökulsárlón eine reiche Tierwelt. Auf der Sanderfläche zwischen dem See und dem Meer brütet eine große Anzahl Schmarotzerraubmöwen, die jedoch von den Skuas noch übertroffen werden, die ihre weltweit größte Kolonie auf den Ebenen südlich des Vatnajökulls haben.

Der Jökulsárlón ist ein Ort, den man mehr als einmal besuchen sollte. Wir empfehlen, den hier beschriebenen Weg (ein zweites Mal) im sanften Abendlicht zu gehen, wenn die Touristen weg sind.

Startpunkt Der Parkplatz westlich der Brücke.

Anreise Vom Informationszentrum des Skaftafell-Nationalparks folgen Sie der Ringstraße 1 etwas mehr als 50 km.

1 Gehen Sie vom Parkplatz aus auf die Moräne, überblicken Sie die Gletscherlagune und bestaunen Sie die Massen von Eisbergen vor Ihnen. Sie sind von der Gletscherzunge abgebrochen, die man in der Ferne erkennen kann. Die Eisberge haben unterschiedliche Farben und Formen. Die schwarzen Wirbel und Streifen auf einigen von ihnen sind Schichten aus Basaltsand. Dadurch lassen sich die isländischen Eisberge sofort von z.B. den grönländischen unterscheiden. Die bläuliche Farbe anderer Eisberge deutet auf eine glatte Oberfläche mit nur wenigen im Eis eingeschlossenen Luftblasen hin – was entweder darauf zurückzuführen ist, dass das Eis starkem Druck ausgesetzt war (also aus den unteren Schichten des Gletschers stammt), oder dass es unter Wasser geschmolzen ist.

Der größte Teil der Eisberge befindet sich, wie allgemein bekannt ist, unter der Wasseroberfläche. Die Geschwindigkeit, mit der das Eis unter Wasser schmilzt, unterscheidet sich von der Schmelzgeschwindigkeit des Eises, das der Luft ausgesetzt ist. Dadurch entstehen Spannungen im Inneren der Eisberge, die dazu führen, dass Teile abbrechen. Durch das Abbrechen wiederum verlagert sich der Schwerpunkt des Eisbergs, wodurch er ins

Auf den Eisbergen, die vom Gletscher Breiðamerkurjökull abbrechen und die Lagune Jökulsárlón füllen, ruhen häufig Seehunde.

Suchen Sie gut zwischen den Eisbergen nach Kragenenten (oben) und Weißwangengänsen (unten). Der See ist ein bedeutender Aufenthaltsort für die schönen Erpel der Kragenente im Sommer, nachdem sie die Brutgebiete verlassen haben.

Taumeln gerät und der schöne blaue, glatte, unter Wasser liegende Teil an die Oberfläche kommt.
Auf diese Weise entsteht eine große Vielfalt und eine ständig wechselnde Komposition von Formen und Farben.

Folgen Sie dem gelb markierten Wanderweg über die Moräne in westlicher Richtung entlang des Seeufers. Nach links zweigen zwei Wege ab, die zu Parkplätzen an der Straße führen. Wenn Sie diese passiert haben, lassen Sie die Menschenmassen bald hinter sich.

2 Die Moräne, auf der Sie gehen, markiert die Linie, die das Eis einst erreichte. Von dieser Art Landschaft haben Sie gehört, als Sie in der Schule etwas über die Gletscherlandschaften Europas gelernt haben. Die Moränenkämme, die in einer Linie vom Vereinigten Königreich bis nach Polen und darüber hinaus eine so wichtige landschaftliche Rolle spielen, sind vergleichbar mit der, auf der Sie gerade gehen. So muss es also gewesen sein, als die Menschen während der letzten Eiszeit in Mitteleuropa herumwanderten.
Versäumen Sie unterdessen nicht, auf die hier brütenden Schneeammern und Weißwangengänse zu achten. Die Weißwangengans ist ein Neuzugang

der isländischen Vogelwelt und brütet bisher nur an der Südküste. Auch zwischen den Eisbergen gibt es eine Menge zu entdecken. Im See kommen Seehunde vor und können manchmal auf den Eisschollen rastend beobachtet werden. Eiderenten und Kragenenten sind recht häufig auf dem See zu sehen. Skuas und Schmarotzerraubmöwen fliegen regelmäßig vorbei, um den Küstenseeschwalben das Futter zu stehlen.
Wenn Sie den Lärm der Seeschwalben und der Touristen hinter sich gelassen haben, lauschen Sie der Stille, dem Tropfen des schmelzenden Eises und dem regelmäßigen „Donnerschlag", wenn ein Teil eines Eisbergs abbricht. Das ist das Geräusch der hohen Arktis, des nördlichen Kanadas, Spitzbergens oder Grönlands, und es ist einzigartig, es so weit südlich wie in Südisland zu hören.

Gehen Sie so lange weiter, wie Sie möchten, und kehren Sie dann auf demselben Weg zurück. Zurück am Parkplatz folgen Sie dem Fluss Jökulsá in seiner ganzen Länge, ca. 50 m, bis zum Meer. Es muss wohl einer der kürzesten Flüsse der Erde sein.

3 Sie können Eisberge sehen, die auf das Meer hinausgetrieben und dann wieder an Land gespült wurden. Das kristallklare Eis auf dem schwarzen Strand sorgt für eine sehr fotogene Farbpalette, und viele Fotografen nutzen dankbar die Gelegenheit, die kunstvollste Komposition zu suchen.
Schmarotzerraubmöwen rasten oft am Strand und sind recht nah zu beobachten. Sie können eine Weile am Strand entlang gehen, um Skuas zu begegnen. Diese werden Sie wahrscheinlich eher sehen als andersherum und Sie aggressiv angreifen, wenn Sie zu nahe herankommen. Tun Sie sich und den Skuas einen Gefallen und vermeiden die Konfrontation.

An der Ostseite der Lagune befindet sich eine große Küstenseeschwalbenkolonie.

Weitere Exkursionsziele im Südosten Islands

A – Brunahraun und Eldhraun

Sowohl westlich als auch östlich von Kirjubæjarklaustur durchquert die Ringstraße 1 riesige Lavafelder, das Ergebnis der Eruptionen entlang der Láki-Spalte im Jahr 1783 (siehe Ziel H). Die Láki-Ausbrüche gelten als die größten, die in der Geschichte je verzeichnet wurden.

Sowohl das Brunahraun als auch das Eldhraun sind dicht bewachsen mit einer Vielzahl von Moosen, deren runde Formen und graue und grüne Farben einen starken Kontrast zu den scharfen, schwarzen Lavafelsen bilden – ein wundervoller und sehr fotogener Anblick.

Es gibt viele Gelegenheiten, an der Straße anzuhalten und in die Lavafelder hineinzuspazieren. Seien Sie jedoch vorsichtig: Die weichen Moose verbergen Risse und Spalten in der Lava!

Der Vatnajökull und Skeiðarársandur von der Ringstraße 1 aus.

B – Skeiðarársandur

Westlich von Skaftafell durchquert die Ringstraße 1 die riesigen Ebenen des Skeiðarársandur. Dies ist Islands größte Sanderebene mit Material aus verschiedenen subglazialen Eruptionen sowie Meeres- und Flusssedimenten. Durchquert man sie an einem schönen Tag, so kann man sich kaum vorstellen, dass dies eine der wildesten und unbeständigsten Gegenden Islands ist. Südlich der Straße gibt es, für Reisende unsichtbar, buchstäblich Tausende von Flussarmen und instabilen Inseln. Sie sind ein wichtiges Brutgebiet für verschiedene Vogelarten, insbesondere für Skuas und für einen der seltensten Brutvögel Islands, das Thorshühnchen. Leider ist es aufgrund des instabilen Bodens nicht möglich, dieses Gebiet zu besuchen.

Ein Beweis für die unberechenbare Instabilität des Gebiets ist die Tatsache, dass die Ringstraße 1, die um Island herumführt, bis 1974 nicht fertig gestellt werden konnte, da es unmöglich war, die Flüsse des Skeiðarársandur zu überbrücken. Bis dahin wurde eine spezielle Pferderasse eingesetzt, um Waren über das Wasser zu transportieren. Im Jahr 1974 wurden Dämme errichtet, um die sich frei verzweigenden Flüsse einzudämmen, und es wurde eine große Brücke gebaut, um die Ringstraße 1 zu vollenden.

Eine Skua hat gerade einen großen Fisch gestohlen. Während die kleineren Schmarotzerraubmöwen lieber die kleinen Küstenseeschwalben belästigen, verfolgen die Skuas die großen Möwen.

C – Svínafellsjökull

Eine 2km lange Schotterpiste verbindet die Ringstraße 1 mit dem Gletscher Svínafellsjökull. Vom Parkplatz aus kann man nahe an die Gletscherzunge herangehen. Obwohl es sich nur um einen kleinen Auslassgletscher handelt, bekommt man hier einen guten Eindruck von den beeindruckenden Dimensionen des Eises, das vom Gletscher herunterfließt. An der Gletscherzunge befindet sich ein kleiner Eisbergsee. Der Svínafellsjökull ist von der Ringstraße 1 aus ausgeschildert, etwas südlich von Skaftafell.

D – Hof

Wenn Sie auf der Durchreise sind, sollten Sie dem Dörfchen Hof einen kurzen Besuch abstatten, denn hier ist der wohl seltenste Brutvogel Islands zu finden: der Haussperling! Eine kleine Population hat sich hier angesiedelt, konnte sich aber (noch) nicht auf andere Orte ausbreiten. Dies ist ein schönes Beispiel für die Natur einer ökologisch jungen und isolierten Insel wie Island: Die Verbreitung vieler Arten spiegelt nicht das Vorhandensein geeigneter Lebensräume wider, sondern nur den Ort, an dem sich die Population zuerst etabliert hat (siehe Seite 91). Wenn Sie nicht wegen des Haussperlings nach Island gekommen sind, ist die malerische, alte Kirche von Hof mit ihren Torfdächern zwischen den schönen Ebereschen eine alternative Sehenswürdigkeit.

Die mit Torf bedeckte Kirche von Hof.

E – Ingólfshöfði

Ingólfur Arnarson, der erste Siedler Islands, betrat die Insel im Jahr 874 n. Chr. und verbrachte seinen ersten Winter auf dem Felsen, der heute Ingólfshöfði heißt. Der Felsen, der einst eine Insel war, liegt am Rande der weiten Sanderebene des Skeiðarársandur und Breiðamerkursandur. Es ist ein wunderschöner Ort mit reicher Vogelwelt, mit zahlreichen Skuas und einigen Schmarotzerraubmöwen und auf den Felsen brütenden Papageitauchern, Trottellummen und Basstölpeln. Seit einigen Jahren brüten hier auch Wellenläufer.
Versuchen Sie nicht, selbst nach Ingólfshöfði zu fahren. Gegen eine geringe Gebühr bringt Sie der Bauer von Hofsnes mit einem Traktor zur Insel.

F – Stokksnes und Höfn

Die kleine Stadt Höfn ist das logistische Zentrum Südostislands und einer der Ausgangspunkte, um die Gletscher des Vatnajökull zu erkunden. Auch die Umgebung von Höfn ist für Naturforschende interessant, insbesondere für die Vogelbeobachtung. Die flachen Buchten rund um die Stadt ziehen vor allem während der Zugzeit zahlreiche Watvögel an, während auf den Wiesen nördlich der Stadt Bekassine, Uferschnepfe, Rotschenkel und Küstenseeschwalbe brüten.
Ein attraktives Ausflugsziel ist die Landzunge von Stokksnes, östlich der Stadt gelegen. Vom Café aus können Sie den Weg über eine flache Lagune zum Leuchtturm gehen. Hier kann man das ganze Jahr über zahlreiche Vögel beobachten (Frühjahr und Spätsommer sind jedoch am besten). Folgen Sie dem Weg direkt entlang des NATO-Stützpunkts bis zur Küste. Die felsige Insel ist ein Ruheplatz für Seehunde. Die sandigen Wegränder beherbergen eine interessante Wildblumenart: den Enzian *Gentianella aurea* – eine nördliche Art.

G – Hvalnes

Direkt an der Ringstraße 1 steht der Leuchtturm von Hvalnes vor den steilen Klippen des Eystrahorns. Die Landschaft hier ist dramatisch. Bei der Seebeobachtung vom Leuchtturm aus kann man (neben vielen Eissturmvögeln, die hier entlang der Klippen brüten) Skuas, Schmarotzerraubmöwen und Basstölpel sehen. Die Fjorde von Hvalnes sind in den Sommermonaten voll von Singschwänen.

H – Láki

Die als Láki bekannte Kraterreihe entstand während des dramatischsten Ausbruchs der jüngeren Geschichte. Während eines Zeitraums von 9 Monaten zwischen 1783 und 1784 veränderten Lavamassen und schwefelhaltige Gase

die Landschaft in diesem Gebiet (siehe Seite 16 und 68). Heute ist ein Besuch der Láki-Krater ein unvergesslicher Ausflug, nicht nur wegen der Landschaft, sondern auch in Hinsicht auf die Geologie und Flora.
Die Piste F206 führt von der Ringstraße 1 nach Norden zu den Kratern, ist aber wegen mehrerer großer Flussdurchquerungen nur mit Geländewagen befahrbar. Im Sommer verkehren jedoch täglich Busse von Skaftafell und Kirjubæjarklaustur aus. Informieren Sie sich im Besucherzentrum bzw. in der Touristeninformation.

I – Lón Schutzgebiet

Lón ist eine spektakuläre, aber wenig besuchte Bergregion unweit der Küste abseits der Ringstraße 1. Wie bei Landmannalaugar (Ziel R auf Seite 148) unterscheidet sich das Grundgestein von Lón von dem des größten Teils von Island. Hier bilden saure rhyolithische Lava und Asche hell gefärbte Berge. Die oberen Teile der Berge sind kahl, doch am Fuße wachsen Birkenwälder mit einer interessanten Flora. Es gibt mehrere Wanderwege, von denen ein paar markiert sind.
Leider braucht man Allradantrieb, um nach Lón zu gelangen. Falls Sie keinen haben, ist jedoch noch nicht alles verloren. Unmittelbar östlich des Flusses Jökulsá I Lóni zweigt von der Ringstraße 1 ein befahrbarer Weg ab, der mit „Grænahlið" ausgeschildert ist und nach 3km zu einem Parkplatz führt. Von hier aus kann man zu Fuß weitergehen. Der Weg führt an Felsen in der Nähe des Flusses vorbei, auf denen Strauß-Steinbrech wächst. Dies ist der – unseres Wissens nach – am besten zugängliche Standort für diese schöne Art.

Singschwan (links) und Eissturmvogel (rechts) – zwei am Hvalnesfjord (Ziel G) sehr häufige Vögel.

TOURISTISCHE HINWEISE & BEOBACHTUNGSTIPPS

Reise und Unterkunft

Anreise nach Island

Für die Reise nach Island gibt es zwei Möglichkeiten – mit dem Flugzeug oder der Fähre. Flugzeuge landen auf dem internationalen Flughafen Keflavik im Südwesten des Landes, der von den meisten europäischen Hauptstädten aus angeflogen wird. Früher hatte Iceland Air das Monopol auf internationale Flüge, in den letzten Jahren fliegen jedoch auch andere Fluggesellschaften nach Island.

Von Keflavík aus gibt es Inlandflüge unter anderem nach Akureyri, Isafjörður, Þorshöfn und Egilsstaðir.

Einmal wöchentlich verkehrt eine Fähre von Hirtshals in Dänemark über die Färöer nach Seydisfjörður im Osten Islands (**www.smyrilline.com**). Auf diese Weise kann man das eigene Auto, Wohnmobil oder Motorrad mit nach Island nehmen.

Reisen auf Island

Es gibt zwei bequeme Möglichkeiten, innerhalb Islands zu reisen – mit dem (Miet-) Wagen oder Bus.

Ein Auto mieten

Ein Auto gibt einem die größtmögliche Freiheit, auf Island zu reisen. Möchte man einen Wagen mieten, hat man 2 Entscheidungen zu treffen:

- Möchte man ein Auto mit Allradantrieb oder ein „normales“ Auto?
- Möchte man es zur Übernachtung nutzen?

Vierradantrieb versus Zweiradantrieb

Auf Island gibt es zwei Kategorien von Straßen – die mit oder ohne F (*Fjallvegúr* – Bergstraße) vor der Straßennummer. Straßen ohne F können mit allen Fahrzeugen befahren werden, auch mit „normalen“ Mietwagen. Die meisten dieser Straßen sind asphaltiert, in den abgelegeneren Gebieten gibt es jedoch große geschotterte Abschnitte. Die Autovermietung sollte eine kostenlose Karte bereitstellen, auf der alle Straßen, die befahren werden dürfen (Asphalt und Schotter), verzeichnet sind.

Die F-Straßen, oder Hochlandpisten, erfordern Allradantrieb. Die meisten von ihnen befinden sich im Landesinneren. Tatsächlich gibt es im Landesinneren keine befestigten Straßen. Rechtlich ist es nicht verboten, die Hochlandpisten mit einem normalen Auto zu befahren, viele von ihnen sind jedoch mit Zweiradantrieb einfach nicht befahrbar – nicht, weil sie insgesamt in einem schlechten Zustand sind, sondern weil

Flussdurchquerungen, Solifluktion und andere klimabedingte Probleme das Befahren von Abschnitten entweder unmöglich oder sehr gefährlich machen können. Daher raten wir davon ab. Autovermietungen verbieten sowieso generell, diese Straßen zu befahren – es ist nämlich nicht nur so, dass die Versicherung keine Schäden abdeckt, die beim Befahren von F-Straßen entstehen, sie kann sogar einzig für das Befahren einer F-Straße, selbst wenn kein Schaden entstanden ist, ein Bußgeld fordern.
Zu beachten ist, dass alle Autovermietungen auf Island teuer sind, Fahrzeuge mit Allradantrieb jedoch besonders. Allerdings gibt es zwischen den Unternehmen ziemliche Unterschiede. Die hohen Kosten sind verständlich, bedenkt man, wie sehr die Straßen und das Klima den Autos zusetzen und wie kurz die Saison für die Autovermietung ist.
Viele Touristen mieten einen Allradwagen. In diesem Fall sollte man sich über die Versicherungsbedingungen bei Flussdurchquerungen informieren, denn dabei treten die meisten Probleme auf. Ohne Erfahrung im Fahren unter diesen Bedingungen, sollte man die Optionen sorgfältig abwägen, bevor man eine Entscheidung trifft. Und wenn man losfährt, sollte man sich über die Risiken im Klaren sein und sich gut vorbereiten. Alle in diesem Reiseführer beschriebenen Routen (mit Ausnahme eines kurzen Abschnitts von Route 17) führen über Nicht-F-Straßen, die mit jedem Fahrzeugtyp zu befahren sind. Trotzdem empfehlen wir, sich bei der Autovermietung nach den Konditionen zu erkundigen.

Einfaches Auto oder Camper

Wer den Komfort eines Mietwagens möchte, aber weder zelten noch zu viel Geld für teure Pensionen ausgeben möchte, kann das Mieten eines Campers in Betracht ziehen. Zahlreiche Unternehmen vermieten alle Arten von Campern, von luxuriösen, gut ausgestatteten Wohnmobilen bis hin zu einfachen ausgebauten Bullis mit einfacher Küche und Schlafgelegenheit. Es gibt auch 4x4-Pickups mit Wohnkabine, die für die Fahrt auf F-Straßen gemietet werden können. Unternehmen, bei denen man mit der Suche nach einem Camper anfangen kann (Liste ist nicht vollständig): **www.snail.is**, **www.happycampers.is**, **www.campers.is**, **www.kukucampers.is** oder **www.js.is**.

Reisen mit dem Bus

In der Sommersaison sind die isländischen Busverbindungen ausgezeichnet und eine gute Alternative zum Mietwagen, vor allem, wenn man zwar ein begrenztes Budget, aber viel Zeit hat. Alle Dörfer und Hauptknotenpunkte verfügen über Bushaltestellen, in der Regel bei der Tankstelle oder dem örtlichen Hotel. Die Busse halten auch an den wichtigsten Touristenattraktionen, wie den Wasserfällen und Þingvellir. Größere Städte und Dörfer werden mehrmals am Tag angefahren, abgelegene Dörfer dagegen manchmal nur einmal wöchentlich, sodass eine gute Planung wichtig ist. Die Ringstraße 1 ist in drei Buslinien unterteilt: Reykjavík – Akureyri, Akureyri – Egilstaðir und Egilsstaðir – Reykjavík. Busreisende müssen also in diesen Städten oder in deren Nähe übernachten.
Es gibt spezielle Tickets für Backpacker, die die Insel umrunden möchten. Man kann

Varianten im bzw. gegen den Uhrzeigersinn kaufen und dann zwischen Mitte Juni und Anfang September das Land im eigenen Tempo umrunden und dabei nach Belieben ein- und aussteigen. Der Preis ist mit 42.000 ISK (etwa € 280,-) sehr günstig, was diese Tickets sehr beliebt macht.
Ein weiterer Vorteil des Busses ist, dass er auch Orte im Landesinneren anfährt. Þorsmörk, Landmannalaugur, Láki, die F35 Kjölur-Route und die F26 können alle mit dem Bus erreicht werden. Einige dieser Sehenswürdigkeiten kann man auch als Tagesausflug besuchen.
Es gibt mehrere Busunternehmen mit jeweils etwas anderem Angebot. Das Busunternehmen Trex bietet Bustouren im Gebiet Þorsmörk – Landmannalaugur an (**www.trex.is**), während SBA im Norden aktiv ist (**www.sba.is**).

Besuch des Hochlands im Landesinneren

Das Hochland im Landesinneren ist wunderschön, wild und eine besondere Attraktion für Reisende. Da es im Hochland nur F-Straßen gibt, kann es nur mit Allrad-Fahrzeugen besucht werden. Im Frühjahr, wenn der Schnee schmilzt und die Flüsse am stärksten anschwellen, sind die Straßen im Landesinneren gesperrt. Möchte man im späten Frühjahr oder Frühsommer ins Landesinnere, sollte man sich bezüglich der Befahrbarkeit der Straßen genau erkundigen. Zu beachten ist, dass sich die Öffnungszeiten der Straßen durch späte Schneefälle oder plötzliche Schmelzperioden ändern können.
Flussdurchquerungen stellen die größte Gefahr dar, denn sie können tückisch sein. Größere Flussdurchquerungen werden am besten am frühen Morgen unternommen (niedrigster Wasserstand). Ist man unsicher, sollte man auf andere Fahrzeuge warten und sich über die Vorgehensweise erkundigen, oder jemanden bitten, auf Sie zu warten, falls Sie Hilfe benötigen.
Angesichts all dem, was es zu beachten gibt, kann man sich fragen, ob es sich lohnt, einen Allradwagen zu mieten und das Hochland zu besuchen. Natürlich können wir diese Frage nicht für Sie beantworten. Das Hochland bietet spektakuläre Einöden und Abenteuer, die man im Tiefland nicht findet. Zur Vogelbeobachtung bietet es relativ wenige Möglichkeiten (obwohl es für verschiedene Arten ein sehr wichtiger Brutplatz ist), botanisch betrachtet gibt es jedoch eine Reihe von Pflanzen, die im Tiefland selten oder gar nicht vorkommen.
Entscheidet man sich gegen die Miete eines Geländewagens, kann man eventuell die wenigen Orte im Hochland, die mit Zweiradantrieb zu erreichen sind (Route 3, Ziele E und H auf Seite 214-215), besuchen. Gebirgspässe im Norden (z. B. Route 11 und 19) und Areale kürzlich zurückgegangener Gletscher (Route 12, 22, Ziel N auf Seite 146) sind botanisch gesehen dem Hochland ähnlich. Außerdem können viele der geologisch und landschaftlich spektakulären Orte des Hochlands mit dem Bus besucht werden (siehe Seite 232), eine hervorragende Alternative zum Allradfahrzeug.
Entscheidet man sich für die Miete eines Allradwagens, empfehlen wir, sich ganz darauf einzulassen und zu lernen, Flüsse zu durchqueren, in schwierigem Gelände zu fahren und weniger befahrene Strecken wie die F26 oder die F578 zu nehmen. Es gibt spezielle Offroad-Kurse (z.B. www.natureexplorer.is/4x4-training), die jedoch sehr teuer sind.

Reisezeit

Die Winterzeit auf Island ist lang und dauert von Oktober bis Anfang April. In dieser Zeit besuchen nur wenige Menschen das Land und die Natur ist wie ausgestorben. Die Einsamkeit Islands in diesen Monaten ist eindrucksvoll – der Schnee, die Stille und die Nordlichter sorgen für ein unvergessliches Erlebnis. Es gibt nur wenige Standvögel, und die meisten von ihnen suchen die Gärten und eisfreien Seen und Fjorde in der Nähe der größeren Städte auf. Die isländische See hingegen bleibt voller Leben. Hier gibt es eine ganze Reihe von Vögeln, darunter auch einige begehrte Arten wie Polarmöwe, Krabbentaucher und Kragenente. Der Spätwinter und das Frühjahr sind außerdem eine sehr gute Zeit für Walbeobachtungen. Vor allem von der Halbinsel Snæfellsnes aus kann man nach Orcas Ausschau halten.

Der Frühling beginnt im Mai mit der Blüte des Wiesenschaumkrauts auf den Wiesen und des Roten Steinbrechs im Hochland. Möwen, Schwäne und Gänse beginnen, sich auf den Küstenwiesen und Sandern (siehe Seite 38) in Südisland, Mýrar und Breiðafjörður einzufinden. Sie versammeln sich in großen Scharen, denn zu ihnen gesellen sich auch einige Watvögel und Gänse, die nicht auf Island brüten, sondern nach Grönland weiterziehen. Ende Mai treffen die Vögel im Landesinneren ein und beginnen mit der Balz, und innerhalb kurzer Zeit ist das Land voller Vögel. Die Spitzenzeit ist ungefähr Mitte Juni und dauert bis weit in die zweite Julihälfte hinein.

Diese Hochsaison ist kurz, doch wegen der Mitternachtssonne sind die Vögel fast 24 Stunden am Tag aktiv. Die Wildblumen erreichen ihre Spitzenzeit etwas später: Die meisten Arten blühen Ende Juni, während einige andere – insbesondere manche Enzianarten – erst Ende Juli zu blühen beginnen. Die größte Schneeschmelze im Hochland findet von April bis weit in den Juni hinein statt, sodass erst zwischen Ende Juni und der ersten Julihälfte die Inlandpisten wieder befahrbar werden. Davor ist es nicht möglich, ins Landesinnere zu reisen.

Mitte August sind die meisten Jungvögel flügge geworden. Viele Vögel verlassen das Landesinnere und versammeln sich in den Küstenniederungen, Fjorden und an großen Seen. Die Erpel (männlichen Enten), Schwäne und Gänse versammeln sich in manchmal spektakulärer Anzahl. Im August gesellen sich Watvögel aus Grönland zu den isländischen Vögeln an der Küste, und im September folgen die Gänse. Zu dieser Zeit (September bis Anfang Oktober) färben sich die Birken und Ebereschen in den isländischen Wäldern für kurze Zeit herbstlich, bevor Mitte Oktober der lange isländische Winter wieder einsetzt.

Unterkunft

Auf Island gibt es ein breites Angebot an Unterkünften, das von erstklassigen Hotels bis zu einfachen Campingplätzen reicht. Außerhalb der Nationalparks ist auch das Zelten in der freien Natur auf öffentlichem Land erlaubt.

Hotels

Hotels und Pensionen gibt es in allen größeren Städten. Hotelssind recht teuer. Vielerorts erhält man eine Ermäßigung, wenn man den eigenen Schlafsack mitbringt.

Möglichkeiten zur Übernachtung in Farmhotels findet man unter **www.farmholidays.is**. Es empfiehlt sich, im Voraus zu buchen, vor allem im Sommer bei schlechtem Wetter, da sich dann viele Camper für eine Übernachtung im Hotel entscheiden.

Camping

Auf Island gibt es über 120 Campingplätze, die bei ausländischen Touristen und Isländern gleichermaßen beliebt sind. Sie unterscheiden sich stark in ihrem Service. Viele sind weniger gut ausgestattet als die auf dem europäischen Festland, oftmals ohne Kochgelegenheiten und Tische.
Bei nicht wenigen Campingplätzen gibt es in der Nähe Thermalbäder oder thermisch beheizte Schwimmbecken und Hot Tubs. Oft liegen Campingplatz und Badeeinrichtung nebeneinander und die Camper nutzen die Duschen des Schwimmbads. Ein Bad im Hot Tub nach einer langen Wanderung, vor allem wenn es kalt ist, ist wunderbar entspannend. Daher sind diese Campingplätze unsere persönlichen Favoriten. Camping ist nicht sehr teuer und für preisbewusste Touristen optimal.

Campingausrüstung

Fürs Zelten sollte man nicht an der Ausrüstung sparen und einen guten Schlafsack und – ganz wichtig – eine Isomatte mitnehmen. Selbst im Sommer ist es möglich (wenn auch nicht üblich), dass die Temperaturen in die Nähe des Gefrierpunkts fallen.
Hält die Ausrüstung bis -4°C warm, ist man auf das Schlimmste vorbereitet.
Möchte man selbst kochen, ist ein Gaskocher mitzubringen. Gasflaschen können im Flugzeug nicht mitgenommen werden, der Typ Camping Gaz 206 ist jedoch an Tankstellen weithin erhältlich. Es empfiehlt sich, einen guten Windschutz mitzubringen, da es auf den Campingplätzen wenig Schutz gibt und man so eine Menge Gas spart.

Strategische Orte zum Übernachten

Ist man mit dem Auto unterwegs und möchte sich auf die in diesem Reiseführer beschriebenen Routen konzentrieren, empfehlen wir, sich in und um die folgenden Ausgangspunkte nach einer Unterkunft umzusehen:
Südwestisland: Vom Gebiet zwischen Hveragerði–Hella aus, ist innerhalb von 1 ½ Stunden der gesamte Südwesten, von Reykjavík bis Vík, erreichbar. Die Halbinsel Reykjanes ist noch etwas weit und lässt sich besser von Grindavík (Gästehäuser und gut ausgestattete Campingplätze) oder Reykjavík aus erkunden.
Snæfellsnes: Die Stadt Stykkishólmur und die Dörfer Grundafjörður und Ólafsvík sind günstig gelegen, um das gesamte Westland (Snæfellsnes), die Insel Flatey im Breiðafjördur und Mýrar im Süden zu besuchen.
Westfjorde: Die Westfjorde erfordern Fahrerei. Die attraktivsten Orte liegen zu weit auseinander, um sie von einem einzigen Ort aus zu besuchen. Da die Fahrt durch das Gebiet atemberaubend ist, sollte man sich unterwegs eine Unterkunft suchen. Gästehäuser und Campingplätze sind in Patreksfjördur, Látrabjarg, Flokulandur, Reykhólar, Reykjanes und Ísafjördur zu finden. Auf Hornstrandir gibt es einen Campingplatz und ein einfaches Hostel.

Nordisland: In Nordisland liegen drei besonders interessante Gebiete: Akureyri und Umgebung, Mývatn, und Ásbyrgi einschließlich der weiter nördlichen Umgebung. Im Mývatn-Gebiet gibt es eine große Auswahl an Gästehäusern und Campingplätzen, es kann dort jedoch ziemlich voll werden. Den Mývatn kann man auch von Akureyri (Campingplätze und Gästehäuser) oder Húsavík (Campingplätze und Gästehäuser) aus besuchen – zwei Gebieten in der Nähe, die ebenfalls viel zu bieten haben. Von Húsavík aus ist auch Asbyrgi und der Nordosten zu erkunden, oder Sie übernachten auf einem der zahlreichen Campingplätze bei Ásbyrgi oder Kópasker.
Ostisland: Egilsstaðir bietet einen Campingplatz sowie verschiedene Hotels und Gästehäuser. Dies ist der optimale Ausgangspunkt für die Erkundung der Ostfjorde.
Südostisland: Die Gebiete im Südosten können sowohl von Höfn im Osten als auch von Skaftafell im Westen aus erreicht werden. Beide Orte verfügen über Campingplätze und Gästehäuser.

Bequemes Reisen und Sicherheit

Sicherheit

Island ist ein wildes Land mit rauem Klima, in dem Umsicht geboten ist, egal, ob man zu Fuß oder mit dem Auto unterwegs ist. Zum Glück sind die Isländer freundlich und hilfsbereit. Es gibt einen guten isländischen Service für sicheres Reisen im Land. Die Website **www.safetravel.is** enthält viele Tipps und aktuelle Informationen bezüglich Wetter- und Geländebedingungen.

Wandern

Wandern auf Island ist ein Erlebnis, auf das man sich vorbereiten muss. Das isländische Wetter ist wechselhaft und Wind und Regen können schnell zu Auskühlung führen. Vergewissern Sie sich, dass Sie geeignete Kleidung in mehreren Schichten mitnehmen, einschließlich einer wasserdichten obersten Schicht, die Sie ausziehen können, wenn es warm wird. GPS und Kompass sind bei Nebel ebenfalls ratsam. Die offene Landschaft bietet nur wenige Orientierungspunkte und im Nebel kann man sich leicht verlaufen, insbesondere wenn man nicht auf markierten Pfaden unterwegs ist.
Bei längeren Wanderungen müssen oft Flüsse durchquert werden. Abhängig von der Schneeschmelze, die durch Temperaturschwankungen bestimmt wird, schwellen Flüsse an und ab, und können viel größer oder kleiner sein als auf der Karte angegeben. Um Blasen zu vermeiden, empfiehlt es sich, für das Durchqueren von Flüssen einfache (Plastik-)Schuhe anzuziehen und die Füße auf der anderen Seite mit einem kleinen Handtuch abzutrocknen, bevor man sich die Wanderschuhe wieder anzieht. Durchqueren Sie den Fluss dort, wo er am langsamsten fließt und am flachsten ist – das ist in der Regel an der breitesten Stelle.
Seien Sie sich bewusst, dass Vulkangestein oft rau und scharfkantig ist. Man kann sich leicht den Knöchel verstauchen und sollte daher in hohe Schuhe investieren, die den Knöchel gut unterstützen. Achten Sie bei langen Wanderungen darauf, genügend

Lebensmittel und Wasser mitzunehmen. Für Flussdurchquerungen und unebenes Gelände ist ein Wanderstock als zusätzliche Stütze hilfreich.

Die meisten Routen in diesem Buch führen über leicht begehbare Pfade und viele von ihnen sind recht beliebt, sodass in der Regel Menschen in der Nähe sind, sollte man Hilfe benötigen. Begibt man sich jedoch abseits der populären Pfade, sollte man unbedingt jemanden über seine Pläne informieren.

Und schließlich gilt in der Nähe von Klippen und in heißen, vulkanischen Gebieten besondere Vorsicht. Plötzliche Windstöße können einen aus dem Gleichgewicht und in Schwierigkeiten bringen. Unfälle dieser Art passieren jedes Jahr.

In vielen aktiven vulkanischen Gebieten darf man nur auf vorgesehenen Wegen gehen. Dies dient vor allem Ihrer eigenen Sicherheit. Es gibt Schilder, die darauf hinweisen, dass der Boden an bestimmten Stellen bis zu 100 °C heiß wird. Lassen Sie sich nicht dazu verleiten, dies mit dem Finger zu testen; diejenigen, die dies getan haben, haben die greifbarste Lektion zum Vulkanismus erhalten.

Am tückischsten sind die Gebiete, in denen solche Warnungen nicht angebracht sind. Die dünnen Krusten über solchen heißen Zonen können mit Moosen bewachsen und dadurch nicht sichtbar sein. Es ist passiert, dass Menschen darauf getreten sind und sich beim Nachgeben der Kruste schwer verbrannt haben. Wenn man aus den Hängen Dampf aufsteigen sieht, sollte man Wege und Pfade besser gar nicht erst verlassen.

Ein weiterer Bereich, den man meiden sollte, sind Gletscher. Sie zu besteigen ist potenziell sehr gefährlich. Wer eine Gletscherwanderung unternehmen möchte, sollte an einer Tour mit einem qualifizierten Führer teilnehmen.

Autofahren auf Island

Auch wenn jedes Jahr ein weiteres Stück Straße asphaltiert wird, sind viele normale Straßen auf Island noch nicht geteert. Nicht einmal die Ringstraße 1 ist gänzlich frei von unbefestigten Abschnitten, und in den abgelegeneren Gebieten sind asphaltierte Strecken eher Ausnahme als Regel. Karten vermelden deutlich, welche Strecken asphaltiert sind und welche nicht. Der Zustand der unbefestigten Straßen ist sehr unterschiedlich. Einige Abschnitte, meist aber nur kurze, sind mit Schlaglöchern übersät.

Problematischer sind die oft beträchtlichen Abschnitte mit „Waschbretteffekt" (d.h. geriffelt), die eine laute, holprige und ermüdende Fahrt zur Folge haben. Auch die Traktion der Räder ist auf solchen Flächen weniger gut. Auf anderen Streckenabschnitten stellen herausragende Steine und Felsen eine Gefahr für die Reifen dar. Passen Sie Ihre Geschwindigkeit und die Erwartungen bezüglich der Tageskilometerleistung an und bedenken Sie, dass die Versicherung in der Regel nicht für Schäden an Reifen, Rädern und der Unterseite des Fahrzeugs aufkommt – für die Teile also, die am häufigsten beschädigt werden. Achten Sie auch auf Schafe, die die Straße überqueren, insbesondere Lämmer, die ungeachtet des Verkehrs impulsiv zu ihren Müttern über die Straße springen können.

Auf unbefestigten Straßen außerhalb von Städten und Dörfern beträgt die offizielle Höchstgeschwindigkeit 80 km/h, aber in vielen Fällen ist es klüger, (viel) langsamer zu fahren. Das bedeutet in Hinsicht auf die Fahrtzeit, dass der Routenplaner in der Regel viel zu optimistisch ist.

Beim Überqueren von Brücken ist besondere Vorsicht geboten. Die meisten Brücken (auch einige der Ringstraße 1) sind *Einbreid Bru* – einspurige Brücken mit Platz für jeweils nur ein Fahrzeug. Auf unbefestigten Straßen ist der Übergang zwischen Straße und Brücke oft mit Schlaglöchern übersät, sodass man die Geschwindigkeit vor dem Überqueren der Brücke, auch wenn niemand aus der Gegenrichtung kommt, verringern sollte.

Auf Hauptstraßen auf dem Land gilt ein Tempolimit von 90 km/h (sofern nicht anders angegeben). Auch wenn man oft das Gefühl haben wird, viel schneller fahren zu können, tun Sie es nicht – es gibt häufig Blitzer und Verkehrskontrollen, und Geschwindigkeitsübertretungen werden als schweres Vergehen angesehen, das mit einer hohen Geldbuße bestraft wird.

Mit dem Wetter umgehen

Das Wetter hat niemand unter Kontrolle. Auf Island ist es unberechenbar und wechselhaft, aber bis zu einem gewissen Grad kann man sich darauf vorbereiten. Schlechtes Wetter kommt und geht, doch im Durchschnitt ist das Wetter im Norden besser als im Süden. Es ist dort sonniger, weniger windig und im Sommer wärmer. Die vorherrschenden Südwestwinde bringen Regen oder Schnee in die Berge im Süden und lassen den Norden im Windschatten liegen. Aus dem Norden kommt der Wind seltener, dann kehrt sich die Situation um. Macht man eine Rundreise, sollte man seine Pläne an das Wetter anpassen; vielleicht möchte man im Norden starten, wenn das Wetter im Süden schlecht ist, oder umgekehrt. Oder man will etwas mehr Zeit im Norden als im Süden verbringen, um die Chancen auf Sonnenschein zu erhöhen.

Das Wichtigste ist jedoch, sich mental auf die Schlechtwetterperioden vorzubereiten, die man aller Wahrscheinlichkeit nach antrifft. Sie gehören zur Natur des Landes, genauso wie der Sonnenschein, der in der Regel kurz darauf folgt. Wenn das Wetter am Morgen sehr schlecht ist, kann man bessere Zeiten abwarten – schließlich ist es im Sommer 24 Stunden lang hell. Oder machen Sie sich einfach auf. Irgendwo in der Nähe gibt es am Ende eines Regentages immer ein heißes Bad zum Aufwärmen.

Den offiziellen isländischen Wetterdienst findet man unter **www.vedur.is** (auch als App herunterzuladen). Informationszentren, Campingplätze und Hotels haben die lokale Vorhersage entweder auf dem Tisch liegen, als Aushang oder können sie für Sie abrufen.

24 Stunden Tageslicht

Island liegt knapp südlich des Polarkreises, weshalb die Sonne zu keinem Zeitpunkt im Jahr vollständig über dem Horizont bleibt. Völlig dunkel wird es im Juni und Juli jedoch auch nicht.

Vierundzwanzig Stunden Tageslicht – wenn man es noch nie erlebt hat, ist das schwer vorzustellen. Und doch ist es gar nicht so ungewöhnlich. Abends steht die Sonne tief am Horizont und nachts wird das Land in ein dämmriges Licht getaucht. Die meisten Vögel verstummen und die gesamte Atmosphäre ist deutlich anders als am Tag. Der späte Abend und die frühe Nacht können eine wunderbare Zeit sein, um unterwegs zu sein, besonders an den populären isländischen Sehenswürdigkeiten, die tagsüber von Touristen überlaufen sind. Ein Besuch des Goðafoss am späten Abend ist viel beeindruckender, als wenn die Touristenbusse ankommen. Auch das Fotografieren ist viel lohnender. Beim Zelten kann eine Schlafmaske gute Dienste leisten.

Verantwortungsvoller Tourismus

Es versteht sich von selbst, dass man als Besucher eines Naturgebiets die Verantwortung trägt, die Umgebung mit allem, was sich darin befindet, ungestört zu lassen. „Nimm nur dein Foto mit, hinterlasse nur deinen Fußabdruck", lautet der bekannte Satz, der mit dieser Einstellung des verantwortungsvollen Tourismus einhergeht. Auf Island ist dieser Spruch jedoch etwas problematisch, da sowohl die Störung durch Fotografen als auch die Bodenerosion (der Fußabdruck) zwei große Probleme darstellen.

Island ist ein fantastischer Ort für die (Vogel-)Fotografie, aber leider gibt es eine kleine Gruppe von Fotografen, die entweder die Stresssignale eines Vogels bzw. Tieres nicht erkennen oder der Meinung sind, dass der Wert eines großartigen Fotos wichtiger ist als das „kleine bisschen Störung". Seien Sie nicht einer von ihnen – gehen Sie nicht zu nahe an Vogelnester heran, betreten Sie keine Vogelkolonien und ziehen Sie sich zurück, sobald ein Vogel unruhig wird! Die Zeit für die Aufzucht der Jungen ist kurz und eine Störung kann den Unterschied zwischen einem misslungenen und einem erfolgreichen Gelege ausmachen.

Nähert man sich Seehunden, so ist das Heben des Kopfes das erste Zeichen der Wachsamkeit und sollte Ihnen signalisieren, sich nicht weiter zu nähern. Nähern Sie sich niemals Jungtieren oder Vogelnestern und wenn Sie eines in der Nähe entdecken, gehen Sie leise und ohne plötzliche Bewegungen. Rufen und plötzliche Bewegungen oder Gesten sollte man generell vermeiden.

Seien Sie während der Brutzeit auch beim Autofahren vorsichtig! Watvögel, vor allem Rotschenkel, fliegen ziemlich häufig vor das Auto, wahrscheinlich als Ablenkungsmanöver von ihrem Nest. Zu oft sieht man, dass diese Vögel von einem rasenden Auto überfahren werden, wodurch nicht nur der Vogel, sondern auch sein Nachwuchs ums Leben kommt.

Bodenerosion und die Zerstörung empfindlicher Vegetation sind weitere Probleme, die es zu berücksichtigen gilt. Die meiste Vegetation verträgt einen vorsichtigen Streifzug ohne Probleme, aber seien Sie vorsichtig, wenn Sie in spärlich bewachsenen Sümpfen und Thermalgebieten herumlaufen – die Vegetation wird leicht zerstört. Off-Road-Fahrten mit 4x4 oder Quad sind extrem schädlich und sollten generell vermieden werden. Es ist außerdem illegal und wird mit hohen Geldstrafen geahndet.

Der Kauf lokaler Produkte ist eine gute Möglichkeit, den Naturschutz zu unterstützen. Er verringert nicht nur den CO2-Fußabdruck (da die Lebensmittel keine langen Strecken zurückgelegt haben), sondern hilft auch der lokalen Wirtschaft. Auf Island gibt es viel Lammfleisch, frischen Fisch und eine große Auswahl an Gemüse, das in thermisch beheizten Gewächshäusern angebaut wird (siehe Seite 69). Auch gibt es Robben- und Walfleisch, Schneehühner und die Eier und das Fleisch verschiedener Seevögel – doch da ist der Haken.

Es spricht einiges dafür, seine Ressourcen direkt aus der Natur zu beziehen. Hinter diesen Arten der Jagd steht eine ganze Kultur: Gemeinschaften von Menschen und eine Lebensweise, die für sich genommen wertvoll ist. Natürlich ist es auch ein Erlebnis, diese Art von Fleisch zu essen. Die meisten Walarten sind jedoch nach wie vor vom Aussterben bedroht, und alle Seevögel auf Island sind im Rückgang begriffen. Der Walfang ist ein großes Geschäft und hat nichts mit dem romantischen Bild vom Lebensunterhalt der Einheimischen zu tun. Das meiste Walfleisch wird nach Japan exportiert; 75 % der Isländer behaupten, niemals Walfleisch zu essen. Mehr darüber lesen kann man unter **www.icewhale.is**.

Die Jagd auf Papageitaucher und das Sammeln von Alken-Eiern ist eine etwas andere Sache, da es sich hierbei mehr um eine traditionelle Tätigkeit der einheimischen Jäger handelt. Aber auch hier wird das Image der lokalen, nachhaltigen Jagd durch die Tatsache getrübt, dass die Vogelbestände stark rückläufig sind und Lizenzen an ausländische Jäger, die für die Papageitaucherjagd bezahlen, vergeben werden. In Anbetracht all dessen raten wir davon ab, das Fleisch von Walen, Robben, Papageitauchern oder anderen Wildvögeln (einschließlich deren Eier) zu essen.

Baden

Nach einem langen Tag in der Natur gibt es nichts Besseres als ein heißes Bad. Die thermische Energie Islands ermöglicht das Baden an vielen Orten. Die badefreudigen Isländer haben im ganzen Land zahlreiche Badeeinrichtungen geschaffen, wobei die meisten in der Hochtemperaturzone liegen, die sich quer durch das Land zieht.

Natürlich beheizte Badestellen gibt es in vielen Formen, von kleinen Hot Tubs oder Becken zwischen Felsen bis hin zu großen und modernen Schwimmbädern. Einige sind kostenlos, in den meisten Fällen zahlt man jedoch eine kleine Gebühr (in der Regel 400 – 700 ISK). Oft befinden sich diese Schwimmbäder in der Nähe eines Campingplatzes und die Betreiber sind dieselben.

Nur die berühmte Blaue Lagune ist ziemlich teuer. Viele der kleineren Bäder liegen in atemberaubender Landschaft mit Blick auf Fjorde oder wilde Täler.

Auf der Karte haben wir unsere favorisierten Hot Tubs und Schwimmbäder eingezeichnet, schwerpunktmäßig in Routennähe. Auf der Website www.sundlaugar.is findet man eine Übersicht aller Thermalbäder des Landes mit Beschreibung, Foto, eventuellen Kosten und einem Hinweis darauf, ob die Gefahr einer Verbrühung besteht.

Reiseplanung

Island erfordert etwas mehr Vorbereitung als andere europäische Reiseziele. Jeder wird bei seiner Reiseplanung früher oder später mit dem Dilemma der Ringstraße Nr. 1 konfrontiert – ein Dilemma, das auf Folgendes hinausläuft: Die Ringstraße 1 ist die einzige Route, die alle isländischen Sehenswürdigkeiten miteinander verbindet. Mit 1339 km ist sie zu lang und zu zeitaufwendig, um sie in weniger als 2 Wochen zu bewältigen. Hat man die Zeit und die finanziellen Mittel, länger zu bleiben (siehe Seite 244 für Reisen mit begrenztem Budget), ist das kein Problem. Ein kürzerer Aufenthalt bedeutet jedoch, dass man sich leider entscheiden muss. Dies betrifft insbesondere das Gebiet des Mývatn (Route 14) und das Gebiet Skaftafell – Jökulsarlón (Routen 21-23). Es wäre sehr schade, eine dieser Top-Sehenswürdigkeiten zu verpassen, doch lassen sie sich nur schwer während einer Kurzreise kombinieren. Im Folgenden finden Sie Routenvorschläge für Kurzreisen (bis zu 2 Wochen) mit unterschiedlichen Interessensschwerpunkten.

Island für Naturliebhaber – die wichtigsten Höhepunkte kombiniert

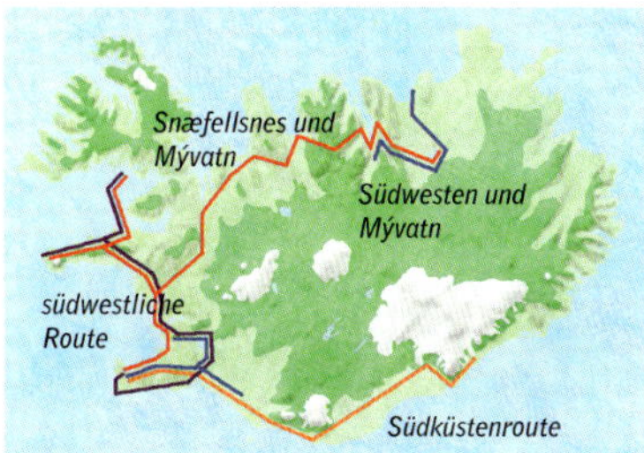

Denjenigen, die 2 Wochen oder weniger zur Verfügung haben, empfehlen wir die folgenden Routen:

Die Südküstenroute (orange): Reisen Sie entlang Islands Südküste nach Höfn und zurück, besuchen Sie die wunderbaren Sehenswürdigkeiten Þingvellir, einige der größten Wasserfälle wie Gulfoss und Skogafoss und den Geysir. Nehmen Sie ein Bad in der Blauen Lagune oder anderen heißen Quellen, machen Sie ein oder zwei Wanderungen in Skaftafell oder Landmannalaugar, besuchen Sie die Vogelfelsen von Vík und die Vestmannaeyjar (dt. Westmännerinseln) und bestaunen Sie den spektakulären Eisbergsee und die Gletscher unterhalb des Vatnajökull. Auch Reykjavik ist einen Besuch wert, vielleicht in Kombination mit einer Walbeobachtungsexkursion. Siehe Routen und Exkursionsziele auf den Seiten 122-148 und 216-229.

Die südwestliche Route (lila): Besuchen Sie auf dieser Rundtour die wichtigen Sehenswürdigkeiten Þingvellir, Geysir, Gulfoss und das Geothermalgebiet Krýsuvík, bevor es zur Halbinsel Snæfellsnes mit ihrer spektakulären Landschaft, den Seevogelklippen und einer reichen Vogelwelt hinübergeht. Erkunden Sie unterwegs das Flachland von Mýrar und machen Sie eine Bootstour nach Flatey. Im Vergleich zur Südküstenroute tauscht diese Route die Gletscherlandschaften gegen die Küsten und Fjorde ein und bietet einige Vögel (Dickschnabellumme, Thorshühnchen), die an der Südküste nicht zu erwarten sind. Siehe Routen und Exkursionsziele auf Seite 122-160.

Der Südwesten und Mývatn (blau): Diese Route kombiniert eine kurze Schleife im Südwesten zu den wichtigen Sehenswürdigkeiten Þingvellir, Geysir, Gulfoss und eine Bootsfahrt zu den Vogelfelsen der Westmännerinseln mit einer Fahrt oder einem

Inlandsflug nach Akureyri und zum Mývatn. In zwei oder drei Tagen sehen Sie sich die spektakuläre Fjordlandschaft der Bucht von Akureyri und die vulkanischen und geothermischen Landschaften in der Umgebung des Mývatn an und genießen die reiche Vogelwelt dort. Siehe Routen und Exkursionsziele auf den Seiten 122-148 und 176-206.

Snæfellsnes und Mývatn (rot): Diese Route beinhaltet bereits eine Menge Fahrerei. Sie fahren direkt nach Snæfellsnes, um die Vogelklippen und spektakulären Landschaften zu sehen, bevor Sie nach Akureyri und zum Mývatn weiterfahren. Nehmen Sie entweder in Snæfellsnes oder in Húsavík im Norden an einer Walbeobachtungsexkursion teil und reservieren Sie 2 Tage für den Goldenen Kreis (Þingvellir, Geysir, Gulfoss) und Reykjavík im Süden. Siehe Routen und Exkursionsziele auf den Seiten 124, 149-156 und 176-206.

Island für Vogelbeobachter

Viele Vogelarten sind in ganz Island zu finden, doch einige der beliebten Arten sind (zuverlässig) nur im Norden anzutreffen. Um gute Chancen zu haben, Gerfalke, Spatelente, Thorshühnchen, Eismöwe, Seeadler und Dickschnabellumme zu sehen, sollte der Norden und Nordwesten auf der Reiseroute stehen. Kragenente, Eistaucher und Schneeammer sind weiter verbreitet, aber im Norden auch am wahrscheinlichsten anzutreffen. Abgesehen von Skua und Atlantiksturmtaucher gibt es im Süden nur wenige eigene Arten. Hat man also 2 Wochen oder weniger Zeit, empfehlen wir, nach Akureyri weiterzufliegen und die Nordroute zu fahren.

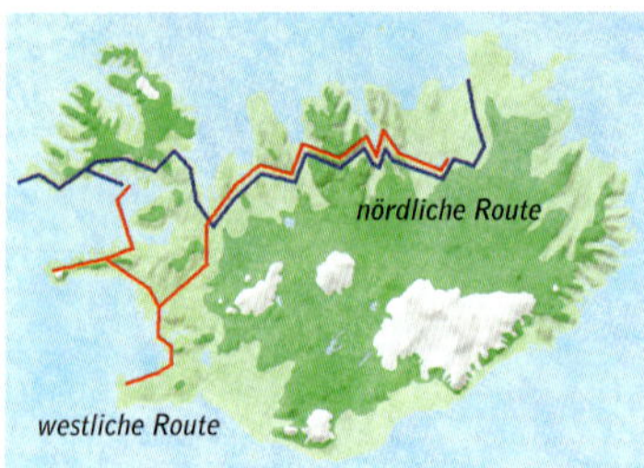

Die nördliche Route (blau): Diese Route beginnt in Akureyri mit seinen vielen Watvögeln, bevor sie zum Mývatn führt, wo man unter den vielen Entenarten relativ leicht Kragen- und Spatelenten entdecken kann. Es ist auch der beste Ort Islands für Ohrentaucher, Gerfalke und Sumpfohreule. Wenn es die Zeit erlaubt, fahren Sie weiter nach Norden zum Sander von Ásbyrgi, um sowohl Skuas als auch Watvögel der Küste zu beobachten.

Anschließend kehren Sie nach Akureyri zurück und fahren Richtung Westen zu den Westfjorden, um Eismöwen, Schneehühner, Seeadler und weitere Gerfalken zu beobachten, bevor es zu den Seevögeln nach Látrabjarg geht. Bei genügend Zeit kann man eine Bootsfahrt nach Flatey machen, um Papageitaucher und eine Reihe von Watvögeln zu sehen und die beste Chance auf Island für Thorshühnchen zu haben. Siehe Routen und Exkursionsziele auf den Seiten 157-206.

Die westliche Route (rot): Will man keinen Inlandsflug machen, kombiniert diese Route den Westen mit einem Besuch des Mývatn, einschließlich Myrár mit seinen Watvögeln, den Seevogelklippen und Binnenlandstandorten von Snæfellsnes (Seevögel, einschließlich Dickschnabellumme und Eismöwe), einer Hin- und Rückfahrt nach Flatey (viele Watvögel und Papageitaucher, Chancen auf Seeadler und Thorshühnchen) und führt dann weiter nach Akureyri und zum Mývatn mit all den besonderen Vögeln dort. Siehe Routen und Exkursionsziele auf den Seiten 124, 149-156 und 176-206.

Island für Geologen

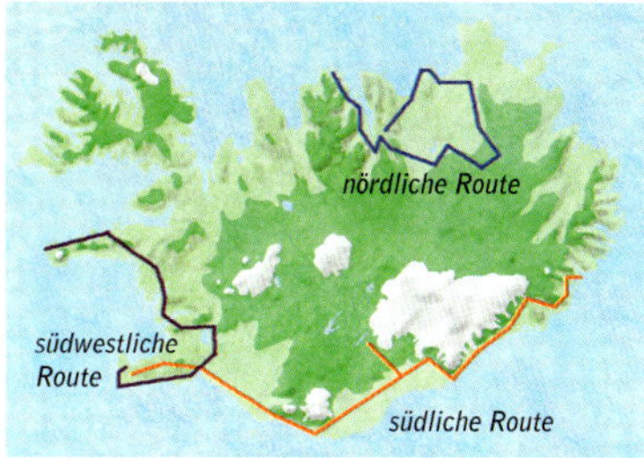

Die geothermische Zone ist Islands größte geologische Schatztruhe, doch für die größte Vielfalt ist es interessant, eine Route vom jüngsten Gestein im Zentrum des Landes bis zu den ältesten in der Peripherie zu planen. Auch hier bietet eine Rundtour alles, doch wenn das nicht möglich ist, empfehlen wir die folgenden Routen.

Die südliche Route (orange): Sie beginnen in Þingvellir (Verwerfung zwischen der Eurasischen und der Nordamerikanischen Platte, Schildvulkan), fahren weiter zum Geysir, Gulfoss und den geothermischen Gebieten von Hveragerði, und machen eine Tour mit Geländewagen hinüber nach Þorsmörk und zum Eyjafjallajökull (wo in 2010 ein Vulkanausbruch stattfand). Besuchen Sie die eindrucksvollen Basaltklippen an der Küste von Vík, bevor es weitergeht Richtung Skaftafell (unterwegs passiert man die enormen Eldhraun-Lavafelder). Sehen Sie sich in der Umgebung von Skaftafell die riesigen Sander, Gletscher und Eisbergseen an und unternehmen Sie von dort aus einen weiteren Ausflug ins Landesinnere zur Láki-Kraterreihe. Genießen Sie schließlich die Fjordlandschaften zwischen Höfn und Djupivogur. Siehe Routen und Exkursionsziele auf den Seiten 122-148 und 211-229.

Die nördliche Route (blau): Diese Route beginnt in Akureyri. Sie fahren Richtung Mývatn, um die Verwerfung zwischen der Eurasischen und der Nordamerikanischen Platte, alle Arten von Lavafeldern, Explosionskratern, Pseudokratern und Tafelbergen, die Solfataren, Fumarolen und andere geothermische Phänomene zu sehen. Dann geht es weiter zum Dettifoss und hinüber nach Ásbyrgi und dem nahe gelegenen Sander des Öxarfjörður, wo die Auswirkungen von Erdbeben und Gletscherläufen sichtbar sind.

Zurück geht es über die Halbinsel Tjörnes (das einzige Sedimentgestein Islands) und weiter nach Akureyri, wo Sie die Fjordlandschaft erleben können. Siehe Routen und Exkursionsziele auf den Seiten 176-206.

Die südwestliche Route (lila): Diese Route ist kurz, bietet aber viele geologische Highlights. Start ist auf der Halbinsel Reykjanes, wo Sie sich die Geothermalgebiete von Krýsuvík und Reykjanesviti ansehen können. Weiter geht es über Þorlákshöfn (große Lavafelder) nach Hveragerði mit weiteren geothermischen Feldern und dann über den Gulfoss und Geysir nach Þingvellir, wo das Auseinanderdriften der tektonischen Platten sichtbar ist. Anschließend fahren Sie zur Halbinsel Snæfellsnes, um die Landschaft der Gletscherfjorde in Kombination mit Explosionskratern, Lavafeldern und erodierten Basaltklippen an der Küste zu erleben. Siehe Routen und Exkursionsziele auf den Seiten 124-130, 141-144 und 149-160.

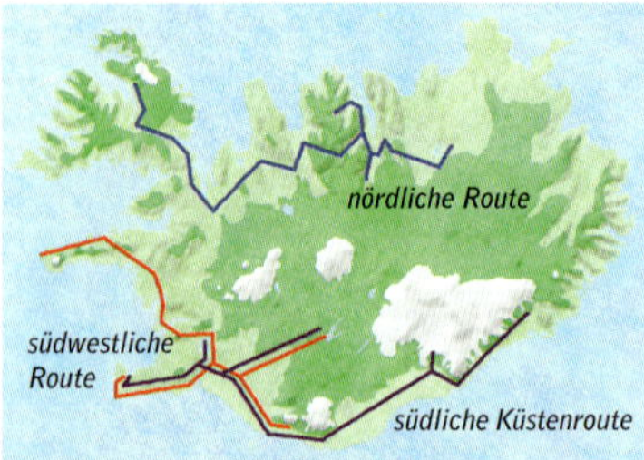

Island für Botaniker

Der Vorteil für Botaniker ist, dass viele der typischen isländischen Attraktionen (Nördliche Waldhyazinthe, Behaarte Fetthenne, Mondraute) in großen Gebieten und in großer Zahl anzutreffen sind, oft direkt entlang der Ringstraße. Eine leichte Aufgabe also. Dann gibt es eine Reihe sehr begehrter Arten, die vor allem im Norden und im zentralen Hochland vorkommen. Und schließlich solche, die entweder auf die westlichen oder auf die östlichen Landzungen Islands beschränkt sind, oder aber auf beide. Die letztgenannte Gruppe besteht hauptsächlich aus Arten, die in den gemäßigten oder borealen Zonen Europas nicht selten und daher vor allem für den isländischen Botaniker interessant sind.

Deshalb empfehlen wir **die nördliche Route (blau):** Die Flüsse in der Umgebung von Akureyri sind wegen ihrer Enziane (z. B. *Lomatogonium rotatum*), dem Arktischen Weidenröschen und der Arktischen Primel* (*Primula stricta*) von großem Interesse. Von Akureyri aus kann man Bergwanderungen unternehmen, um Steinbreche des Hochlands und Blauheide zu finden.

Anschließend fahren Sie Richtung Mývatn, wo zahlreiche Enzian-, Orchideen- und Farnarten vorkommen. Schließlich geht es zu den Westfjorden (z. B. Kaldalon), wo arktische Arten wie Moosige Schuppenheide, verschiedene Bärlappe, Steinbreche und Arktischer Mohn zu finden sind.

Die südwestliche Route (rot): Sie besuchen Þingvellir für Heidepflanzen und Klippenbewohner, nehmen die Route zur Hekla (Route 3) für Gebirgsflora und Orchideen, und suchen den Solheimajökull für Steinbreche auf (Ziel N auf Seite 146). Anschließend fahren Sie zur Halbinsel Snæfellsnes für Enzian- und Steinbrecharten (Route 7). Lohnend ist außerdem ein Besuch des Lavafelds von Buðir (Ziel D auf Seite 160).

Die südliche Küstenroute (lila): Diese Route ist die gleiche wie die vorherige, aber anstatt zur Halbinsel Snæfellsnes abzubiegen, fahren Sie weiter nach Skaftafell und Jökulsarlón (Routen 21-23), wo Arktisches Weidenröschen, Kleines Zweiblatt und Strauß-Steinbrech zu den lokalen Highlights gehören.

Island mit begrenztem Budget

Es gibt keine Billigreise nach Island, aber das bedeutet nicht, dass man die Kosten nicht senken kann. Die drei wichtigsten Ausgaben, bei denen man – vor allem wenn man genügend Zeit hat – erheblich sparen kann, sind Verpflegung, Übernachtung und Reisen.

Verpflegung: Ausgehen zum Essen oder Trinken ist auf Island sehr teuer. Wenn man selbst kocht, in großen Supermärkten einkauft und keine importierten Produkte oder Alkohol kauft, stellt man fest, dass das Leben auf Island nur wenig teurer ist als in den meisten westeuropäischen Ländern. Zum Selberkochen muss man einen Kocher mitbringen. Sowohl Benzin- als auch Gaskocher sind ideal. Gasflaschen für Campingaz-Kocher des Typs Bleuet 206 sind an vielen Tankstellen erhältlich.

Übernachtung: Hotels und Pensionen sind teuer. Mit einem eigenen Schlafsack erhält man jedoch vielerorts Rabatt. In vielen Hostels gibt es Schlafsäle, die man sich mit anderen Reisenden teilt, was viel billiger ist als ein eigenes Zimmer. Die Zimmer in Hostels und Pensionen sind in der Regel klein, aber es gibt geräumige und gut ausgestattete Wohnzimmer und Küchen, die man nutzen kann.
Auf Island gibt es viele Campingplätze, von sehr einfach bis gut ausgestattet (siehe Seite 235). Auch das freie Zelten in der Natur ist erlaubt, außer in Naturschutzgebieten. Wem das Schlafen im Zelt zu ungemütlich ist, der kann auch ein Wohnmobil mieten – das ist immer noch viel günstiger als in Gästehäusern zu übernachten (siehe Seite 232).
Reisen: Autovermietungen auf Island sind teuer. Will man Geld sparen, sollte man eine Alternative zum Mieten finden. Eine Möglichkeit ist, das eigene Auto mitzubringen (siehe Seite 231). Die zweite und sehr gute Alternative ist die Reise mit dem Bus. Island verfügt über ein sehr gut ausgebautes Busnetz, das im Sommer bis in die Kapillaren des Straßennetzes reicht. Für weitere Einzelheiten zum Busverkehr auf Island siehe Seite 232.

Zusätzliche Informationen

Literaturvorschläge

Flora und Vegetation Ein unverzichtbares Buch ist *Flowering plants and ferns of Iceland* von Hörður Kristinsson (ISBN 978 9979 3 3158 2).
Im Internet gibt **www.iceland-nh.net** einen guten Überblick über die Wildblumen Islands (auf Englisch, mit Namen auch auf Isländisch). **www.ni.is/botany** bietet Informationen über die Vegetation Islands. Die beste Website zur isländischen Flora ist **www.floraislands.is**, leider aber nur auf Isländisch.

Vögel und Vogelführer Neben einem Standardführer für die europäischen Vögel lohnt sich die Anschaffung des *Icelandic Bird Guide* von Jóhann Óli Hilmarsson (ISBN 978 9979 3 3220 6). Er behandelt die isländische Verbreitung und Lebensräume aller Vögel des Landes.

Geologie Es gibt verschiedene sehr lesenswerte Führer zur Geologie Islands. Das Buch *Living Earth – outline of the geology of Iceland* von Ari Trausti Guðmundsson (ISBN 9979 3 2777 6 / 978 9979 3 2777 6) ist unserer Meinung nach sehr gut – leicht verständlich und mit hervorragenden Fotos und Illustrationen. Es ist auch auf Deutsch erhältlich.

Wandern Wanderrouten, entweder auf Karten oder in Broschüren, sind in den Besucherzentren von Mývatn, Þingvellir, Skaftafell und Bakkagerði (nördliche Ostfjorde) erhältlich. Die Reihen von Rother und Cicerone sind zwei von mehreren Reiseführerreihen mit Buchtiteln zu Wanderungen auf Island.

Geschichte, Sagen und Naturschutz Vor Ort erhältlich ist das sehr lesenswerte Buch *A brief history of Iceland* von Gunnar Karlsson (ISBN 978 9979 3 3164 3). Eine ausgezeichnete Lektüre ist die historische Darstellung der isländischen Naturgeschichte in *The Natural history of Iceland* von Neils Horrebow (1712-1760), die unter **www.biodiversitylibrary.org/item/105515#page/5/mode/1up** heruntergeladen werden kann. In den Besucherzentren sind verschiedene Bücher über die Sagen, Mythen und Fabelwesen Islands erhältlich, darunter auch Ausgaben für Kinder. Eine gute Website bezüglich Naturschutzfragen auf Island ist **www.savingiceland.org**.

Karten

Eine gute Karte von ganz Island ist unerlässlich. Es gibt verschiedene Karten zu kaufen (z. B. von Reise-knowhow, Michelin usw.), sowohl auf Island selbst (an jeder großen Tankstelle) als auch in Buchhandlungen im Ausland.
Detaillierte Karten der Naturschutzgebiete sind für einige hundert ISK (ein paar Euro) in den Besucherzentren erhältlich.
Ein gutes GPS-Gerät ist natürlich ein großartiges Hilfsmittel, um den Weg zu finden und die eigenen Beobachtungen und Routen zu markieren. Unter **www.openstreetmap.org** kann man detaillierte Open-Source-Karten von Island für Garmin herunterladen. Eine gute Website mit Wanderkarten zum Herunterladen ist **www.nat.is**, dazu auf den Button „Wanderwege“ klicken.

Buchhandlungen

Einige der oben genannten Bücher sind außerhalb Islands schwer zu bekommen, im Land selbst jedoch einfach zu finden. Die meisten dieser Bücher gibt es in den Besucherzentren von Þingvellir, Skaftafell, Mývatn, Ásbyrgi, im Robbenzentrum von Hvammstangi und in den Buchhandlungen in der Innenstadt von Reykjavík und Akureyri.

Beobachtungstipps

Wandern auf Island

Ganz gleich, ob man unter Wandern einen gemütlichen Spaziergang von ein oder zwei Stunden oder eine mehrtägige Wanderung über das karge Hochland versteht, hat Island alles zu bieten. Die Wanderungen in diesem Buch sind alle von der milderen Sorte und bleiben größtenteils in der Küstenregion oder in den tiefergelegenen Teilen des Landesinneren. Hier gibt es mehr als genug wunderschöne und raue Landschaften und all die Tiere, die man sich wünscht. Die nicht in diesem Buch aufgeführten wilderen, längeren und anstrengenderen Wanderwege sind wegen ihrer Einsamkeit und Landschaft interessant. Beliebte Wandergebiete sind Þorsmörk und Landmannalaugar (Ziele R und S auf Seite 148) und Skaftafell (Route 20-21) – alle im südlichen Teil des Hochlands. Die ersten beiden sind nur mit dem Geländewagen oder Bus zu erreichen und erfordern Camping oder die Übernachtung in einer Berghütte. In allen drei Gebieten gibt es viele populäre Wanderwege, man wird also nicht allein sein. Viel ruhiger ist die Wildnis von Lón (Ziel I auf Seite 229 – nur mit Geländewagen zu erreichen) und die vielen Wanderwege in den Ostfjorden (Ziel C auf Seite 214). Das Gebiet von Ásbyrgi im Norden (Route 17) bietet ebenfalls zahlreiche recht einfache und schöne Wanderwege.

Erkundung von Gletschern

Gletscher sind extrem gefährlich und können nur mit einem professionellen Führer sicher erkundet werden. Von Skaftafell (siehe Route 21) aus kann man eine geführte Wanderung mit Eispickel und Steigeisen auf die nahe gelegenen Talgletscher unternehmen. Eine ähnliche Tour ist auch auf dem Mýrdalsjökull möglich (Ziel N auf Seite 146).

Walbeobachtung

Island bietet einige der spektakulärsten Walbeobachtungsmöglichkeiten Europas, sowohl von Land als auch auf organisierten Whale-Watching-Fahrten vom Boot aus. Die besten Aussichten bieten organisierte Exkursionen vom Boot aus. Die Boote fahren von Reykjavík (Ziel G auf Seite 143), der Halbinsel Snæfellsnes (C auf Seite 160) und im Norden von Dalvik / Hauganes und Húsavík (G auf Seite 204) ab.
Alle sind ausgezeichnet und bieten neben Walen auch fantastische Aussichten auf Seevögel. Húsavík ist der berühmteste Ausgangspunkt für Walbeobachtungen, obwohl man die gleichen Arten auch von Reykjavík und dem Snæfellsnes-Gebiet aus sehen kann. Das touristische Angebot für die Walbeobachtung ist in Snæfellsnes viel kleiner, doch das Gebiet hat eine weitaus größere Auswahl an Arten zu bieten. Es ist der beste Ausgangspunkt, um Schwertwale, Weißschnauzendelfine und saisongebunden Blau- und Pottwale zu beobachten (siehe Kästchen auf der nächsten Seite).

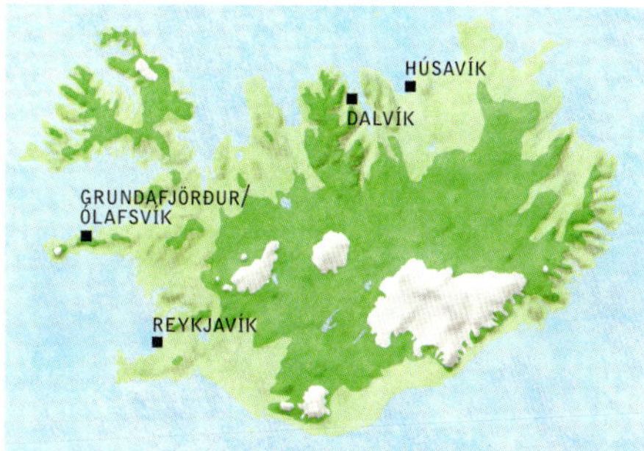

Die Chance, auf einer solchen Exkursion Wale zu sehen, ist sehr hoch. Die Erfolgsquote liegt in der Regel bei über 90 %. Man sollte jedoch beachten, dass dies keine Garantie ist. Obwohl Wale oft und aus nächster Nähe gesichtet werden, gibt es auch Fahrten, auf denen nur wenige oder gar keine Wale oder nur aus der Ferne gesehen werden. Die besten Sichtungen sind in der Regel an windstillen Tagen, daher ist es wichtig, den Tag sorgfältig auszuwählen. An sehr windigen Tagen werden Tickets erst gar nicht verkauft. Denken Sie bitte an warme Kleidung, da es auf dem Wasser viel kälter ist als an Land (auch an ruhigen Tagen).

Walbeobachtungsanbieter:
Reykjavík: Elding (**www.elding.is**), Reykjavík Whale Watching (**www.re.is**), Special Tours (**www.specialtours.is**)
Ólafsvík und Grundarfjörður: Láki Tours (**www.lakitours.com**)
Dalvík / Hauganes: Arctic Sea Tours / Bataferdir (**www.arcticseatours.is**)
Húsavík: Gentle Giants (**www.gentlegiants.is**), North Sailing (**www.northsailing.is**)
Wale können auch von erhöhten Aussichtspunkten auf Landzungen aus beobachtet werden. Gute Standorte sind Öndvernes (Route 7), Látrabjarg (Route 9), Garður (Ziel A

Am häufigsten gesehene Walarten auf Bootsexkursionen
Reyjavík Sommer: Weißschnauzendelfin, Zwergwal, Buckelwal, Schweinswal, Schwertwal (sehr selten)
Húsavík Sommer: Weißschnauzendelfin, Zwergwal, Buckelwal, Schweinswal, Blauwal
Olafsvík Sommer: Weißschnauzendelfin, Zwergwal, Schweinswal (selten), Schwertwal, Pottwal
Reyjavík Winter: Weißschnauzendelfin, Zwergwal, Buckelwal, Schweinswal (selten)
Húsavík Winter: geschlossen
Grundarfjörður Winter: Weißschnauzendelfin, Schwertwal (sehr gute Sichtungen)

auf Seite 141), Reykjanesviti (C auf Seite 141), Heimaey (Route 4), Hrísey (Route 13) und Grimsey (D auf Seite 202). Walbeobachtung von Land aus hat den großen Vorteil, dass man sich beliebig viel Zeit nehmen kann und es natürlich nichts kostet. Allerdings sind die Wale in der Regel weiter entfernt und die größeren Bartenwale halten sich zu weit draußen auf dem Meer auf. Von Land aus hat man die besten Chancen, Schwertwale, Zwergwale, Schweinswale, Weißschnauzendelfine und Robben zu beobachten.
Wenn Sie eine Weile an einem Aussichtspunkt an Land verbringen möchten, haben wir hier einige Tipps.

- Suchen Sie sich einen windstillen, klaren Tag aus und wählen Sie für optimale Beobachtungsvoraussetzungen die Tageszeit so, dass die Sonne im Rücken steht.
- Verwenden Sie sowohl Fernglas als auch Spektiv.
- Wenn es das Gelände zulässt, suchen Sie sich einen Platz zwischen 20 und 50 m über dem Meeresspiegel. Das ist niedrig genug, um das gesamte Meer von der Küste bis zum Horizont im Blick zu haben, aber hoch genug, um zu vermeiden, dass Wellen die Sicht versperren.
- Ziehen Sie sich warm an! Wenn man still auf dem Boden sitzt, wird es schnell kalt und ein scheinbar windstiller Tag ist am Kap nie wirklich windstill.
- Halten Sie Ausschau nach Trupps von Seevögeln wie Möwen und Raubmöwen. Jagende Wale und Delfine ziehen diese Vögel an.

Museen und Ausstellungen in Besucherzentren

Island hat seine Geschichte, Geologie und Naturgeschichte in seinen zahlreichen Museen gut dokumentiert. Hier ist eine Auswahl der besten Museen des Landes.

1 **Snæfellsnes Besucherzentrum:** Geologie und Naturgeschichte der Halbinsel Snæfellsnes. In der Ortschaft Hellnar.
2 **Polarfuchszentrum:** Ausstellung und Forschungszentrum zu Polarfüchsen. In der Ortschaft Suðavík.
3 **Seeadlerzentrum:** Ausstellung und Informationen zu Seeadlern. In der Ortschaft Króksfjarðarnes.
4 **Museum für isländische Zauberei und Hexerei:** In der Stadt Holmavík.

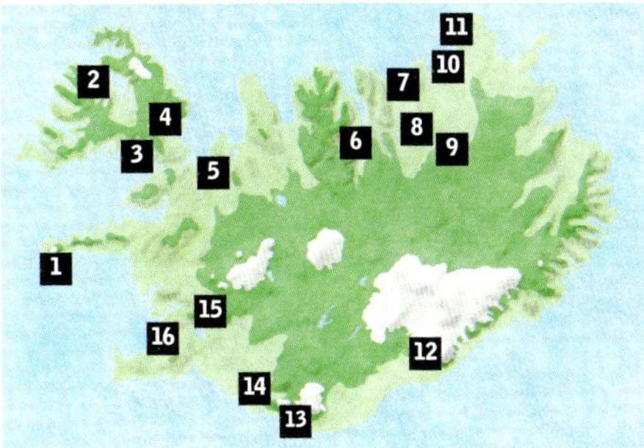

5 **Isländisches Robbenzentrum:** Informationen zu den Robben von Vatnsnes. In der Stadt Hvammstangi.

6 **Botanischer Garten von Akureyri:** größter botanischer Garten Islands mit einer schönen Abteilung einheimischer isländischer Arten. Er befindet sich am Eyrarlandsvegur in Akureyri.

7 **Húsavík Walmuseum:** jede Informationen zu Islands Walen, darunter Skelette verschiedener Walarten.

8 **Sigurgeirs Vogelmuseum:** private Sammlung von ausgestopften Vögeln und Eiern. Am Nordufer des Sees Mývatn (siehe Route 14).

9 **Besucherzentrum des Mývatn:** Ausstellung über die Geologie und Ökologie des Sees. Informationen über das Gebiet. In der Ortschaft Reikjahlið.

10 **Besucherzentrum von Ásbyrgi:** Ausstellung über die Geologie und Ökologie von Ásbyrgi. Informationen über das Gebiet. Am Eingang von Ásbyrgi gelegen.

11 **Das Erdbebenzentrum:** Ausstellung über Erdbeben im Allgemeinen und die Geologie und Erdbeben in Nordisland im Besonderen. In der Ortschaft Kópasker.

12 **Besucherzentrum von Skaftafell:** Ausstellung und Informationen zur Geologie und Ökologie der Region. Am Eingang des Skaftafell-Nationalparks gelegen.

13 **Freilichtmuseum Skogar.** Freilichtmuseum der historischen Torfhaussiedlung Skogar.

14 **LAVA Centre:** interaktive Ausstellung über Vulkanismus. In der Ortschaft Hvolsvöllur.

15 **Besucherzentren von Þingvellir:** Informationen zur Geologie und Geschichte von Þingvellir. Zwei Besucherzentren auf beiden Seiten von Þingvellir.

16 **Sagenmuseum:** Museum zur Geschichte und isländischen Sagen. Im Perlan-Gebäude in Reykjavík.

Das Nordlicht beobachten

Das Beobachten von Nordlichtern ist ein atemberaubendes Erlebnis, das allerdings nicht gerade leicht zu organisieren ist. Nordlichter sind launisch, was ihre Erscheinung betrifft. Ein paar Stunden lang leuchten sie grell auf, verschwinden dann für ein paar Stunden, bevor sie erneut erscheinen. In manchen Nächten ist die Atmosphäre aktiver als in anderen, und schließlich müssen auch die Bedingungen „am Boden“ geeignet sein. Im Folgenden haben wir einige Tipps, die Sie beachten sollten. Zeitpunkt: Nordlichter sind in der Regel zwischen Mitte September und Mitte April zu sehen, wenn die Nächte ausreichend dunkel sind. Mitte des Winters ist die Dunkelheit am längsten und bietet die besten Chancen. Das Wetter ist durchschnittlich jedoch zu Beginn und gegen Ende der Nordlichtsaison besser.

Wetter: Ein klarer Himmel ist für die Beobachtung des Nordlichts unerlässlich. Da das Wetter auf Island bekanntermaßen wechselhaft ist, sollten Sie die Wettervorhersage genau im Auge behalten. Es ist ratsam, mindestens eine Woche auf Island zu verbringen, um die Chancen auf klare Nächte zu erhöhen. Auch lohnt es sich, den Norden des Landes zu besuchen, wo der Himmel häufiger klar ist.
Standort: Um das Nordlicht gut sehen zu können, müssen Sie sich von künstlichem Licht fernhalten. Wählen Sie Ihren Standort deshalb so, dass Sie die Stadt leicht verlassen können. Beachten Sie, dass die Landstraßen, die Ihnen im Sommer zur Verfügung stehen, im Winter vereist und schwer oder gar nicht befahrbar sind.
Kleidung: Ziehen Sie sich warm an... und dann zusätzlich ein oder zwei Schichten mehr. Die besten Bedingungen für die Beobachtung von Nordlichtern sind auch die kältesten.
Weitere Informationen einschließlich Nordlichtvorhersage finden Sie unter **www.northernlightsiceland.com**.

Liste der Vögel

Wenn nicht anders angegeben, bezieht sich die folgende Liste auf Vogelgebiete, die im späten Frühjahr und Sommer interessant sind. Die Zahlen in Klammern verweisen auf die Routennummern, die Buchstaben auf die Exkursionsziele.

Schwäne und Gänse Singschwäne kommen auf Island häufig vor und sind weit verbreitet (z. B. 2, 6, 7, 11, 14, 18, 19, 20). Im Sommer, meist nach der Brutzeit, versammeln sie sich in großen Gruppen in den Fjorden (z. B. Álftafjörður; A auf Seite 215; F auf Seite 215 und G auf Seite 228).
Die Kurzschnabelgans ist ein häufiger Brutvogel des Hochlands (P und Q auf Seite 147; nur mit Allrad zu erreichen. Gute Plätze, die mit dem normalen Auto erreicht werden können, sind B auf Seite 201 sowie A und H auf den Seiten 213 und 215). Im Frühjahr und Spätsommer/Herbst versammeln sie sich im Tiefland, z. B. Route 2, 6 und die Ziele F auf Seite 215 und F auf Seite 228 Die Graugans ist ein relativ häufiger Brutvogel des Tieflandes (2, 5, 6, 7, 13, 19, 20). Die Weißwangengans brütet seit kurzem auf Island (23). Ringel- und Blässgans brüten in Grönland und kommen zur Zugzeit auf den Routen 2 und 6 vor.

Enten Island ist ein Entenland, in dem nicht weniger als 16 Arten brüten, wobei der Mývatn (14) der beste Standort für die meisten von ihnen ist. Fast alle Spatelenten kommen dort vor, aber es gibt auch eine kleine Anzahl auf Sóg (K auf Seite 145). In der Brutzeit ist die Kragenente an vielen schnell fließenden Flüssen anzutreffen, die besten Routen sind jedoch 11, 14 und 23. Ab der ersten Julihälfte nehmen die Anzahlen (vor allem der Erpel) an den Brutplätzen ab. Halten Sie zu dieser Zeit Ausschau nach ihnen im Wasser unterhalb der Meeresklippen (z. B. 7, 11, 12, 13, 19, 23). Stock- und Reiherente sind die häufigsten Enten und kommen im ganzen Land vor. Pfeifente und Krickente sind auf vegetationsreichen Seen recht häufig (2, 6, 13, 14, 18, 19, 20, A auf Seite 201 und H auf Seite 205).

Die Bergente ist am Mývatn (14) häufig, in geringerer Anzahl auf den Routen 11, 18, 19 und an Ziel H auf Seite 205. Die Eisente ist auf den Seen und Fjorden im Norden recht häufig (13, 14, 18, 19, 20, B und F auf Seite 172-174 und H auf Seite 205). Die Trauerente ist selten, außer am Mývatn (14). Auch die Schnatterente kommt fast nur am Mývatn (14) vor, ist aber auch hier selten. Die Eiderente ist an der gesamten Küste sehr häufig, während die Brandgans, die auf Island vor allem an der Küste vorkommt, weitgehend auf die Routen 6, 18, 20 beschränkt ist. Der Mittelsäger ist weit verbreitet und an Seen und Fjorden im ganzen Land recht häufig (z. B. 1, 2, 11, 12, 14, 19, 20). Der Gänsesäger ist dagegen selten (größte Chance bieten die Láxa und B auf Seite 201).

Unter den regelmäßig beobachteten Irrgästen unter den Enten stechen Prachteiderente (7, 18) und Scheckente (19) hervor. Die Prachteiderente ist vor allem im Winter anzutreffen. Die Tafelente wird jährlich am Mývatn (14) gesichtet, wo sie gelegentlich brütet.

Seetaucher und Lappentaucher Der Sterntaucher ist relativ häufig und weit verbreitet und kommt vor allem an kleinen, vegetationsreichen Seen vor (z. B. 2, 4, 6, 10, 12, 18, 19, 20). Der Eistaucher ist viel seltener, aber sehr auffällig sichtbar (und nachts auch hörbar). Gute Routen für diese Arten sind 1, 6, 11, 12, 14. Der Ohrentaucher ist die einzige Lappentaucherart auf Island und kommt regelmäßig vor allem an den vegetationsreichen Seen im Norden vor (1, 14, 18, 19, 20 und F auf Seite 74 und H auf Seite 205).

Alpenschneehuhn Das Alpenschneehuhn ist der einzige Jagdvogel Islands. Es ist in den Heidelandschaften des Landes weit verbreitet, oft in geringer Zahl (die allerdings schwanken kann). Auf Hrísey (13) und rundum Reykhólar (F auf Seite 174) ist es häufig anzutreffen.

Sturmvögel, Sturmtaucher und Sturmschwalben Der Eissturmvogel ist im ganzen Land häufig und brütet sogar auf Klippen weit im Landesinneren (4, 5, 7, 13, 19, 20 und die Ziele F und G auf Seite 228 sind besonders gut für diese Art geeignet). Der Atlantiksturmtaucher brütet nur auf den Westmännerinseln (4) und ist an der Südwestküste zu sehen (2, A und C auf Seite 141). Sowohl Sturmschwalbe als auch Wellenläufer brüten auf den Westmännerinseln (4 und Ingolshöfdi; E auf Seite 228) Beide sind schwer zu entdecken.

Basstölpel Der Basstölpel kann in seinen Kolonien auf Route 18 und am Ziel I auf Seite 206 beobachtet werden. Auf den Routen 2, 7 sowie an den Zielen A und C auf Seite 141 und G auf Seite 228 sind Basstölpel von der Küste aus zu sehen.

Kormorane Sowohl Krähenscharbe als auch Kormoran brüten im Nordwesten. Für Krähenscharben erkunden Sie die Routen 7, 8, 9, 11, 12 und die Ziele A und C auf Seite 141, für Kormorane 7, 8, 9, 11, 12 und G auf Seite 175.

Greifvögel Die etwa 70 Seeadlerpaare brüten alle im Nordwesten (8, 10, 11, 12). Der Merlin kann in ganz Island angetroffen werden. Statt eines bestimmten Gebietes benötigt man eher Glück und muss man ihn im Vorbeiflug schnell erkennen können. Der Gerfalke brütet hauptsächlich im Nordwesten, Norden und in der Mitte des Landes. Das Mývatn-Gebiet (14) ist der beste Ort, um ihn zu sehen, aber auch auf Route 9, 11, 12, 15, 16, 17 und 18 hat man gute Chancen.

Watvögel Zu den Watvögeln, die auf den Grasnarben, Wiesen und in Heidelandschaften vorkommen, gehören typischerweise Rotschenkel, Uferschnepfe, Bekassine, Regenbrachvogel, Goldregenpfeifer und Alpenstrandläufer. Alle außer dem Alpenstrandläufer sind zahlreich vertreten und können oft aus nächster Nähe beobachtet werden. Sehr gute Routen (im Hinblick auf die Fotografie) sind 2, 6, 8 und 13. Alpenstrandläufer und Sandregenpfeifer bevorzugen Küstenstandorte und Sümpfe mit niedriger Vegetation und können sehr häufig angetroffen werden (z. B. 2, 6, 12, 18, 19). Der Meerstrandläufer brütet im Hochland und an kargen Küsten im Norden, hält sich aber außerhalb der Brutzeit recht häufig auf Schären an der Küste auf (12, 18, 20, A auf Seite 141). Der Austernfischer ist ein häufiger Vogel des küstennahen Graslands und des Schlickwatts. Steinwälzer, Knutt und Sanderling brüten nicht auf Island, sind aber außerhalb der Brutzeit auf den Flachwasserflächen anzutreffen (2, 6, 11, 18, 20, und A auf Seite 141). Das Odinshühnchen kann in flachen Tümpeln sehr häufig sein (1, 7, 8, 13, 14, 18, 19, 20 sowie Ziele B, C und F auf Seite 172-174, Ziele C und H auf Seite 201 und 205).

Das Thorshühnchen ist ein seltener Vogel auf sumpfigen Inseln an der Küste. Der beste Ort ist Flatey (8), aber auch Ziel G auf Seite 204. Die Waldschnepfe ist ein neuer und sehr heimlicher Brutvogel der Nadelholzplantagen. Der Große Brachvogel ist ein sehr seltener (oder gelegentlicher) Brutvogel des Nordens, der im Südwesten überwintert (am besten 2, 18). Der Kiebitz wird gelegentlich auf den Wiesen im Süden Islands gesichtet, und der Bruchwasserläufer brütet unregelmäßig.

Skuas Die weltweit höchste Dichte an Skuas ist an der Südostküste Islands zu finden (23, kann auch auf 2, 4, 5, 18 sowie A und C auf Seite 141, B auf Seite 213 und E, F und G auf Seite 228 gesehen werden). Die Schmarotzerraubmöwe brütet im ganzen Land und kann fast überall beobachtet werden. Für große Zahlen und/oder Beobachtungen aus der Nähe, erkunden Sie die Routen 2, 5, 6, 9, 13, 18, 19, 20, 23 und Ziel H auf Seite 205, B auf Seite 213 und E auf Seite 228. Ein oder zwei Paare der Falkenraubmöwe, sonst ein jährlicher Durchzügler, haben seit 2003 in Nordisland gebrütet.

Möwen Mantelmöwe und Heringsmöwe sind an der gesamten isländischen Küste und entlang der großen Tieflandflüsse weit verbreitet. Die Silbermöwe kommt im gleichen Lebensraum vor, allerdings in geringerer Zahl. Sie fehlt im Nordwesten, wo die Eismöwe an die Stelle der Silbermöwe getreten ist. Die Eismöwe ist auf den Routen 7, 8, 11 und 12 sowie an den meisten Orten in Snæfellsnes und in den Westfjorden verbreitet. In der zweiten Sommerhälfte zerstreut sie sich über andere Teile der Küste. Die Polarmöwe ist ein häufiger Wintergast, aber auch im Sommer sind regelmäßig ein oder zwei Exemplare in Gruppen von Eismöwen auszumachen. Die Dreizehenmöwe ist ein häufiger Brutvogel auf den Vogelfelsen (z. B. 4, 5, 7, 9, 18, 19). Die Sturmmöwe ist dagegen gar nicht häufig, sondern nur lokal im Gebiet von Akureyri anzutreffen (13 und A auf Seite 201). Die Lachmöwe ist an Flüssen und Seen im Binnenland häufig. Die Elfenbeinmöwe ist ein seltener Wintergast an den isländischen Küsten.

Seeschwalben Nur die Küstenseeschwalbe brütet auf Island und ist nirgendwo auf der Welt so häufig. Große Kolonien gibt es auf den Routen 2, 5, 7, 8, 13, 18, 19, 20 und 23.

Alken Alle isländischen Alken brüten in Kolonien an der Küste, meist mit verschiedenen Arten zusammen. Papageitaucher findet man auf den Routen 4, 5, 8, 9, 18, 19, 20 und an den Zielen B und G auf Seite 141-143, A auf Seite 172, D und I auf Seite 202-206. Die Trottellumme kommt auf den Routen 4, 5, 7, 9, 18 und 20 und an den Zielen B auf Seite 141, D und I auf Seite 202-206 vor. Die Dickschnabellumme kommt ungefähr an denselben Klippen vor, ist aber im Süden selten und daher am besten auf den Routen 7, 9, 18 und den Zielen A auf Seite 172, B auf Seite 141, D und I auf Seite 202-206 zu beobachten. Der Tordalk vergesellschaftet sich mit den bereits erwähnten Trottellummen. Er ist bei weitem am häufigsten auf Route 9 anzutreffen, kann aber auch auf den Routen 7, 18, an Ziel B auf Seite 141, A auf Seite 171 sowie D und I auf Seite 202-206 beobachtet werden. Mit etwas mehr Mühe findet man ihn auch auf den Routen 4 und 5. Die Gryllteiste brütet in viel geringerer Zahl an der gesamten Küste. Die Routen 4, 8 und 13 sind gut für diese Art geeignet, ebenso wie Ziel G auf Seite 175. Der Krabbentaucher ist kein Brutvogel Islands mehr, grönländische Vögel werden jedoch manchmal außerhalb der Brutzeit an der Nordküste gesichtet, vor allem im Winter.

Eulen Die Sumpfohreule ist ein lokaler Brutvogel der Sümpfe und Wiesen (am besten 2, 14, 18, G auf Seite 204 und B auf Seite 213). Die Schneeeule wird alljährlich beobachtet und brütet vermutlich auf Island. Sie kann überall in Nord- und Zentralisland beobachtet werden.

Tauben Die Felsentaube brütet, entweder in Wildform oder als Stadttaube, in Reykjavík (F auf Seite 142) und auf den Routen 4 und 5.

Singvögel Der Wiesenpieper ist auf Island reichlich anzutreffen und die Bachstelze ist häufig, mit den höchsten Dichten auf Wiesen und im Grasland. Der Steinschmätzer ist in felsigem Gelände und in Gebieten mit kurzem Gras relativ häufig (z. B. 1, 2, 4, 5, 6, 7, 8, 9, 12, 13, 17, 18, 19, 20, 23). Die Rotdrossel ist die übliche Drossel Islands und in vegetationsreichen Gebieten zahlreich anzutreffen. Die Wacholderdrossel brütet auf Island nur sporadisch, ist aber ein häufiger Wintergast. Die Amsel brütet in den Parks und Gärten von Reykjavík. Die isländische Unterart von sowohl Zaunkönig als auch Birkenzeisig brütet in Wäldern (1, 3, 10, 13, 15, 17, 21 sowie F, M und S auf den Seiten 143-148, A und E auf den Seiten 201-203 und D auf Seite 214). Das Wintergoldhähnchen kommt vor allem in Nadelbaumbeständen vor (z. B. 3, 21 und D auf Seite 214). Der Star ist ein häufiger Brutvogel im Südwesten, in Reykjavík und Akureyri. Der Kolkrabe ist im gesamten Tiefland zwar weit verbreitet, aber nicht häufig. Die Schneeammer ist ein lokaler Brutvogel der felsigen Gebiete und im Hochland und in Küstennähe im Tiefland weit verbreitet (7, 8, 9, 11, 12, 13, 14, 18, 23). Der Haussperling brütet nur in Hof (D auf Seite 228). Fichtenkreuzschnabel, Bergfink und Erlenzeisig wurden häufig beobachtet und haben auf Island gebrütet. Rauchschwalbe und Mehlschwalbe werden regelmäßig gesehen, haben sich aber (noch) nicht als Brutvögel etabliert (obwohl die Rauchschwalbe gelegentlich gebrütet hat).

DANKSAGUNG

Dieses Buch mag zwar von einem einzigen Autor geschrieben worden sein, an seinem Zustandekommen waren jedoch viele Personen beteiligt.

Anhand von Informationen, Inspirationen, persönlichen Beobachtungen, Fotobeiträgen, Vorschlägen und Korrekturen haben die folgenden Personen einen entscheidenden Beitrag geleistet. Ohne ihre Hilfe und Bemühungen wäre dieses Buch nicht entstanden.

Ich danke den Mitarbeitern des Polarfuchszentrums, Gert van der Hart (Globe Natuurreizen), Jóhann Óli Hilmarsson, Hörður Kristinsson, Ruud Schaafsma, Wouter Strietman, Dick Vuijck, Godfried Schreurs, Gino Smeulders und Anne Voorbergen für ihre Informationen und wunderbaren Anekdoten. Ein weiterer Dank geht an Gert van der Hart (Globe Natuurreizen), Eric Janssen, Godfried Schreurs und Peter Wijn für die Überprüfung der Routen und die Weitergabe ihrer Beobachtungen an mich, sowie an alle Fotografen, die Crossbill Guides ihre Fotos für dieses Buch zur Verfügung gestellt haben. Sie alle sind mit Verweis auf ihre Bilder im Bildnachweis auf der gegenüberliegenden Seite genannt. Schließlich danke ich dem gesamten Team der Crossbill Guides Foundation, und zwar nicht nur denjenigen, die an diesem Reiseführer mitgearbeitet haben und im Kolophon erwähnt werden, sondern vor allem all denjenigen, die hinter den Kulissen arbeiten, um die Organisation zu leiten oder die Arbeit der Stiftung finanziell zu unterstützen: Sarah Bakker, Elsbeth Gerritsen, Barbara Kwast, Theo Verstrael, Dennis Wansink, Joke Winkelman, Louis Wolf, Horst Wolter und Mart Wolter.

Es waren die Geschichten, die spektakulären Beobachtungen und die faszinierenden Hintergrundinformationen von all diesen Menschen, die meine Begeisterung für die Exkursionen nach Island genährt haben. Mit ihren Informationen im Hinterkopf konnte weder eine schlechte Straße noch ein sintflutartiger Wolkenbruch (und glauben Sie mir, es gab einige davon) meinen Enthusiasmus, um die Natur zu erkunden, bremsen. Und es hat sich immer gelohnt. Ich hoffe, dass sich die Begeisterung dieser Menschen als auch meine eigene für Island auf Sie, die Leserschaft, überträgt und wünsche Ihnen eine gute Reise in das Land aus Feuer und Eis.

Dirk Hilbers
Crossbill Guides Foundation
August 2023

BILDNACHWEIS

Die folgenden Zahlen beziehen sich auf die Seiten des Buches. Die Buchstaben beziehen sich auf die Position auf der Seite: o=oben, m=mitte, u=unten, l= links und r=rechts).

Fotos
Polarfuchszentrum / Lamont, J.A.: 174
Crossbill Guides / Hilbers, Dirk: Umschlag, 4 (1. von oben), 5 (1., 2. und 4. von oben), 10, 15, 19 (o, m, u), 20, 26, 27 (o+u), 28, 36, 37, 38, 40, 43, 44 (o), 45, 46, 48 (l+r), 49 (l, m, r), 50 (o+u), 53 (o+u), 54 (o, m, u), 55, 58 (l+r), 60, 64, 69, 70, 73 (o), 74, 80 (o+u), 81 (o+u), 83 (o+u), 84, 85 (o+u), 86 (alle), 87 (alle), 89, 90, 92, 116, 119, 120, 127, 128, 130 (o+u), 132, 133 (o+u), 134, 136, 137 (u), 141, 142, 144, 147, 151 (u), 155 (u), 156, 159 (u), 160 (u), 165, 166 (u), 168 (m+u), 170, 171 (l+r), 173, 175 (u), 177, 179, 180 (u), 186 (o+u), 188, 189 (o+u), 191 (o+u), 193, 195, 196 (l, m, r), 198 (u), 200, 203, 204 (o+ul), 209 (u), 212 (o+u), 213, 214 (o+u), 215, 218 (o+u), 219, 221 (o+u), 223, 224 (u), 226, 227 (u)
Diels-Hoogenboom, Mira: Umschlag, 42, 139
Folkers, Jack: Umschlag, 61, 95, 96, 106, 209 (o), 210
Geven, Michel (www.michelgeven.zenfolio.com): 39, 76, 100, 102, 175 (o), 205, 230
Hierck, Martin (www.martinhierck.com): 23 (o+u), 44 (u), 65, 118, 145, 159 (o), 168 (o), 176, 182
Holten, Jan van (www.natuurfotografiejan.nl): 158 (o)
Hoogenboom, Dick (www.dickenmirahoogenboom.nl): 16, 18, 51, 73 (u), 107, 108 (m+u), 109, 140, 148, 183, 227 (o)
Janssen, Eric: Umschlag, 4 (3., 4. von oben), 5 (3. von oben), 14, 56, 104 (o), 110, 125, 146, 184 (u), 198 (o), 199, 204 (ur), 224 (o)
Lourens, Oscar: 24, 25
Reijs, Paul: Umschlag, 57
Sohler, Jan: 48 (m), 59, 105, 108 (o), 126, 137 (o), 151 (o), 155 (o), 180 (o)
Strietman, Wouter Jan: Umschlag, 33, 66, 97, 103, 117, 153, 160 (o), 172
Wijn, Peter: Umschlag, 4 (2. von oben), 29, 30, 104 (u), 143, 158 (u), 163, 166 (o), 184 (o), 202, 206, 225, 229 (o+u)

Illustrationen
Alle Illustrationen von Crossbill Guides / Alex Tabak.
Symbole von Crossbill Guides / Horst Wolter.

CROSSBILL GUIDES

IF YOU WANT TO SEE MORE

In der Reihe der deutschsprachigen Naturreiseführer über europäische Gebiete:

Erwartet 2024: Eifel

Englischsprachige Naturreiseführer in der Crossbill Guides Serie:

Bulgarien	Rhodope Mountains
Finnland	Finnish Lapland
Frankreich	Cévennes and Grands Causses
	Dordogne
	Provence and Camargue
Griechenland	Lesbos
Ungarn	Hortobágy and Tisza river floodplain
Italien	Tuscany (2024)
Island	Iceland
Marokko	Southern Morocco
Polen	North-east Poland – Biebrza, Bialowieza, Narew and Wigry
Portugal	Madeira
	Southern Portugal – From Lisbon to the Algarve
Spanien	Lanzarote and Fuerteventura
	Tenerife and la Gomera
	Spanish Pyrenees and the steppes of Huesca
	Western Andalucía - From Huelva to Málaga
	Eastern Andalucía - From Córdoba to Cabo de Gata

Besuchen Sie unsere Website für mehr Informationen.

WWW.CROSSBILLGUIDES.ORG